墨香财经学术文库
本书获得东北财经大学出版基金资助

购买力平价（PPP）汇总方法稳定性测度研究

Measurement Research on the Stability of PPP Aggregation Methods

黄雪成 著

东北财经大学出版社
Dongbei University of Finance & Economics Press
大连

图书在版编目（CIP）数据

购买力平价（PPP）汇总方法稳定性测度研究 / 黄雪成著. —大连：东北财经大学出版社，2023.5
（墨香财经学术文库）
ISBN 978-7-5654-4817-1

Ⅰ. 购… Ⅱ. 黄… Ⅲ. 商品购买力-研究-世界 Ⅳ. F713.53

中国国家版本馆CIP数据核字（2023）第055216号

东北财经大学出版社出版发行
大连市黑石礁尖山街217号 邮政编码 116025
网 址：http：//www.dufep.cn
读者信箱：dufep @ dufe.edu.cn
大连永盛印业有限公司印刷

幅面尺寸：170mm×240mm 字数：174千字 印张：12 插页：1
2023年5月第1版 2023年5月第1次印刷
责任编辑：赵宏洋 责任校对：郑 畅
封面设计：原 皓 版式设计：原 皓
定价：48.00元

教学支持 售后服务 联系电话：（0411）84710309

如有印装质量问题，请联系营销部：（0411）84710711

序一

国际比较项目（International Comparison Program，ICP）是由联合国统计委员会主导，世界银行负责实施的全球最大规模的经济统计项目。ICP起源于1968年由Irving Kravis、Robert Summers和Alan Heston教授在宾夕法尼亚大学发起的一个研究项目。最早一轮的ICP比较基期为1970年，当时仅有10个经济体参与。后经过50多年的发展，目前已开展9轮比较，获得了全球范围内的广泛支持。2017年轮ICP，全球有176个经济体参与其中。2016年，联合国统计委员会第47届大会决定将ICP设为国际组织与经济体共同参与的永久性、综合性的全球合作统计项目。这意味，经过50多年的发展，ICP获得了国际组织的官方认可，并成为全球官方统计核算体系的重要组成部分。

2015年诺贝尔经济学奖得主Angus Deaton在谈及ICP数据的重要性时说道："目前为止，没有一种宏观数据的重要性能和ICP所提供的数据相提并论。"从这番评价可见ICP数据的重要价值。购买力平价（Purchasing Power Parity，PPP）、价格水平指数（Price Level Index，PLI）以及基于PPP计算得到的实际支出数据目前已经广泛应用于学术研究、统计数据编制和政策制定，并发挥越来越重要的作用。

学术研究是没有止境的。探讨ICP，应始终谨记其研究项目属性。虽然ICP已经走过了50多年的发展历程，但其在理论、方法和技术层面仍在经历各种变革。在当前阶段，ICP仍是一个试验性和研究性的项目。且大数据、人工智能等技术的兴起，对ICP也将产生深远影响，并可能导致ICP革命性变革。

为了应对ICP面临的各种方法和技术挑战，自2005年轮始，ICP在其全球治理结构中加入了技术咨询组（Technical Advisory Group，TAG）的职能。TAG成为ICP治理结构的重要组成部分。TAG是一个专门的技术咨询机构，由统计指数、购买力平价、价格统计和国民核算等领域的全球知名专家组成，专门负责ICP理论、方法和技术方面的研究工作。TAG成员囊括了ICP研究领域中全球最知名的学者，包括ICP的创始人之一Alan Heston、诺贝尔经济学奖得主Angus Deaton、统计指数的顶尖专家Erwin Diewert以及随机指数方法的先驱Prasada Rao等。很荣幸的是，在2011年轮ICP实施过程中，本人以国民核算专家的身份参与TAG工作。在2017年轮ICP中，中国著名经济统计学专家许宪春博士成为TAG成员。

当前，TAG最新研究议题可以分为三大类，分别是ICP测算技术改进、难点比较领域研究以及ICP的重点应用领域研究。具体分为13项议题：①探索PPP测算的技术创新与数据源创新；②在PPP测算中考虑规格品质量的差异；③时间序列PPP的编制和滚动调查方法；④全球链接方法的微调；⑤PPP数据的质量和可靠性；⑥住房服务PPP和实际支出；⑦建筑品PPP；⑧政府雇员与建筑业劳动力的生产率调整；⑨出口和进口PPP；⑩卫生和教育PPP；⑪PPP和全球贫困测度；⑫PPP用于国家和国际政策制定；⑬CPI[①]-ICP的整合和地区PPP测算。这些研究议程代表了ICP领域的研究前沿和亟待解决的问题。

本人关注ICP的研究也有20多年了，所思所想的问题多集中在ICP的学理基础上。如果根基不牢，最终的测算结果的可信性就将大打折

① CPI即Consumer Price Index，居民消费价格指数。

扣。2018年5月，本人就事先准备好的“ICP50周年50问”，与昆士兰大学的TAG专家Prasada Rao教授进行了4个多小时的请教和讨论。Prasada Rao教授专门写邮件表示：“我们的探讨启发了我思考，如果ICP要确保在下一个50年继续生存和发展，仍有许多问题需要得到妥当解决。”2018年10月，北京师范大学国民核算研究院组织召开了“国际比较项目成立50周年：成就与展望”国际研讨会，本人以“基本分类PPP中隐含的纯价比假设及其经济学含义”为题进行了主题报告，主要探讨的问题就是ICP在价格比较中所忽视的质量差异问题及其可能带来的后果。在2019年7月于东北财经大学举办的国际比较项目前沿问题研讨会上，本人以“ICP何以可能？空间经济比较原理探究”为题进行了主题演讲，探讨的话题仍然集中在ICP的基础理论方面。

对ICP的研究讲了这么多，就是为了说明，未来推动ICP持续健康发展，研究仍是重心，而学术人才队伍建设又是ICP研究的核心。在北京ICP50周年研讨会的开幕式发言中，Prasada Rao教授提到，自1968年ICP建立以来，已经有了五代ICP的研究者。让我感到非常欣慰的是，国内的年轻学者王岩、谢长以及黄雪成也列在其中，这表明他们的研究成果开始受到ICP国际学界的关注。

这次结集出版的国际经济比较统计前沿系列成果正是上述三位学者在ICP领域多年研究成果的结晶。上述三位学者都师从东北财经大学统计学院杨仲山教授，先后攻读统计学专业，获经济学博士学位。攻读博士学位期间，他们参与了杨仲山教授主持的国家社科基金重大招标项目“我国全面参加全球国际比较项目（ICP）的理论与实践问题研究”的课题研究工作。目前，他们已经成长为国内ICP研究领域的骨干力量。

国际经济比较统计前沿系列成果共分三部分，分别是王岩博士的《中国经济实际规模测算研究》、谢长博士的《多边价格指数汇总方法的改进研究》以及黄雪成博士的《购买力平价（PPP）汇总方法稳定性测度研究》。总体来看，系列成果具有以下鲜明特点：

一是研究视角瞄准前沿。系列成果回应了TAG研究议题中的“①探索PPP测算的技术创新与数据源创新”、“⑤PPP数据的质量和可靠性”以及“⑨出口和进口PPP”三个议题。这表明，他们的研究站在了ICP研究的国际前沿，并尝试对ICP当前面临的理论和实践难题给出中国学者的解决方案。

二是研究设计比较规范。系列成果遵从学术研究的规范要求，定位了所开展研究在已有前沿文献中的方位，指出了所开展研究对该领域的创新性贡献，采用了规范的实证分析方法开展测度研究，得出了较有实际意义的研究结论。总体看，系列成果研究框架完整，研究方法得当，研究数据翔实，研究结论可靠。

三是研究工作颇有创新。系列成果在前人研究的基础上，创新性地做了如下几个方面的工作：①构建了新的测算框架对中国的支出法实际GDP、生产法实际GDP及两者差额进行了全新核算；②提出了满足更多优良性质的新的基本类以上PPP汇总方法；③采用压力测试和模拟分析的方法系统研究了PPP测算方法的稳定性。

国际经济比较统计前沿系列成果是王岩博士、谢长博士和黄雪成博士研究成果的结晶，系统反映了他们在ICP研究领域中的思考和积累。本人相信，系列成果的出版将有力推动国内ICP研究工作的进一步深入，将有助于中国学者在ICP世界研究前沿获得更多的发言权。希望他们三位在新的起点上，继续保持学术研究的初心，将国际经济比较统计的研究推向深入，并预祝他们取得更多高质量的学术成果。

邱　东

序二

为了寻求一条能够准确评价和比较国家间经济规模和结构的途径，1968年联合国统计委员会组织设立了国际比较项目（ICP）。ICP的核心目的是通过考察各国货币的实际购买能力，利用购买力平价（PPP）进行国家间GDP总量与结构的比较，进而为国际组织及各国的相关决策提供参考和依据。历经五十多年的发展，在世界银行等国际组织的积极参与和推动下，ICP取得了巨大成就，吸引了全球各区域大部分经济体的广泛参与，使ICP成为当前最大的全球性经济统计活动。

欧美等发达经济体的专家学者认为，ICP的理论和方法体系已经趋于成熟，发展中经济体只需“照章执行”即可。然而就实际情况而言，随着参与ICP经济体规模的扩大，大量发展中经济体的加入极大地提高了经济体间的异质性，而像中国这样的大国经济体的参与程度不断加深也将对ICP的比较过程和结果产生重要影响。中国于1993年开始接触ICP，2005年轮首次正式参与，2011年轮首次尝试全面参与，2017年轮首次实际全面参与（西藏首次参与）。中国深度参与ICP的历程也是中国积极参与全球经济治理和国际影响力不断提升的需要和体现。可以说，ICP既是一项专业的统计活动，更是一个体现和提升国家软实力的国际交流平台，积极参与ICP的理论与实践问题研究对提高中国统计能力，促进国民经济核算工作国际化、统一化和规范化具有重要的推动作用。同时，也只有“脚踏实地”地对ICP的深层次理论与方法问题展开系统深入研究，才能真正帮助中国在ICP这一交流平台上赢得主动权和话语权，赢得国际社会对中国经济实力的准确认识和评价。

2013年，由我主持的国家社会科学基金重大招标项目“我国全面参加全球国际比较项目（ICP）的理论与实践问题研究”获批立项，目标之一就是推动中国ICP的理论与实践问题研究走向深入、走向国际，与国际前沿接轨。课题研究有幸得到中国著名统计学家、2011年轮ICP技术咨询组（TAG）成员邱东教授和ICP资深TAG成员、随机指数方法先驱、澳大利亚昆士兰大学Prasada Rao教授的大力支持，两位教授的专题讲座和系列课程为课题组成员深化理论认识、开阔研究视野提供了难得的学习机会和有力指导，帮助课题组成员产出了一批高质量研究成果，在世界统计大会、国际经济测度年会、ICP50周年国际研讨会等国际学术交流平台上得到国际学界的关注和认可。

黄雪成博士是课题组成员之一，攻读硕士学位期间已开始关注ICP，其研究成果《ICP汇总方法比较研究》获评东北财经大学年度优秀硕士学位论文。攻读博士学位期间，黄雪成博士选择继续深耕国际比较领域研究，先后参加了2011年轮ICP首席执行官Michel先生在北京师范大学举办的ICP培训活动、Prasada Rao教授在北京师范大学举办的“指数理论与国际比较项目方法”“效率与生产率测算”等系列课程，几乎全程参加了2017年轮ICP中国价格调查实际牵头部门国家统计局国际信息中心举办的系列技术培训活动和各类价格数据专家评审会，对ICP的理论和方法以及中国实践都有了更为深入的学习和认识，撰写的多篇学术论文发表于《统计研究》《调研世界》等专业学术期刊，论文《The Influence of Price Data Missing and Distortion on PPPs of ICP》受邀参加“国际比较项目成立50周年”国际研讨会，并作英文宣讲。其博士学位论文是在这些研究成果基础上的升华创作，受到业内专家的认可与肯定，获评东北财经大学年度优秀博士学位论文，并被推荐参评辽宁省优秀博士学位论文。

本书是黄雪成博士在其博士学位论文基础上的补充修订之作，体现了其在治学方面的专注与严谨，总体来看，本书具有以下几个特点：

一是研究方法有创新。本书综合了统计方法研究的数理逻辑和统计测度逻辑，通过对数据质量因素的量化模拟反向推演PPP汇总方法的测算特性，既是对已有研究方法的补充，也是对研究方法的新探索。同时，以自然科学对照实验方法为基础的定量模拟测度研究方法既保证了研究方法的科学性，也突破了现实数据不足的局限，可为PPP汇总方法更为多元的特征研究提供借鉴。

二是研究设计紧贴实际。本书的模拟测度以理论分析为依据，分层次、分类别、分程度综合考虑现实可能遇到的不同数据基础情景，深入细致地考察了不同数据质量问题对不同汇总方法PPP测算结果的影响规律和汇总方法的稳定性特征，充分体现了其研究“从理论中来，到实践中去”的特点。

三是研究结论实践指导性强。本书通过较为全面的现实模拟测度以及规律、成因的分析，得出了许多对PPP测度实践具有指导意义的结论。例如，整体上价格数据缺失的CPD-PPP偏差具有临界性，可以将“30%”作为控制价格数据整体缺失水平的经验阈值；虽然CPD法具有基国不变性，但基准经济体的价格数据缺失和失真会导致其他经济体PPP的系统性偏差，应尽可能保证基准经济体价格数据的完整和准确；价格数据失真的CPD-PPP和GEKS-PPP偏差具有规律性，可以用估算公式进行较为准确的PPP偏差估算，由此即可实现对PPP测算结果准确性的量化评估，也可用于更为准确的PPP跨期推算等。

国际经济比较领域还有许多亟待研究解决的理论和方法问题，取得博士学位不是学术研究的结束，而是真正学术生涯的开始，希望黄雪成博士能够践行“把论文写在祖国的大地上”，继续扎根实际，直面难题，产出更多高水平的学术成果。

杨仲山

前言

国际比较是经济统计的永恒话题，几百年前正是基于国家间实力比较的需求催生了经济统计，时至今日，经济全球化发展和全球经济治理依然离不开国际比较。于1968年成立的国际比较项目（International Comparison Programme，ICP）是当前国际参与度最广的经济统计活动，在联合国、世界银行等国际组织的主导下，正在为国际社会提供以购买力平价（Purchasing Power Parity，PPP）和国际可比支出法国内生产总值（GDP）为核心的统计公共产品，是国际组织全球经济治理的重要统计数据来源之一。

PPP作为经济比较的可比转换工具，其重要性不言而喻，自ICP成立以来始终是领域内理论研究的重点，同时也正是在ICP的推动下，PPP汇总方法得到了持续发展，已经形成了以CPD法、GEKS法、GK法等方法为核心的统计方法体系。然而，国际上对ICP比较结果的争论与讨论却没有停止过，焦点之一就是PPP汇总方法问题。究其原因，一方面是对PPP汇总方法的研究和评价偏向理论化、公理化，但没有一种方法具有绝对理论优势，另一方面是对PPP汇总方法的研究忽视了数据基础的重要性，即方法发展与基础数据发展存在脱节现象，使得PPP的测算过程更像是一个“黑箱”，数据质量状况如何，对测算结果会产生何种影响，影响的大小如何，都缺乏量化的研究依据。

因此，本书研究的出发点是要将PPP汇总方法特性与基础数据质量纳入同一分析框架，通过对基础数据质量要素的量化归纳总结不同汇总方法的稳定性或稳定性特征，通过汇总方法的稳定性或稳定性特征评估其与现实数据基础的契合性，以实现补充PPP汇总方法理论认识和提高PPP测度水平的双向目标。在研究方法方面，本书则是借鉴自然科学研究中的对照实验方法，纵向上通过对不同价格数据缺失和价格数据失真形式和程度的量化模拟，分别测算CPD法和GEKS法在两种数据质量要素影响下的PPP偏差，并以此为基础总结两种PPP汇总方法的稳定性特征，为ICP基础数据质量的控制与优化以及比较结果的评估与调整提出参考建议；横向上分别从类替代偏差、经济体数量变化和支出结构变化三个方面对GK法、GAIA法、IDB法、RS法、MPCP法、SS法、MBC法和GEKS法8种方法的测算稳定性进行了理论分析与模拟测度，并通过测算稳定性的比较分析ICP采用GEKS法的合理性。

具体来说，本书的内容由以下六个章节构成：

第一章PPP汇总方法研究新思路。本章主要在阐述本书研究的理论依据和现实基础的基础上提出了研究PPP汇总方法的新思路。理论方面，从评价统计方法的数理逻辑和统计学逻辑引申提出了测度统计逻辑，即通过模拟不同数据条件测度不同统计方法非公理化特征的逻辑，实际是对前两种评价逻辑的补充。现实方面，通过对ICP的PPP测度流程、结果争论和PPP汇总方法研究现状的梳理，发现基础数据质量问题突出，PPP汇总方法研究过于偏向理论，存在多方面认识误区。进而，在综合两方面认识和发现的基础上提出了基于量化数据质量问题的测度PPP汇总方法稳定性的研究新思路。

第二章PPP汇总方法演进分析与评价。本章主要是对PPP汇总方法发展成果的梳理，目的在于总结演进特征，发现问题不足，明确研究方向。具体来说是将PPP汇总方法的发展历程分成四个阶段：双边汇总方法阶段、多边汇总方法探索阶段、多边汇总方法改进阶段和多边汇总方法完善阶段，并对各个阶段出现的新方法和改进方法的基本原理、优缺点以及不同方法之间的内在联系进行了介绍与分析。通过梳理发现，PPP汇总方法的演进具有以下两方面的特征：一是ICP不同发展阶段的现实要求是推动PPP汇总方法演进的内在动因；二是PPP汇总方法的发展经历了一个由简单指数到复杂指数，由统计指数到经济指数的演进历程。同时也发现PPP汇总方法的发展存在以下三方面的问题：一是PPP汇总方法的理论基础有待进一步扩展和统一；二是对基本类PPP汇总方法的研究相对薄弱；三是PPP汇总方法隐含的前置假设与现实数据基础存在矛盾。要解决上述问题，一方面需要从控制数据采集过程方面提高基础数据的质量，另一方面则是要加强对PPP汇总方法稳定性的量化研究。

第三章价格数据缺失对PPP测算稳定性影响的测度与分析。价格数据缺失是现实中无法避免的数据质量问题，虽然CPD法具有充分利用价格数据的优势，但是不同的价格数据缺失程度会对测算结果造成何种影响却是不清楚的。因此，本章通过量化模拟不同的价格数据缺失形式和缺失程度，测算与完整价格数据CPD-PPP相比的CPD-PPP偏差，并以此为基础考察价格数据缺失对CPD法测算结果影响的稳定性特征。具体研究分为三个部分：第一部分是对基本类规格品价格数据不同缺失形式和缺失程度所导致的CPD-PPP偏差的测算及其特征分析；第二部分是对决定价格数据缺失CPD-PPP偏差程度及其差异的影响因素的分析；第三部分是在总结CPD法稳定性特征基础上，为ICP对价格数据缺失的控制和基本类PPP结果的评估提出意见和建议。

第四章价格数据失真对PPP测算稳定性影响的测度与分析。由于价格数据失真会同时影响基本类PPP和基本类以上PPP的汇总测算，本章的模拟测度也从这两个层面分别展开。基本类层面以CPD法为基础，具体分为两种情况：一种是在基本类规格品价格数据完整且不存在失真的情况下，通过对价格数据不同失真形式和失真幅度的模拟进行CPD-PPP偏差测算；另一种是在基本类规格品价格数据缺失情况下，通过对价格数据不同失真形式和失真幅度的模拟进行CPD-PPP偏差测算。基本类以上层面的测度以GEKS法为基础，由于基本类PPP不存在数据失真，因而是通过对非基准经济体的基本类PPP不同失真形式和失真幅度的模拟进行GEKS-PPP偏差测算。最后，通过对以上模拟测度发现的CPD法和GEKS法的稳定性特征的总结，对ICP的数据质量优化和比较结果的评估与调整提出意见和建议。

第五章基本类以上PPP汇总方法稳定性测度与比较分析。本章首先在理论剖析“替代偏差”的基础上提出“类替代偏差”概念及其经济学解释，并据此比较分析GK法、GAIA法、IDB法、RS法、MPCP法、SS法、MBC法和GEKS法8种方法的稳定性；其次通过按不同标准模拟经济体数量变化，考察经济体数量变化和经济体组合变化情况下的不同PPP汇总方法的测算稳定性；再次通过模拟合并测算部分基本类PPP，考察支出权重结构变化情况下不同PPP汇总方法的测算稳定性；最后综合三方面分析和测度结果对比考察稳定性最优的PPP汇总方法以及ICP使用GEKS法的合理性。

第六章结论总结与研究展望。本章从PPP汇总方法稳定性和ICP实践工作启示两个维度综合总结前述各章研究结论，并从优化规格品选取以及ICP与CPI整合两方面对优化基础数据质量研究提出展望。

本书是在笔者博士学位论文基础上的修改之作，水平有限，难免存在不足之处，恳请各位读者不吝赐教斧正。

黄雪成

2023年3月

目录

第一章　PPP汇总方法研究新思路

第一节　统计测度与测度统计

诚如国际著名女护士、统计学家弗洛伦斯·南丁格尔所言："若想了解上帝在想什么，我们就必须学统计学，因为统计学在测量他的旨意。"[①]统计学自出现以来便成为人类认识世界、发现规律、科学决策的重要工具。约翰·格朗特（John Graunt，1620—1674）的《对死亡表的自然观察和政治观察》（1662）和威廉·配第（William Petty，1623—1687）的《政治算术》（1690）开启了用数据描述社会经济现状的新时代，也使统计科学走上历史舞台，此后统计学工具在人口、经济和社会的宏观测度领域得到了广泛应用，20世纪推断统计的兴起与发展以及第二次世界大战中其在美国作战研究中的大放异彩使得统计学成为经济学、社会学、管理学、心理学、流行病学、生物学等诸多自然、社会、人文学科的数据研究基础，21世纪以来随着互联网的

① 萨尔斯伯格．女士品茶——统计学如何变革了科学和生活［M］．刘清山，译．南昌：江西人民出版社，2016．

普及和信息技术的发展，“数据”正在成为新的重要生产资料，数字化社会、数字化生产正在促进当今世界社会、政治、经济的转型和变革，而统计学作为一门与数据打交道的科学仍将在这一发展进程中发挥重要的工具作用。

统计学是一门关于如何收集数据、分析数据，并根据数据进行推断的科学与艺术。在300多年的发展历程中，统计学作为一种科学工具主要发挥着两方面的作用：一方面是对历史事物的数量描述与归纳总结[①]，另一方面是对未来的推算和预测。前者为统计测度[②]，后者为统计测度基础上的再测度，是对数据信息的再挖掘。由此可见，统计测度不仅是统计学的立足之本，更是实际问题研究的重要基础。从测度的方法上看，大体可以分为计数测度、测量测度、实验测度、指标测度和模型测度5种类别。具体到详细的统计方法上，同一类型的统计描述又有多种计算方法可供选择，比如对于数据分布集中趋势的描述指标包括平均数、众数、中位数、分位数等，而平均数又包括简单平均数、加权平均数以及算术平均数、调和平均数和几何平均数；对于数据分布离散趋势的描述指标包括方差（标准差）、极差、变异系数等。具体到实际的问题研究一般也会有多种统计方法可供选择，比如对生产率的测度就包括要素生产率指数方法（具体又有单要素生产率指数和全要素生产率指数）、数据包络分析方法和随机前沿方法等；再比如对购买力平价（Purchasing Power Parity，PPP）的测算方法，从本质上看，所有测算方法都是国家间相对价格比率的加权平均，不同方法的差异在于平均方法的不同和权重选择的不同，比如拉氏指数和帕氏指数采用的都是加权算术平均的指数形式，差异在于前者使用的是基准国的支出权重，而后者使用的是比较国的支出权重；Törnqvist指数采用的是加权几何平均的指数形式，权重为基准国和比较国支出权重的算术平均；Fisher指数和GEKS法采用的均是加权算术平均与几何平均相结合的指数形式，为拉

---

① 德国学者斯勒兹曾说：“统计是动态的历史，历史是静态的统计。”

② 李金昌教授认为统计测度就是用一定的符号和数字，用一定的形式和载体，对所研究的现象或事物的特征进行量化反映，表现为可用于统计分析的数据的过程。实际就是用符号和数字对已发生事物的描述与总结。见李金昌.统计测度：统计学迈向数据科学的基础[J]. 统计研究，2015（8）：3-9.

氏指数和帕氏指数的几何平均；等等[①]。

面对同一问题却有多种统计方法可供选择时，一个自然而然被引出的问题即为如何在多种方法中做出选择？或者如何评价和使用统计方法才是正确的？对此，一般有两种选择逻辑可供参考：一种是数理逻辑，即方法、技术、模型的优劣与其严密度、复杂度、多元公理化性质满足度直接正相关；一种是统计测度逻辑，即问题是导向，数据是核心，方法是关键，数据跟着问题走，方法围着数据转[②]，此逻辑选择统计方法的标准实际是以解决实际问题为目标，能够实现与数据协调统一的方法就是好方法。从逻辑推导的视角来看，统计方法的数理特性越复杂、越完备，那么相应的逻辑链也越严谨、严密，越有说服力，这对于自然科学问题的研究十分重要。但是，对于社会、人文学科问题的研究却并非如此，社会、政治、经济是一个相互关联的复杂网络，对任何一个具体问题的研究，既要关注显著相关的因素，也要注意看似不相关的因素，往往看似不相关的因素可能对研究问题起关键作用，而统计方法的数理逻辑越优越，越容易忽视那些看似无关却至关重要的因素。正如邱东教授所言："人往往有技术崇拜的倾向，更愿意相信和采用技术含量更高的方法。而实际上方法精美只是得到准确结果的一个必要条件，而不是其充分条件。如果必要的前提得不到满足，很可能用特别精美的方法得出一个错误百出的结果。"[③]因此，在研究社会、人文学科问题时更应该注重问题本身，真正将统计方法作为一种工具来灵活运用，而非将问题自困于统计方法和统计测度结果之内。同时，结合两种逻辑形式，还可以有一种衍生逻辑，即测度统计逻辑。

在多种统计方法之间做选择时，还有可能遇到以下两种情况：一种是没有一种方法的数理特性具有显著优势，对实际问题的测度效果也各有千秋；另一种是存在一种方法具有显著的优势，但在不同的研究背景或数据条件下，方法的稳定性却是不清楚的。对于这两种情况，要想对不同方法做深入的比较分析或者对某一方法的应用场景做深入分析，可以借鉴自然科学研究中的对照实验方法，模拟不同的问题情景或数据条

① 第二章将对PPP的诸多汇总方法进行详细总结和讨论。
② 李金昌. 关于统计数据的几点认识［J］. 统计研究，2017（11）：3-14.
③ 宋旭光，等. 看懂中国GDP［M］. 北京：北京大学出版社，2015：31.

件，通过对实验组与对照组的测度结果差异的比较分析，对统计方法的稳定性以及方法的隐含特征做出科学的测度和判断，以更好地推动统计方法的改进和提高研究问题的统计测度水平，对此本书将之称为测度统计。

严格来说，测度统计也是一种统计测度，其特殊之处在于其是以测度同一问题的统计方法为研究对象，以探索统计方法在实际测度中的非公理化特征（如稳定性）为目标的统计测度。因此，相对于统计测度而言，测度统计并非另起炉灶，而是以统计测度研究的问题为依托，为了优化问题、数据、统计方法三者的协调统一而展开的对统计方法的研究，是对统计测度的补充。从公理化性质角度研究统计方法，一方面可以用公理化性质评判不同统计方法的优势和劣势，另一方面可以完善统计方法公理化性质为目标展开对统计方法的改进和拓展研究。统计测度更注重测度结果，要得到可靠的测度结果就需要选择合适的统计方法，统计方法所满足的公理化性质自然成为重要的选择依据，但是在加入数据条件因素以后，数据条件对统计测度结果的影响是无法完全从公理化性质上得到全面体现的，由此以数据条件为基础的，针对统计方法的测度研究就显得尤为重要，而这正是测度统计需要完成的工作。因此，测度统计既是一种研究统计方法的方法，也是一种优化统计测度水平的方法。

在国际比较项目（International Comparison Programme，ICP）的推动下，国际上已经形成了一套较为完善的PPP汇总方法体系[①]，然而围绕PPP汇总方法的研究基本依据的都是数理逻辑和统计测度逻辑，缺乏从测度统计视角对汇总方法的深入比较研究。从ICP的实际数据条件看，用于PPP统计测度的基础数据具有复杂性和不平衡性。复杂性体现在全球范围内协调同质可比规格品的难度和复杂度。不平衡性体现在不同区域、不同经济体统计能力不平衡所导致的数据质量差异。那么，不同的数据条件会对相同汇总方法的PPP测度结果产生何种影响？相同的数据条件不同的汇总方法又会有何种不同？理清这两

① 详见本书第二章的分析和讨论。

方面的问题对于优化PPP统计测度水平和探究PPP汇总方法的实际测度特征都有重要意义。在PPP的实际测度中，PPP汇总方法的稳定性是一个非常重要的性质，稳定意味着汇总方法能够充分利用数据，能够充分保证不同数据条件下测度结果的一致性，而稳定性特征则有助于为优化基础数据质量，为PPP测度结果的评估和应用提供可靠依据。因此，基于不同数据条件的PPP汇总方法稳定性测度研究，不仅有利于完善对PPP汇总方法测度特性的认识，而且有助于提高ICP的PPP测度水平。

第二节　ICP的PPP测度流程、结果争论与解决路径

ICP是由联合国统计委员会、世界银行等国际组织牵头组织实施的一项全球性经济统计活动，旨在通过收集世界各经济体的价格、GDP支出以及相关数据测算PPP，并以此为货币转换因子，对世界经济规模、各经济体宏观经济指标和经济发展状况进行测度与比较。自1968年成立以来，ICP已经先后完成了9轮经济比较活动，参加的经济体的数量也由最初的10个扩展到近期的176个，基本覆盖了全球所有国家和地区，已经成为当前全球规模最大、参与度最广的经济统计活动[①]。

一、ICP的PPP测度流程

PPP作为ICP跨国经济比较的核心媒介工具，其准确性对比较结果的准确性和可靠性具有决定性影响。因此，ICP50多年来的理论研究与组织实践的发展重点都是围绕PPP的测度而展开的。经过9轮比较活动的经验总结和全球推广，已经形成了一套较为完善的PPP测度流程，如图1-1所示。具体来说，ICP的PPP测度由三大主体分两个层面完成。

① ICP已经完成的9轮比较活动分别以1970、1973、1975、1980、1985、1993、2005、2011、2017年为基准年，相应的参加国（地区）数量分别为10、16、34、60、64、117、146、199、176个。

三大主体分别为参加ICP的经济体、区域协调机构和ICP全球办公室①。参加ICP的经济体负责本经济体范围内的数据采集和数据审核；区域协调机构负责向经济体提供方法和操作指导，根据全球执行时间计划协调和监督数据采集与数据审核，通过计算和汇总实施区域经济比较，并公布相关结果；ICP全球办公室负责确保各区域的比较结果能够并入全球比较结果，并负责全球比较结果的编制、审核以及发布。两个层面分别为数据调查层面和PPP测算层面，前者如图1-1上半部分所示，即用于PPP测度的基础数据是按照何种规则调查和采集的；后者如图1-1下半部分所示，即PPP是如何在区域和全球层面分别被测算的。

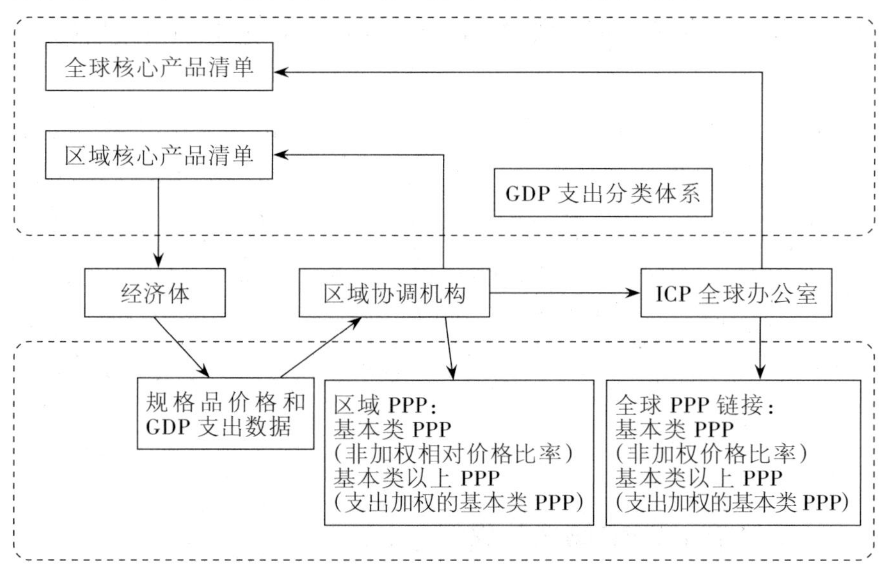

图1-1 ICP的PPP测度流程示意图

（一）制定核心产品清单及价格调查

1999年，Ryten向联合国统计委员会提交的关于ICP的评估报告指出，ICP的关注点过于集中于汇总计算，缺乏对基础数据采集过程的管理，实践工作也缺乏与经济体国民经济核算和消费者价格指数（CPI）

① 1993年轮比较活动之后，ICP进入了一个近10年的停滞阶段，其间联合国统计委员会组织专家组对ICP进行了一次大审查，根据审查结果确立了新的治理结构，其中ICP全球办公室被设置在世界银行中，全球经济体被划分为8个区域，由ICP全球办公室负责非洲、亚洲和太平洋地区、独联体（CIS）、拉丁美洲、加勒比地区、西亚和太平洋岛屿7个区域（全部为地理区域），由欧盟统计局和OECD负责其成员经济体的PPP项目（主体由欧洲经济体构成，还包括部分欧洲之外其他区域的经济体）。前者7个区域的区域协调机构分别为非洲开发银行、亚洲开发银行、独联体国家间统计委员会、联合国拉丁美洲和加勒比经济委员会、联合国西亚经济与社会委员会以及澳大利亚统计局。

编制工作的协调[1]。对此，自ICP2005年轮比较活动起，世界银行在基础数据采集方面进行了以下几方面的改进（沿用至今）：①统一规范了GDP的支出分类体系，依据联合国统计司制定的按用途划分的个人消费分类（Classificaton of Individual Consumption According to Purpose，COICOP）、政府职能分类（Classification of the Functions of Government，COFOG）、为住户服务的非营利机构的目的分类（Classification of the Purposes of Non-profit Institutions Serving Households，COPNI）和产品总分类（Central Product Classification，CPC）4部国际分类标准将GDP支出统一分为居民个人消费支出、为住户服务的非营利机构的个人消费支出、政府个人消费支出、政府公共消费支出、固定资本形成、存货和贵重物品变动以及进出口差额7个主要类别（Main Aggregate），进一步又细分为26个大类（Categories）、61个群组（Groups）、126个种类（Classes）和155个基本类（Basic Headings）；②推出了规范采价范围的产品清单法（Product Lists），区域协调机构要组织经济体进行代表性产品的前期调查，并通过对不同经济体代表性产品的协调制定一份统一的基本类产品清单，在ICP2011年轮的比较中，此方法被进一步运用到区域PPP的链接，从而有了对区域核心产品清单和全球核心产品清单的划分；③推出了规范规格品可比性的结构化产品描述表法（Strcutured Product Description，SPD），即将影响规格品价格的主要特征以清单的形式列示在表格中，以便各经济体的一线价格调查人员能够参照统计标准进行价格数据采集。这3项改进从制度层面明确了各经济体调整GDP支出核算的统一标准，也在制度层面为实现规格品代表性和可比性的协调提供了保障。

（二）区域PPP测算

由于参加ICP的经济体数量的大幅提升，集中组织比较活动不再可行，自ICP1980年轮比较活动开始，ICP进入到区域化发展阶段。区域化一方面有利于降低协调成本，便于比较活动的顺利开展，另一方面也提高了区域内经济体间的相似性，为提高规格品的同质可比性奠定了制

---

① Ryten J. Report of the Consultant on the Evaluation of the International Comparison Programme [R]. United Nations Statistical Commission Thirtieth Session, 1999.

度基础。正因如此，区域化的制度安排一直保留至今。不同区域可以根据实际情况进行产品清单的制定、价格调查的组织实施和PPP汇总方法的选择。

自英国经济学家Colin Clark在其研究成果《经济进步的条件》（1940）[①]中首次采用Fisher指数对PPP进行实际测算，并进行了美国与其他52个经济体的实际收入比较后，国际上大量专家学者展开了对PPP汇总方法的研究，如Geary、Khamis、Summers、Ikle、Dikanov、Balk、Prasada Rao等，贡献了大量可供ICP选择的多边PPP汇总方法，如表1-1所示。

表1-1 多边PPP汇总方法体系概览

原始方法	衍生方法
桥国法（星形法）	MST法、MD法
CPD法	加权CPD法、CPD-W法、CPRD法、空间CPD法
GEKS法	GEKS*法、GEKS-S法、加权GEKS法
GK法	RS法、IDB法、HR法、GAIA法、MPCP法、SS法、MBC法

面对众多的PPP汇总方法，如何选择就成了一个重要的问题，因为不同的方法可能会得到迥然不同的结果。在ICP的实际应用中，随着PPP汇总方法的演进，不同的发展阶段，不同的区域也的确在做着PPP测算方法选择上的调整。总体上，PPP的测算可以分为两个层面：基本类和基本类以上。基本类是在GDP支出核算中能够获得的最低级别的支出组成部分[②]，因此基本类所包含的规格品的支出数据是现实中无法获取的，因而基本类PPP的汇总测算采用的都是非加权平均指数形式，而相应的基本类以上PPP的汇总测算采用的都是加权平均指数形式，并且是对基本类PPP的加权平均。在前四轮ICP比较活动中，基本类PPP的测算采用的都是CPD法，基本类以上PPP的测算采用的则都是GK法；第五轮ICP比较欧盟区域出现了变化，基本类PPP的测算改为采用

① Clark C. The Conditions of Economic Progress [M]. London: Macmillan Publishers Limited, 1940.

② World Bank. Measuring the Real Size of the World Economy: The Framework, Methodology and Results of the International Comparison Programme[M]. Washington D.C.: World Bank, 2013.

GEKS*法，其他区域依然采用CPD法，基本类以上PPP的测算依然采用GK法；第六轮ICP比较欧盟-OECD对基本类以上PPP的测算方法进行了调整，改为使用GEKS法，其他区域则选择了与第五轮相同的方法；第七轮ICP比较活动，多个区域在PPP汇总方法的选择上都进行了调整，在基本类PPP的测算上，欧盟-OECD和独联体经济体采用GEKS-S法，拉丁美洲采用CPRD法，其他区域则依然采用CPD法，在基本类以上PPP的测算上，非洲选择了IDB法，而其他区域均选择的是GEKS法；第八轮ICP比较活动对PPP汇总方法的选择进行了统一，对于基本类PPP，欧盟-OECD和独联体经济体采用的是GEKS*法，其他区域采用的都是CPD-W法，对于基本类以上PPP，所有区域均采用GEKS法。联合国统计委员会第47届会议对“ICP主席之友小组”提交的针对ICP2011年轮（第八轮）的评估报告的评议结果显示，ICP2011年轮的治理结构和方法的改进与创新都被给予了充分肯定，并决定维持ICP2011年轮的PPP测算方法开展以2017年为基期的新一轮PPP测算①。

（三）全球PPP链接

ICP区域化发展之后，如何将不同区域的PPP进行链接形成全球PPP就成为必须解决的重要问题。对此，ICP先后发展了四种区域PPP链接方法：

第一种是桥国法（Bridge Country），即从所有区域选取一定数量的经济体作为桥国，通过桥国间的双边PPP测算结果，将区域间以及区域内不同国家间的PPP进行链接。此方法主要在第四轮（1980）和第五轮（1985）ICP比较中被使用，其核心就是通过个别发展中国家与个别欧盟-OECD发达国家的双边测算实现区域PPP的链接，比如在ICP1985年轮比较中，通过英国与肯尼亚的双边比较来链接欧盟与非洲和加勒比地区国家间的PPP，通过日本与孟加拉国、印度、韩国以及中国香港等国家和地区的双边比较来链接OECD与亚太地区国

① UN Statistical Commission Forty-seventh Session. Final Report of the Friends of the Chair Group on the Evaluation of the 2011 Round of the International Comparison Programme［EB/OL］. [2016-09-03]. https://unstats. un. org/UNSDWebsite/statcom/session_47/documents/2016-9-FOC-group-on-evaluation-of-2011-round-of-ICP-E.pdf.

家和地区间的PPP[①]。

第二种是核心产品法（Core Commodities）。由于全球价格结构与任意一个区域的价格结构都存在差异，由此就可能导致经济体的全球排名与区域排名的差异，而欧盟坚持固定性（Fixity），即要求欧盟的比较结果不能在OECD或全球的比较中有任何变化，由此最终结果的可比性将被严重损害。为此，ICP1993年轮的比较提出了核心产品法，即所有国家都被要求采价一部分共同的产品项目，以此来进行区域PPP的链接[②]。此方法的优点在于能够使得更多的国家进入区域PPP链接程序，结果也不再依赖链接国家的选择，价格调查工作也能分摊到所有参加国，缺点在于不得不放松对产品特征的界定。由于缺少资金、缺乏统筹协调，ICP1993年轮各区域的比较结果没有被链接起来，也没有得到全球层面的结果，此后是近10年的停滞整顿阶段，因而核心产品法也不被广泛所知。

第三种是环国法（Ring Country）[③]。环国法是ICP2005年轮比较所采用的区域PPP链接方法，从内涵上看，其充分吸纳了前两种方法的优点，并采用了多边PPP汇总方法进行链接PPP的测算。首先，在“环国”的选取上充分尊重了所有区域，从每个区域中至少选取2个经济体，构成了一个由18个经济体组成的“环国”[④]；其次，针对“环国”制定了专门的产品清单，进行专门的价格数据采集；最后，在PPP的测算上，基本类PPP采用的是一种修改的CPRD法，即用代表区域的虚拟变量替代了原方法中代表国家的虚拟变量，而对于基本类以上PPP的测算采用的是GEKS法。

第四种是全球核心产品清单法（Global Core List）。经过对ICP2005年轮比较的事后评估，发现环国法的链接程序存在以下几方面的不足：

---

① United Nations.World Comparisons of Real Gross Domestic Product and Purchasing Power, 1985, Phase V of the Internatioanl Comparison Programme[M].New York:United Nations, 1994.

② World Bank.Purchasing Power of Currencies: Comparing National Incomes Using ICP Data [R/OL]. 1993. https://thedocs. worldbank. org/en/doc/528591487105178371-0050022017/original/PurchasingPowerofCurrencies1993.pdf.

③ World Bank.ICP 2005 Methodological Handbook[R/OL].2007.https://thedocs.worldbank.org/en/doc/992361487994105283-0050022017/original/2005handbook.pdf.

④ 非洲区域包括喀麦隆、埃及、肯尼亚、塞内加尔、南非和赞比亚；亚太区域包括中国香港、马来西亚、菲律宾和斯里兰卡；欧盟-OECD包括爱沙尼亚、日本、斯洛文尼亚和英国；拉丁美洲包括巴西和智利；西亚区域包括约旦和阿曼。

①链接程序过于依赖“环国”的数据质量；②在产品清单中囊括了多个区域不具有代表性的大量规格品；③PPP测算结果不满足基国不变性。因此，ICP2011年轮比较推出了全球核心产品清单法。具体包括以下几个步骤[①]：首先，由ICP全球办公室编制一份涉及居民消费、住房、政府报酬、机械设备以及建筑的全球核心产品清单[②]，所有区域和经济体均采集清单中产品的价格，以作为区域PPP结果链接的基础；其次，分别采用CPD-W法和GEKS法进行基本类PPP和基本类以上PPP的测算，以将PPP转换为全球统一的货币表示；最后，为了保持区域内比较结果的固定性，按照国家间再分配（CAR）程序对各区域的实际GDP支出进行再划分，即用全球统一货币表示的实际GDP支出总和作为区域总支出，再在各个区域内按照区域内的计算值进行再分配。

二、PPP测算结果存在的争论

ICP统计工作的主要目的是测算各经济体的PPP，以此作为货币转换工具，将各经济体以本币表示的GDP及其构成转换为统一货币表示的物量，进而比较和评价各经济体的实际经济规模、结构和价格水平。其结果被广泛应用于国际问题的分析和研究，为相关国际组织和经济体研究世界经济发展进程以及相关国际治理决策提供全球可比的统计数据和分析方法。例如，联合国可持续发展目标中对消除贫困进程的监测，联合国开发计划署人文发展报告中人文发展指数和性别发展指数的测算，联合国教科文组织对人均教育支出的评估，联合国国际儿童紧急基金会对儿童生活状况的监测，世界银行对全球经济规模、国际贫困率、价格水平等的测算，国际货币基金组织对世界经济增长率的计算，欧洲委员会对结构性基金的分配等，具体如表1-2所示。此外，其结果在世界经济竞争力、投资成本、生活成本调整等领域的研究中也被广泛应用。因此，ICP的比较结果备受国际社会关注。然而，在ICP国际影响力不断提升的同时，其对发展中经济体测度结果与预测结果以及现实感

① World Bank. Purchasing Power parities and the Real Size of World Economies—A Comprehensive Report of the 2011 Internatioanl Comparison Program [M]. Washington D.C.: World Bank.2015.

② 区域核心产品清单涵盖全球核心产品清单，并在其基础上进行扩展增加。

受的差异引发了国际社会对ICP比较结果的争论。

表1-2　国际组织对ICP比较结果的应用情况概览

<table>
<tr><th>国际组织</th><th colspan="2">应用范围</th></tr>
<tr><td rowspan="7">联合国（UN）</td><td rowspan="2">可持续发展目标（SDGs）</td><td>目标1：消除贫困</td></tr>
<tr><td>目标7：确保获得负担得起的、可靠的、可持续的、现代的能源</td></tr>
<tr><td rowspan="3">人文发展报告（HDP）</td><td>人文发展指数（HDI）</td></tr>
<tr><td>不平等调整的人文发展指数（IHDI）</td></tr>
<tr><td>性别发展指数（GDI）</td></tr>
<tr><td>联合国教科文组织（UNESCO）</td><td>年度教育经费的相对价值</td></tr>
<tr><td>联合国国际儿童紧急基金会（UNICEF）</td><td>处于贫困中的儿童的数量</td></tr>
<tr><td rowspan="6">世界银行（World Bank）</td><td rowspan="6">世界发展指数（WDI）</td><td>经济规模</td></tr>
<tr><td>国际贫困率</td></tr>
<tr><td>共享繁荣</td></tr>
<tr><td>卫生系统</td></tr>
<tr><td>能源依赖、效率和二氧化碳排放</td></tr>
<tr><td>价格水平</td></tr>
<tr><td rowspan="2">国际货币基金组织（IMF）</td><td colspan="2">世界经济展望（WEO）</td></tr>
<tr><td colspan="2">成员国配额</td></tr>
<tr><td>欧洲委员会（The European Commission）</td><td colspan="2">依托结构性基金和凝聚力基金为增长和就业目标而进行的投资</td></tr>
<tr><td rowspan="2">经济合作与发展组织（OECD）</td><td colspan="2">OECD区域的实际GDP及其构成</td></tr>
<tr><td colspan="2">宏观经济总量的国际比较研究和政策分析</td></tr>
</table>

资料来源：世界银行ICP网站，http：//www.worldbank.org/en/programs/icp.

（一）争议的来源

1.实际测算PPP与推算PPP结果的差异。按照世界银行公布的2005年中国PPP为1美元等于3.4元人民币，而以1993年为基准推算的2005年数据为1美元等于2.09元人民币，实际测算的中国GDP规模要比推算的结果低近40%。类似地，印度的实际测算GDP规模比推算结果低近38%、印度尼西亚的实际测算GDP规模比推算结果低近17%，而伊朗的实际测算GDP规模比推算结果高近35%、埃及的实际测算GDP规模比推算结果高近11%、俄罗斯的实际测算GDP规模比推算结果高近9.5%[①]。相比于世界银行的世界发展指数（2013）所公布的推算数据，ICP2011年轮测算结果中发展中经济体经PPP折算后的GDP规模普遍上调，以金砖国家为例，世界发展指数推算的中国GDP规模为11.27万亿美元，而ICP2011年轮的测算结果为13.49万亿美元，上调幅度约为20%，巴西分别为2.25万亿美元和2.82万亿美元，上调幅度约为25%，印度分别为4.52万亿美元和5.76万亿美元，上调幅度约为27%，南非分别为0.542万亿美元和0.61万亿美元，上调幅度约为13%，俄罗斯分别为2.92万亿美元和3.22万亿美元，上调幅度约为10%（World Bank，2013[②]；2014[③]）。

2.汇率法与PPP法GDP规模测算结果的差异。汇率法和PPP法是国际上进行经济体间GDP比较最常用的两种方法。在公布每一轮ICP比较结果时，汇率法测算结果也会和PPP法测算结果一起列示在结果报告中。通过对比不同国家两种方法测度的GDP规模差异可以发现，经济发达国家按PPP法折算的GDP规模一般要小于按汇率法折算的GDP规模，但相对差距较小，而发展中国家按PPP法折算的GDP规模一般都大于按汇率法折算的GDP规模，且相对差距较大，如表1-3所示。对于发展中国家而言，两种方法的较大差异很容易造成误解，尤其是中国的数据，按照ICP2011年轮的结果，中国PPP为3.506元人民币/美元，GDP规模相当于美国的87%，据此推算，2014年中国的GDP规模将超过美国，成为世界第一大经济体。然而，众所周知，中国经济规模与美

① 余芳东. 关于世界银行2005年ICP结果、问题及应用的研究［J］. 统计研究，2008（6）：3-10.

② World Bank.World Development Indicators 2013［M］. Washington D.C.: World Bank, 2013.

③ World Bank. Purchasing Power Parities and Real Expenditures of World Economies: Summary of Results and Findings of the 2011 International Comparison Program［DB/OL］. 2014. https: //thedocs. worldbank. org/en/doc/150971487105181565-0050022017/original/SummaryofResultsandFindingsofthe2011InternationalComparisonProgram.pdf.

国相比还是有一定差距的，因此国际社会广泛关注这一结果，有的甚至对ICP调查数据、方法和结果提出了质疑。

表1-3　ICP2005和ICP2011结果中排名前10位的国家GDP规模汇总表

排名	ICP2005				ICP2011			
	国家	GDP（PPP）	GDP（汇率）	比率	国家	GDP（PPP）	GDP（汇率）	比率
1	美国	12 376.7	12 376.7	1.00	美国	15 533.8	15 533.8	1.00
2	中国	5 333.2	2 243.8	2.38	中国	13 495.9	7 321.9	1.84
3	日本	3 870.3	4 549.2	0.85	印度	5 757.5	1 864.0	3.09
4	德国	2 514.8	2 791.3	0.90	日本	4 379.8	5 897.0	0.74
5	印度	2 341.0	778.7	3.01	德国	3 352.1	3 628.1	0.92
6	英国	1 901.7	2 244.1	0.85	俄罗斯	3 216.9	1 901.0	1.69
7	法国	1 862.2	2 136.3	0.87	巴西	2 816.3	2 476.6	1.14
8	俄罗斯	1 697.5	764.4	2.22	法国	2 369.6	2 782.2	0.85
9	意大利	1 626.3	1 769.6	0.92	英国	2 201.4	2 461.8	0.89
10	巴西	1 583.2	882.5	1.79	印尼	2 058.1	846.3	2.43

注：GDP的单位为10亿美元；比率为按PPP折算GDP与按汇率折算GDP的比率。

数据来源：World Bank.Global Purchasing Power Parities and Real Expenditures: 2005 International Comparison Program［M］. Washington D.C.: World Bank , 2008.

World Bank. Purchasing Power Parities and Real Expenditures of World Economies Summary of Results and Findings of the 2011 International Comparison Program［M］. Washington D.C.: World Bank , 2008.

3.信息披露不够充分。理论上，根据ICP对GDP支出核算的规范要求，其比较结果不仅可以用于宏观经济总量层面的指标分析，也能用于支出结构以及细分类价格水平的比较分析。然而，ICP在比较结果的信息披露上显得过于谨慎，仅披露GDP总量层面、7个主要类别以及12个居民消费品和2个固定资本形成大类的PPP结果。这种不充分的信息披露一方面为使用者研读、分析、应用和评价ICP的测度结果和测度工作设置了障碍，另一方面也容易引发使用者对ICP比较结果，特别是细分项PPP测算结果准确性和可靠性的质疑。国际著名指数专家、ICP技术咨询组专家Diewert（2010）[①]就曾指出："长期以来，ICP在数据披露上的工作并未做到让人完全满意。虽然ICP付出了大量努力去获得155个基本类的PPP，但最终却仅公布了各国15个高度汇总类别的PPP。为何ICP在结果披露上会如此犹豫？这很可能是因为在低层级类别的价格汇总上，得到的结果可能非常不可靠。"

（二）争议的焦点

1.PPP汇总方法。理论上，最优的多边PPP汇总方法应当满足基国不变性、可传递性、可加性和特征性等多种性质，但是现有的如表1-1所示的PPP汇总方法中还没有任何一种方法能够满足以上所有性质，并且相同的数据用不同的方法可能得出迥然不同的结果。Prasada Rao、Sergey Sergeev 、Bettina Aten和Alan Heston（2009）[②]，Neary（2004）[③]等在对PPP汇总方法进行创新和比较研究时的测算结果都显示出了不同方法间的差异。而Angus Deaton和Alan Heston（2010）[④]认为PPP汇总方法的选择不同，各经济体之间的相对经济规模也会不同，并且对发展中经济体的影响要大于对发达经济体的影响。王岩、杨仲山（2017）[⑤]通过采用GEKS法、GK法和GAIA法对全球PPP进行重新测算发现，ICP2011年轮的比较结果普遍高估了发展中经济体的人均实际个人消费支出，其中中国被高估了6.24%。R.J.Hill和T.P.Hill（2009）[⑥]则认为基本类PPP指数是构建整体比较的基石，如果基石存在偏差或其他问题，那么在其基础上的一切成果都将被污染，然而学术文献过度关注基本类以上PPP的汇总方法，忽视了基本类PPP的重要性，并且认为ICP2005年轮中国和印度的显著异常结果正是由于基本类PPP不具有代表性所导

① Diewert E. New Methodological Developments for the International Comparison Program [J]. Review of Income and Wealth，2010，56（s1）：11-31.

② Rao P，Sergeev S，Aten B，Heston A.Purchasing Power Parities of Currencies：Recent Advances in Methods and Applications [M]. Northampton：Edward Elgar，2009.

③ Neary J P.Rationalizing the Penn World Table：True Multilateral Indices for International Comparisons of Real Income [J]. American Economic Review，2004：141-142.

④ Deaton A，Heston A. Understanding PPPs and PPP-based National Accounts [J]. American Economic Journal：Macroeconomics，2010，2（4）：1-35.

⑤ 王岩，杨仲山. 国际比较项目（ICP）高估发展中国家实际消费水平了吗 [J]. 统计研究，2017（7）：3-14.

⑥ Hill R J，Hill T P.Recent Developments in the International Comparison of Prices and Real Output [J]. Macroeconomic Dynamics，2009，13（S2）：194-217.

致的。Angus Maddison认为ICP2005年轮用GEKS法取代GK法进行基本类以上PPP的测算是一种错误，GEKS法对所有经济体都赋予相同的权重，忽视了经济体规模的大小差异，由此将系统性夸大贫富经济体之间的人均收入差距[①]。从培华（2007）[②]认为ICP所使用的Fisher指数和GK法偏离了卡塞尔购买力平价理论的思路，其测度没有被统一在同一度量尺度下，其结果不具有经济意义。

2. 区域PPP链接方法。对于ICP2011年轮的PPP结果与世界银行根据ICP2005年轮结果外推的PPP之间的显著差异，Angus Deaton和Bettina Aten（2015）[③]的研究认为ICP2005年轮在区域PPP链接方法上存在的问题是造成两者差异的主要原因，认为“环国法”选取的“环国”之间的比较与“环国”所在区域内的比较存在不一致性，链接的全球性结果容易受“环国”的支出结构和价格水平的影响，而ICP2011年轮所采用的“全球核心产品清单法”和国家间再分配法（CAR）则避免了“环国”代表性问题的影响。同时，计算发现，ICP2005年轮非洲、亚洲和西亚区域的居民消费PPP被高估了18%~26%。Robert Inklaar和Prasada Rao（2017）[④]采用反事实相对价格对2005年与2011年两轮结果差异成因的研究也进一步佐证了这一结论。而余芳东（2011）[⑤]则认为ICP2011年轮所采用的区域链接方法存在加重参比经济体调查负担、降低价格数据可比性和匹配性、提高价格数据准确性鉴定难度三方面的不足。

3. 价格数据质量。价格数据质量是保证PPP测度结果准确性和可靠性的根基，因此在近两轮的ICP比较活动中，大量的方法改进都是围绕提高价格数据质量而展开的，比如SPD表对产品特征的约束、全球和区域核心产品清单的协调与制定以及Quaranta表和Dikhanov表在数据审核

① 详见Angus Maddison在上页注释②一书序言中的评述。

② 从培华. 国际经济比较中量值统一的价值尺度——剖析联合国ICP方法的缺陷［J］. 统计研究，2007（5）：90-92.

③ Deaton A，Aten B.Trying to Understand the PPPs in ICP 2011：Why are the Results so Different?［J］.American Economic Journal: Macroeconomics, 2017, 9（1）：243-264.

④ Inklaar R，Rao P.Cross-country Income Levels Over Time：Did the Developing World Suddenly Become Much Richer?［J］. American Economic Journal：Macroeconomics，2017（1）：265-290.

⑤ 余芳东. 2011年新一轮国际比较项目（ICP）方法改进［J］. 统计研究，2011（1）：11-16.

中的应用等都是为了提高产品的代表性和可比性以及保障价格数据质量而做出的方法创新。然而，在实践中调和产品的代表性和可比性是一件十分复杂且困难的事情，方法的创新在理论上都是近乎完美的，但是在实际实施时仍然会存在漏洞，并且有多种潜在的数据质量影响因素是无法观测和控制的。例如，Ravallion（2013）①认为ICP2005年轮比较中大部分发展中经济体的实际GDP被低估是由于在数据质量要求上的严格标准所致，大部分发展中经济体是首次参与，薄弱的统计能力上与严格的数据标准之间的矛盾使得基础价格数据的同质可比性大大降低，从而低估了发展中经济体的生活成本；而Deaton和Heston（2010）②指出ICP2005年轮虽然用于限定产品特征的SPD表能够更好地规范产品特征，但是在产品异质性显著的情况下会增加价格数据缺失的数量；余芳东（2017）③认为ICP数据质量的高低不仅取决于某一经济体的调查数据，还取决于其他经济体的调查数据，各经济体统计基础良莠不齐，统计能力强弱不同，调查统计口径、范围的不一致都会对ICP的数据质量产生影响。

4.PPP测度的理论基础。通过报告、手册、操作指南的形式，ICP向国际组织、经济体、研究者传播了其用于比较实践的一整套方法，是对ICP领域专家、学者研究成果和实践经验的集中总结，在ICP的实施和发展过程中发挥了十分重要的智力支持作用，但是从本质上来说，这些文本资料只解答了ICP“是什么”“怎么做”的问题，对具体“为什么”的根本性问题却没有给予足够的解答和重视。然而，只有明确了“为什么”，才能“更好地做”“做出更好的结果”。我国著名统计学家、ICP2011年轮技术咨询组专家邱东教授长期关注ICP的发展与进展，并对PPP测度的“为什么”问题进行了大量的思考和研究工作，在《看懂中国GDP》④一书中用一个章节的内容从比较同质性、ICP法与汇率法的关系、空间结构三个方面对ICP的方法论问题进行了

① Ravallion M. Price Levels and Economic Growth: Making Sense of Revisions to Data on Real Incomes [J]. Review of Income and Wealth, 2013, 59 (4): 593-613.

② Deaton A, Heston A. Understanding PPPs and PPP-based National Accounts [J]. American Economic Journal: Macroeconomics, 2010 (4): 1-35.

③ 余芳东. 对我国参加国际比较项目的评估及建议 [J]. 统计研究, 2017 (2): 23-32.

④ 宋旭光, 等. 看懂中国GDP [M]. 北京: 北京大学出版社, 2015: 24-45.

深度讨论，具体可以总结为“ICP的四个悖论”：①同质性悖论，即越多经济体参与越符合ICP对全球经济规模测度的要求，但产品的同质性程度越难得到保障；②方法改进悖论，即发达经济体与发展中经济体在方法先进性上的差异对ICP整体自洽性的挑战；③ICP法与汇率法悖论，即研发ICP是为了弥补汇率法的不足，但实践中却无法将两者完全分割；④经济体数量规模与统计能力悖论，即参与ICP的经济体数量越多，统计能力薄弱的经济体数量也越多，统计能力的不平衡程度越高。此“四个悖论”是对ICP的PPP测度理论基础的深刻反思，也是ICP未来发展需要直面和解决的核心问题。而针对国际比较更为系统的机理问题挖掘，可见邱东教授的最新研究成果《国际比较机理挖掘：ICP何以可能》[①]一书，书中汇聚了50多个有待深入思考和理清的国际比较方法论问题。

三、解决路径

综上国际、国内专家学者对ICP的PPP测算结果的诸多争议可以看出，争议的核心焦点实际有两个：一是基础数据质量问题；二是PPP汇总测算方法问题。

（一）基础数据质量问题及其解决路径

对于基础数据质量问题的解决将是一个长期的过程，因为ICP是一个规模庞大、联系复杂的多边经济比较测度体系，诸多主客观因素都会对基础数据质量产生影响，主要包括：

1.统计能力差异。虽然ICP在支出法GDP核算、分类体系、价格调查等方面都制定和出台了统一的统计标准和方法，但是大部分发展中经济体都不具备与统计标准完全匹配的统计能力。比如GDP核算，由于GDP核算主要服务于经济体的宏观经济监测与管理，而发展中经济体一般都处于工业化的不同发展阶段，因此更偏重关注生产法GDP核算，在GDP支出核算上则相对薄弱，有的经济体甚至无法提供完整的GDP支出核算数据，而发达经济体不管是在核算规则的研究方面，还是核算

① 邱东．国际比较机理挖掘：ICP何以可能［M］．北京：科学出版社，2022.

实践方面都有绝对的话语权和优势。

2.产品代表性和可比性的现实矛盾。在空间维度进行产品代表性和可比性的协调是一件十分困难的事情，即使是在同一经济体内部亦是如此，经济发展水平、收入水平、资源禀赋、天气气候、历史人文背景、生活习惯、宗教信仰、贸易水平及能力、生产技术水平、产业链中的地位等因素都将对一地区的实际生产和产品的消费产生影响，当这些因素被放置在全球近200个经济体的大背景下时，协调的难度将大幅提高，有些绝对差异甚至根本无法协调。

3.理解偏差。理解偏差既可能出现在组织管理层面，也可能出现在个体层面。大部分发展中经济体都是近两轮首次参加ICP的价格调查，对ICP基本理论的理解和实际操作都还没有积累起足够的知识和经验，因此在数据采集上难免会出现纰漏和偏差，比如ICP与CPI的价格调查具有很多相似和相通之处，发展中经济体就比较容易混淆CPI与ICP的概念，如ICP与CPI对产品都有可比性的要求，但是ICP是时间和空间双重维度可比，而CPI只需满足时间维度可比。再比如，为了提高产品的同质可比性，在产品特征描述中加入具体的品牌信息或标注为“国际知名品牌”，但是在确定实际采价产品时对于这种相对“精确”的限定依然有可选择的空间，同样品牌的产品也会有不同的价格区间，对同样的“国际知名品牌”也可以有不同的理解，那么组织管理层面一旦有某种偏向性，采集到的价格数据就可能是有偏的。个体层面的理解偏差主要出现在价格调查员的实际价格调查环节，价格调查员是直面市场和实物产品，获取一手数据的一线人员，其对产品特征描述的理解和采价经验将对数据质量产生最直接、最原始的影响。

数据质量问题是统计测度的永恒话题，随着社会经济发展、科学技术进步，数据产生、记录、储存、应用的方式也在发生深刻的变化，因而对数据质量的理解和评估标准与方法也将发生改变。对于ICP而言亦是如此，数据质量的提高依赖于发展，既包括在ICP领域理论与方法的创新和发展，也包括现实全球经济一体化的发展，只有发展才能有更多的资源用于统计能力建设，同样也只有发展才有可能使各经济体的消费者享用到相对同质的产品和服务。

2016年，联合国统计委员会决定采用“滚动基期比较方案”进行以2017年为基期的新一轮比较活动，以期将ICP发展成为一项永久性和常规性的全球统计活动[①]。从结果上看，此次比较方案变化是对所有利益相关方关于比较结果频率和及时性的回应。而从方案的实质性变化上来看，新的比较方案实际是要推动ICP统计工作与经济体日常统计工作的整合，是要加强ICP与GDP支出核算的一致性，是要强化ICP与CPI统计工作的协调。在这样一种新的制度安排下，从产品、时间和空间三个维度进行数据的深化整合与融合将成为可能。然而，这需要ICP参与各方的多边合作，需要ICP的管理者、协调者和参与经济体之间进行充分的沟通和交流，对具体整合方案做出符合实际的短期与长期发展规划，才能真正在ICP的发展中不断推动基础数据质量的提高和发展中经济体统计能力的提升[②]。

（二）PPP汇总方法问题及其解决路径

PPP汇总方法对ICP比较结果的重要性不言而喻，几十年来一直占据着理论研究的主流地位，因此才形成了较为完善的汇总方法体系。国内学者在认识和引入ICP阶段主要是也从PPP汇总方法方面入手，如王成岐（1993，1994），余芳东（1995，2004），柏满迎等（1999），柏满迎、任若恩（2000），柏满迎等（2008），张迎春（2008），黄雪成（2011），王磊（2012），王岩（2015）等都从不同角度对汇总方法基本原理、公理化性质、适用范围进行了分析与解读。此外是对PPP汇总方法的应用研究，如易纲、张燕姣（2006），王磊、周晶（2012），郑建华（2012），余芳东（2014）等对中国地区间相对价格差异和货币购买力差异问题的研究，杨仲山、王岩（2015）用GK法和Törnqvist指数对中国2000—2011年实际经济规模的测算，以及任若恩（1998），柏满迎、任若恩（2000），郑海涛、任若恩（2005），郑海涛（2012）等在生产制造

① UN Statistical Commission Forty-seventh Session. Final Report of the Friends of the Chair Group on the Evaluation of the 2011 Round of the International Comparison Programme［EB/OL］.[2016-09-03]. https://unstats. un. org/UNSDWebsite/statcom/session_47/documents/2016-9-FOC-group-on-evaluation-of-2011-round-of-ICP-E.pdf.

② 详细论述参见：杨仲山，黄雪成. 滚动基期的2017年轮国际比较方案研究［J］. 统计研究，2018（5）：29-37.

业相对价格水平、竞争力以及生产率的国际比较问题中对PPP汇总方法的应用。

通过对国际、国内专家学者对PPP汇总方法的理论与应用研究的梳理可以发现，已有的研究虽然贡献巨大，但也造成了PPP汇总方法的多种认识误区：

1.用公理性质评价方法。在ICP成立以后，对PPP汇总方法的研究重心也从双边转向多边，从多边比较的现实要求出发，Drechsler（1973）提出了多边PPP汇总方法应当具备的诸多优良性质，ICP前三轮比较活动的主持者Kravis、Heston和Summers（1975，1978，1982）通过对理论与实践的总结对PPP汇总方法应当具备的优良性质做了进一步系统阐述，其中最为重要的四个性质分别为：基国不变性、可传递性、可加性和特征性，此后围绕PPP汇总方法的创新与改进研究基本都围绕这四个性质展开，并且成为评价汇总方法优劣势的重要标准，汇总方法满足的性质越全面，获得的肯定越充分。Diewert（1986）则进一步将这些性质转换为11条公理化检验标准。因此，后续针对汇总方法的研究越来越趋于理论化、模型化。然而，方法的公理性质越全面、技术性越强，相应的理论设定也越多，当现实条件或数据基础达不到理论要求时，“好的”方法依然可能得到漏洞百出的结果。

2.用参数估计精度评价方法。大体上，PPP汇总方法可以分为统计指数和随机指数两个类别，其中随机指数的优势之一在于可以通过模型参数估计的标准误差来判断PPP估计值的准确性和可靠性。因此，有部分研究致力于将统计指数方法随机化，或者通过对模型随机干扰项的不同设定建立起随机指数与统计指数之间的联系，以期通过模型参数估计的精度来评价PPP结果的准确性和可靠性。例如，Prasada Rao、Banerjee（1986）通过对GEKS法的一般化研究将GEKS法转化为一种基于最小二乘估计法的回归模型；Prasada Rao（2001）又在此基础上提出了加权GEKS法模型；Prasada Rao（2005）的研究发现当权重为支出份额时，使用加权最小二乘估计法得到加权CPD法的结果与RS法的结果是一致的；Hajargasht和Prasada Rao（2008）证明在以支出份额为权重时，如果随机干扰项服从Gamma（r，r）分布，对加权CPD模型采用极大似然估计的结果与HR法的结果是一致的，当随机干扰项服从Gamma（r，r）的倒数分布时，对加权CPD模型采用极大似然估计的结果与IDB法的国际平均价格和PPP是一致的等。这些研究为深入理解PPP汇总方法之间的内在联系提供了依据，同时也为统计指数测度精度的评判提供了方法，但需注意的是，模型参数估计得到精度结论是基于已有数据而获得的，它实际评判的是结果的数理精度，并不能作为评判测度PPP相对于真实PPP测度精度的绝对依据，决定真实精度的根本因素是数据的真实性和准确性以及数据所依托规格品代表性和可比性的质量。

3.用结果差异评价方法。一言以蔽之，PPP汇总方法的实质是对个体相对价格指数的加权平均。只要新的方法或改进方法改变了平均或者权重形式，那么测算结果必然会出现差异。因此，仅从不同方法测度结果的差异性角度去评价某种方法测度结果的准确性和可靠性，或者评价不同方法之间的优劣，是失之偏颇的，至少是片面的，不够严谨的。在统计测度时“方法要围着数据转”是说在实际测度时统计方法的选择要与数据相协调、相匹配才能得到好的测度结果，按此逻辑，反过来在评价测度结果时也应当首先检查统计方法与数据的自洽性，这才是根本，不能仅因不同测算方法得出不同结果而武断地判断测算结果存在问题。

综合来看，对PPP汇总方法研究的核心问题在于存在方法研究脱离数据基础的倾向。ICP是一项理论与实践紧密结合的统计活动，理想的研究状态应当是方法与数据相互联系、相互验证、相互促进的交织螺旋上升状态，然而实际状况是两者越来越像两条平行线那样无法交融。这使得PPP的测度过程更像是一个“黑箱”，不管是何种数据只要进入“黑箱”就能得出结果，具体数据状况如何，对结果会产生何种影响，影响的大小如何，都是使用者无法搞清楚的。之所以造成这种局面，既有ICP数据透明度不够的原因，也有研究偏向性的原因。

因此，对PPP汇总方法的研究依然需要深入，但重心不应仅向公理性质多元化的方向发展，而应将研究视角向数据基础延伸，从数据出发，研究数据与方法之间的联系，研究在数据现实局限的条件下不同汇总方法会对测度结果产生怎样的影响，影响的规律如何，从而反向为数据质量的提高，为测度结果的客观评估提供依据。由此才能形成统计测度“数据跟着问题走，方法围着数据转”的理想状态，进而使使用者更为准确地应用ICP结果，使研究者更为理性地认识ICP存在的实际问题，为ICP的发展贡献智力支持。

第三节　数据质量、汇总方法与PPP测度结果

一、三者之间的相互关系

数据和汇总方法是PPP测度的两个必要基础，PPP测度结果的准确性和可靠性也主要由这两方面的因素所决定。总体上，数据的作用更为基础，汇总方法的作用一方面可以弥补数据质量上的不足，另一方面决定了PPP测度结果的应用范围。

如果数据质量良好，汇总方法选择合适，那么PPP测度结果就是准确的、可靠的。然而，如果数据质量状况不佳，那么就可能造成PPP测度结果的偏差，具体偏差水平则由汇总方法所决定。如果PPP汇总方法的某些性质能够弥补数据质量上的不足，比如CPD法具有充分利用数据的特性，能够实现价格数据缺失条件下对PPP的较好估算，那么PPP测度结果的偏差水平也会较小。同时，PPP测度结果的偏差水平与汇总方法的稳定性也有很大的关系，如果PPP汇总方法具有较好的测度稳定性，在相同的问题数据条件下，也会得出偏差水平相对较小的结果。

二、数据质量问题的两种类型

数据质量有狭义和广义之分，狭义的数据质量是指数据的真实性，即数据是在既定的规则、标准、口径和范围内获得的真实数据，不存在虚假、编造的数据；广义的数据质量不仅包括数据的真实性，还包括数据的完整性、逻辑自洽性以及数据采集过程的合规性、科学性。ICP具有较为完备的数据审核流程和工具，在工作流程上既包括经济体内部的数据审核，也包括经济体间的交叉数据审核，在审核工具上包括世界银

行开发的Quaranta表和Dikhanov表以及异常值检验标准[①]。因此，狭义的数据质量总体上是可以得到保障的。但是，受诸多主客观因素的影响，广义的数据质量还有很大的提升空间。

从数据质量评估的角度，具体可以从以下两个方面对PPP测度的数据质量进行考察：一是数据维度，首先要看能否获得数据，如果无法获得，那么将出现数据缺失。如果能够获得，进一步又可分为两种情况，一种是被采价规格品符合要求，数据真实准确，那么数据条件良好，另一种是被采价规格品与要求有一定差距，数据真实但不准确，那么将导致数据失真。二是经济意义维度，即从经济意义角度考察数据的合理性和准确性，由于ICP规格品清单是多边协调、妥协的结果，很难实现规格品可比性和代表性的统一，因而在实践中更偏向于可比性，存在清单中的某些规格品不被某些经济体所消费的情况，此时价格数据缺失是合理的，而代表性存在显著偏差时，即使价格数据是真实的，依然存在数据失真的情况。综合两个维度可以将价格数据质量问题归结为两类：价格数据缺失和价格数据失真。但是从量化测度的角度，选择从数据维度界定价格数据缺失，从经济意义维度界定价格数据失真更为适合。因为，经济意义维度的价格数据缺失不具有一般性，需要深入到具体经济体的具体规格品才能得到准确考察，无法进行客观量化模拟，而测度PPP偏差需要具体到经济体，从经济意义维度界定价格数据失真更符合现实要求。

三、PPP汇总方法的测算稳定性

（一）测算稳定性的内涵

对于物理世界而言，稳定性是指一个平衡状态系统在受到扰动作用后发生偏离再恢复到原有平衡状态的能力，若系统在扰动作用消失后，仍能恢复原来平衡状态，则该系统是稳定的，否则就是不稳定的。对于PPP测算而言，每一种汇总方法都是一个测算系统，其平衡状态需由一组既定数据的测算结果来反映，对计算系统的干扰主要来自于实际使用数据相对既定数据的偏离或变化，由此导致的测算结果变动可以用来反

① 包括：平均价格比检验、T值检验、极值比检验、变异系数检验。

映汇总方法的测算稳定性，且通常变动幅度与稳定性成正比。

具体来说，对于PPP测算的数据干扰可以分为两种类型和三种形式。两种类型：类型一为内生型，即测算数据与理论数据的偏离，例如理论上用于PPP测算的基础价格数据应当满足代表性和可比性，但ICP实践中更注重可比性，此种有偏的数据就会导致测算PPP与真实PPP的偏离。再如用于基本类PPP测算的GEKS法理论上要求价格数据是完整的，但实践中价格数据缺失难以避免，从而促使了CPD法的发展和广泛应用。类型二为外生型，即实际测算中在不改变原基础数据情况下由于数据处理而引致的数据变化，例如ICP实践中区域PPP向全球PPP链接过程中的基本类合并和经济体数量陡增。三种形式：一是数据结构不变，但部分数据的数值发生变化，实际是数据的内生变化，比如基本类PPP测算中基础价格数据出现的偏差；二是数据数值不变，但数据结构发生改变，实际是数据的外生变化，比如基本类以上PPP测算过程中的类别合并处理；三是数据的数值和数据结构同时发生变化，即内外生变化同时并存，也是PPP测算实践中面对的实际情况。

在PPP测算实践中，数据干扰的影响是复杂的，这给PPP汇总方法测算稳定性的识别带来一定困难。一是内生数据干扰必然导致测算结果的偏差，但由于理论真值不可知，因而难以量化偏差程度，进而很难基于此对PPP汇总方法的稳定性做出评判；二是正向干扰与负向干扰同时存在，未必会导致测算结果的显著变化，因而基于结果变化的稳定性评判可能并不准确。因此，对PPP汇总方法测算稳定性的研究可以借鉴自然科学中的对照实验方法，先从单一向度的数据干扰对稳定性做出评判，再综合不同向度的结论，进而形成汇总方法测算稳定性的综合评价。

（二）测算稳定性与传统理论性质的关系

在多边PPP汇总方法发展初期，对于方法应当满足的理论性质的讨论，主要源于双边方法在多边比较背景下的不足，即效率上无法使用所有获得的相对价格信息，且结果依赖基准国或桥国的选择。因此，首轮ICP比较更强调多边方法的价格信息利用效率和弱化基准国对比较结果的影响，具体希望满足的理论性质包括特征性、因子反转检验、基国不变性、对待各国的平等性、可传递性、可加性和统计效率（对样本误差不那么敏感）等[①]。第三轮ICP比较对多边方法的理论性质有了更为明确的要求，即要具备一致性和代表性，具体包括基国不变性、因子反转检验、可传递性、可加性、平等对待、与国民核算一致、指数不变性、国家特征性、统计效率等[②]。随着ICP的发展，当前通行的多边方法的期望理论性质被归纳为四个：特征性、基国不变性、可传递性和可加性，具体又可归纳为11条公理化检验标准（World Bank，2007，2013）[③④]。综合来看，上述理论性质的核心是为了确保比较结果的一致性，更准确地说是形式一致性，以避免多重结果产生的歧义。

测算稳定性与上述理论性质虽有差异，但在核心目标上是统一的。差异主要体现在：传统理论性质是绝对属性，即方法要么满足要么不满足这些性质，不受基础数据质量的影响。而测算稳定性是相对属性，一方面需要依托基础数据质量加以讨论，另一方面没有绝对的测算稳定性，需要通过在不同方法间比较形成测算稳定性的综合判断。测算稳定性更好的方法能够更好地规避外生干扰因素对结果的影响，有助于保证比较结果的一致性。因此，测算稳定性与传统理论性质在目标上是一致的，能够弥补传统理论性质与数据基础脱节的不足，有利于对方法形成更为全面的理论认识。

（三）测算稳定性研究的现实意义

基于PPP测度的“纯价比”假定及其衍生的同质可比规格品难题（邱东，2018）[⑤]，在全球范围协调篮子规格品是件十分困难的工作，现实中存在诸多难以调和的矛盾，因此数据问题是伴随ICP发展而长期存在的问题。研究PPP汇总方法测算稳定性的重要意义就在于突破常规的定性分析，通过分类量化数据问题类型，探究数据、汇总方法与PPP

---

① Kravis I B，Kenessey Z，Heston A，et al.A system of International Comparisons of Gross Product and Purchasing Power［M］. Baltimore and London：The Johns Hopkins University Press，1975.

② Kravis I B，Heston A，Summers R.World Product and Income：International Comparisons of Real Gross Product［M］. Baltimore and London：The Johns Hopkins University Press，1982.

③ World Bank.Global Purchasin Power Parities and Real Expenditures：2005 International Comparison Methodological Handbook ［EB/OL］. 2007. https：//thedocs. worldbank. org/en/doc/992361487994105283-0050022017/original/2005handbook.pdf

④ World Bank.Measuring the Real Size of the World Economy The Framework，Methodology，and Results of the International Comparison Program—ICP［M］. Washington D.C.：World Bank，2013.

⑤ 邱东. 国际比较项目基本类别PPP中隐含的“纯价比假设”及其经济意义［J］. 经济统计学（季刊），2018（2）：38-67.

结果之间的作用关系，以尝试揭开PPP测算过程的“黑箱”，为深化汇总方法的认知和优化PPP测算实践提供依据和参考。

具体在内生数据干扰和外生数据干扰上又有所不同。单向度的内生数据干扰必然导致PPP测算结果的变动，并且干扰强度越大，变动幅度也越大，基于这种必然的结果变动并不能得出关于汇总方法测算稳定性的准确结论，但是按照稳定性的内涵逻辑，通过量化分析数据干扰与结果变动间的数量关系，揭示测算过程隐含的规律，将为深入认识方法测算特征、数据质量控制和偏差估算等提供借鉴，本书将这种测算特性称为稳定性特征。外生数据干扰所导致的PPP测算结果的变动具有不确定性，因而更符合稳定性的测度逻辑，并且适用于比较不同汇总方法的稳定性。采用稳定性更好的汇总方法有利于降低外生数据处理对结果的影响，进而能够更好地反映PPP实际测算中的内生数据问题，从而为PPP测算提供更好的方法条件，助力PPP测算质量的提高。

第四节 研究PPP汇总方法的新思路

一、研究的基本逻辑

问题、数据、统计方法三者的协调统一是统计测度结果质量的根本保证，也是统计测度所应遵循的基本逻辑。就当前的全球性PPP测度而言，在ICP五十多年的发展历程中，改善数据质量和改进PPP汇总方法始终被置于重点关注领域，而对于两者之间协调性的理解和研究大都是基于理论和常识所做的定性分析与判断。然而，随着数据采集和审核技术与方法的日趋成熟和PPP汇总方法的渐于完善，无法通过技术层面控制深层次数据质量的问题日益凸显，对于数据质量与PPP汇总方法之间协调关系的研究有待深化，单纯定性层面的分析已经愈加无法满足现实PPP测度的需要。问题数据会造成何种影响？影响的程度如何？同样的问题数据不同的汇总方法，测算结果会有怎样的差异？诸如此类的深层次问题是无法从汇总方法的公理化性质得到直接、准确的答案的。量化层面的定量测度与分析，用数据说话，越来越重要。

因此，本书将基于测度统计的逻辑，从量化数据质量问题入手，通过对PPP汇总方法的稳定性特征测度和稳定性比较，展开数据、汇总方法与PPP测度结果之间相互关系的定量研究，进而为理解、应用和评估ICP比较结果提供数据依据，为深化对PPP汇总方法测算特性的全面认识提供数据依据，为探索优化数据质量的方式、方法提供数据依据。

具体研究逻辑如图1-2所示，首先，按照统计测度逻辑明确PPP测度的三要素分别为：问题是测度PPP，基础数据是规格品的价格和支出数据，统计方法为PPP汇总方法。其次，基于研究的问题起点是数据质量，对基础数据进行分类，宏观上按照数据的可获得性将基础数据分为有数据和无数据。无数据意味着存在数据缺失的问题，有数据则根据其准确性又可以分为准确的质量良好数据和不准确的失真数据以及因实际测度需要而改造的处理数据。基于质量良好数据得出的PPP测算结果是准确、可靠的，基于缺失和失真数据得出的结果必然存在偏差，而数据处理过程可能会造成一定程度的数据失真，因而可能会导致结果偏差。再次，由于缺少定量分析结果，前述各类偏差形态和程度还属未知，且不同PPP汇总方法的偏差水平可能存在差异，由此引发的问题是如何控制偏差和如何选择方法，以提高PPP的测度质量。最后，依据测度统计的逻辑，将问题还原到对PPP汇总方法稳定性特征和稳定性差异比较的研究，以期完成对前述问题的分析与解答。

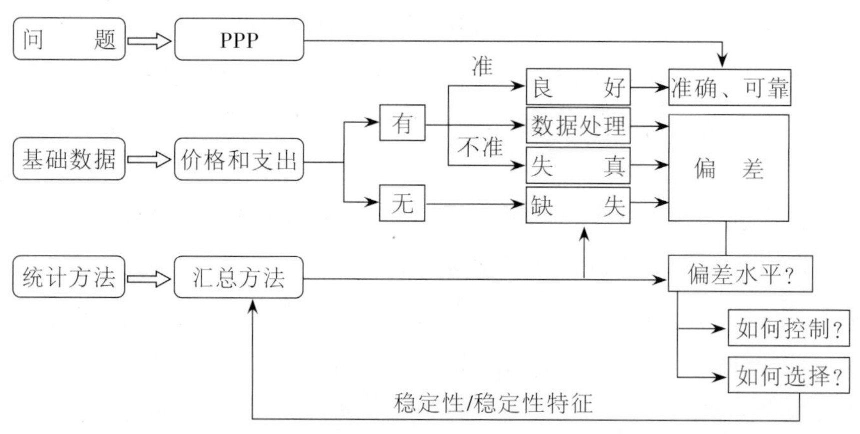

图1-2　PPP汇总方法研究逻辑导图

鉴于ICP比较范围的全球性和数据公布的有限性，数据不足长期以来都是深入研究PPP汇总方法和多层次经济结构比较的主要制约因素。为了突破这一限制，实际研究将借鉴自然科学研究的对照实验方法，以ICP发布的实际测算数据为基础，选取一组完整数据，依据数据质量问题的量化模拟设定对基础数据进行改造，通过对改造数据的PPP测度结果与基础数据测度结果相比的差异水平与特征来测度不同PPP汇总方法的稳定性或稳定性特征。

二、研究的核心内容

具体来说，研究的核心内容主要由三部分构成，如图1-3所示：

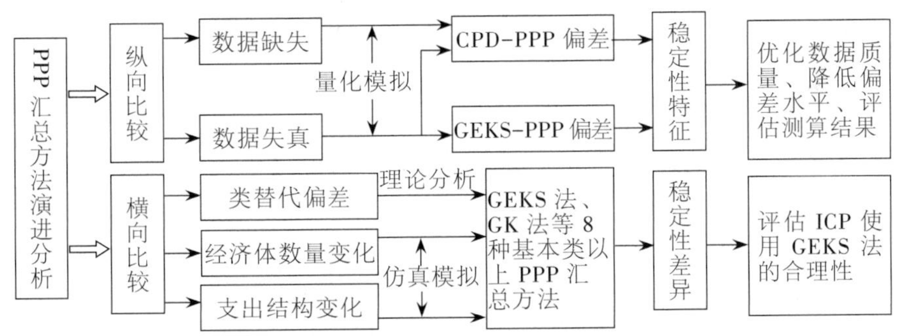

图1-3 PPP汇总方法稳定性测度研究框架

第一部分是对业内已形成的PPP汇总方法按照历史演进的过程进行系统梳理，比较分析不同汇总方法的原理、特性、内在联系以及汇总方法的整体演进特征和存在的问题，为后续对不同汇总方法的稳定性测度奠定基础。

第二部分是纵向比较，通过对不同形式、不同程度的价格数据缺失和失真两种数据质量问题的量化模拟，对ICP测度PPP所实际采用的CPD法和GEKS法的稳定性进行测度，进而通过对两种汇总方法稳定性特征的分析与总结，对ICP数据质量的优化、PPP测算结果的评估以及降低偏差水平的可行办法提出意见和建议。

第三部分是横向比较，首先从类替代偏差角度对GEKS法等8种基本类以上PPP汇总方法的稳定性进行理论上的比较分析，其次从经济体数量变化和支出结构变化两个角度的仿真模拟，对前述PPP汇总方法的稳定性差异进行比较测度，最后通过对三方面稳定性比较结论的总结评估ICP使用GEKS法的合理性。

第二章　PPP汇总方法演进分析与评价

PPP汇总方法体系的构建并非一蹴而就，在与ICP现实需求的互动下，PPP汇总方法得到了长足发展，其演进过程既有基于公理化性质的创造，也有基于基础数据缺陷的创新，还有基于实际测算效果的改进。对PPP汇总方法演进历程的分析主要实现以下三方面的研究目的：①从历史演进视角对PPP汇总方法的发展历程做出梳理，总结演进规律；②通过对PPP汇总方法基本原理和满足的公理化性质的总结，对汇总方法的理论特性做出分析与评价；③总结PPP汇总方法研究中存在的不足，为进一步的方法研究明确方向。

第一节　双边汇总方法阶段

在1968年ICP正式成立之前，已经有研究为ICP的成立做了铺垫，主要是美国宾夕法尼亚大学Kravis教授以及欧洲经济合作组织（OEEC）所组织的部分欧洲国家与美国之间的双边经济比较研究。具体来看，Kravis等学者的研究有两方面的贡献：一是明确了以PPP为经济比较的货币转换因子，当时可供选择的货币转换因子有PPP和汇率，Kravis等学者在分析了汇率作为货币转换因子的诸多缺陷后，一致选择了PPP；二是研究形成了双边PPP汇总方法体系，PPP理论于1916年由瑞典学者Gustav Cassel首次提出，但在其问世之后并没有得到世人的广泛关注和使用，也没有形成系统的PPP测算方法，而Kravis等学者对双边汇总方法的探索使得PPP理论有了实际的技术支撑。

在双边汇总方法的探索阶段，主要形成了两类PPP指数方法：一类是基于PPP的基本概念而构建的方法，比如“巨无霸”指数[①]以及如式2.1[②]所示的基本类PPP汇总方法；另一类是借助消费者价格指数方法构建的PPP指数方法，如常见的拉氏指数（式2.2）、帕氏指数（式2.3）、Fisher指数（式2.4）和Törnqvist指数（式2.5）等[③]。双边汇总方法的发展是一个短暂的过程，这得益于空间价格指数与时间价格指数的共通性，时间价格指数的多数优良公理化性质与经济比较对空间价格指数的要求是一致的，如时间逆检验、因子逆检验、循环检验等。在汇总方法的选择上，双边比较主要注重的是国家特征性，即篮子规格品要兼具代表性和可比性，权重要体现比较双方的支出模式，因此实际测算中更倾向于使用时间价格指数中的最优指数Fisher指数和Törnqvist指数进行双边PPP的测算。

$$PPP_i^{j,n}=\left(\frac{p_j}{p_n}\right)=\left[\prod_{\alpha=1}^{A}\left(\frac{p_{\alpha j}}{p_{\alpha n}}\right)\right]^{\frac{1}{A}} \tag{2.1}$$

$$PPP_{Laspeyres}^{1,2}=\frac{\sum_{i=1}^{n}p_i^2q_i^1}{\sum_{i=1}^{n}p_i^1q_i^1}=\sum_{i=1}^{n}w_i^1\cdot PPP_i^{1,2} \tag{2.2}$$

① 即选择某种商品或服务作为代表，以其不同币种表示的单价的比值作为两国货币PPP的估计值，比如一个巨无霸汉堡在美国卖2美元，在中国卖10元人民币，那么以巨无霸汉堡表示的人民币相对于美元的PPP即为5：1。类似巨无霸汉堡这样的单个产品PPP指数被称为“巨无霸”指数。

② 式中i表示第i类规格品，j、n代表进行经济比较的两个国家，p表示价格，α表示第i类规格品下实际调查的详细产品，且共有A个。

③ 假定国家1和国家2为任意两个参与经济比较的国家，其中国家1为基准国，国家2为比较国。p_i^j表示商品i在j国的平均价格，q_i^j表示j国第i类产品的消费量，i=1，2，…，n，j=1，2。w_i^j表示j国第i类产品的消费额占j国所有基本类产品消费总额的比重，即$w_i^j=p_i^jq_i^j\Big/\sum_{i=1}^{n}p_i^jq_i^j$。

$$PPP^{1,2}_{Paasche}=\frac{\sum_{i=1}^{n}p_i^2q_i^2}{\sum_{i=1}^{n}p_i^1q_i^2}=\sum_{i=1}^{n}\frac{1}{w_i^2/PPP_i^{1,2}} \tag{2.3}$$

$$PPP^{1,2}_{Fisher}=\left[PPP^{1,2}_{Laspeyres}\cdot PPP^{1,2}_{Paasche}\right]^{\frac{1}{2}} \tag{2.4}$$

$$PPP^{1,2}_{Törnqvist}=\prod_{i=1}^{n}\left[\frac{p_i^2}{p_i^1}\right]^{\frac{w_i^1+w_i^2}{2}} \tag{2.5}$$

第二节 多边汇总方法探索阶段

ICP的成立使国际比较的理论与实践从双边转向多边，由此一致性也成为评估比较结果的重要标准，具体来说就是要求多边PPP汇总方法要尽可能地满足基国不变性（Base Country Invariance）、可传递性（Transitivity）、可加性（Additivity）以及平等对待原则（Transactions Equality），其中又以可传递性为核心，以一致性为导向。ICP领域的专家学者探索了多种多边汇总方法。从形式上看，可以将这些方法分为两类：一类是以双边比较为基础的多边汇总方法，如桥国法（星形法）、GEKS法；另一类是纯多边角度形成的多边汇总方法，如CPD法、GK法和Walsh法。从构建思路上看，两类汇总方法都是围绕“可传递性”这一核心要求而展开的，但是在实现“可传递性”的路径上略有差别，如图2-1所示。

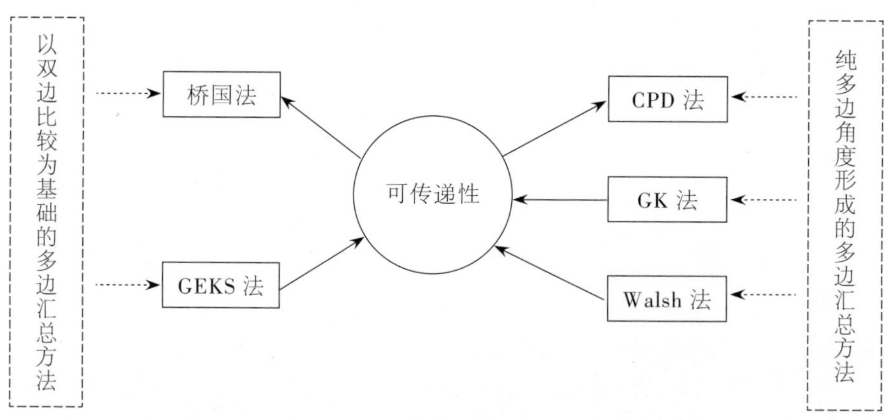

图2-1 多边汇总方法“可传递性”路径示意图

一、由"可传递性"概念倒推形成的汇总方法

(一)桥国法(星形法)[①]

桥国法(Bridge Country Method)是Kravis等(1975)[②]在ICP首轮比较中所提出的一种直接实现可传递性最为简单的多边汇总方法。此方法的基本原理是在参与比较的众多国家中选取一个"桥国(X国)"作为基准国,"非桥国"与"桥国"进行直接双边比较,得到双边PPP(PPP_{jx}),而"非桥国"之间的比较则是利用可传递性的概念公式(式2.6)计算获得。

$$PPP_{jk}^{x}=\frac{PPP_{jx}}{PPP_{kx}} \tag{2.6}$$

桥国法的PPP满足可传递性,但其可传递性存在必然性,因为其计算方法就是按照可传递性的概念内涵进行构建的,因而桥国法虽简捷,但不严谨,存在以下几方面的缺陷:①"桥国"与各"非桥国"的直接比较均使用统一的规格品清单,一般以"桥国"的规格品为主,由此会降低规格品在部分国家的代表性,特别是在各参加国之间有较大差异时会造成较大的规格品样本偏差;②由于规格品的选取偏向于"桥国",一方面可能会造成PPP的系统性偏差,另一方面也不符合多边比较条件下各参加国应当被平等对待的原则;③比较结果容易受"桥国"选取的影响,无法形成一致的比较结果。因此,桥国法并没有在此后的PPP测算中推广,只是在ICP区域化发展初期被用于区域PPP的链接。

(二)CPD法

国家产品虚拟法(Country Product Dummy Method,CPD法)是由Summers(1973)[③]提出的一种既能充分利用价格数据又能保证可传递性的随机化模型方法。Summers提出CPD法是为了解决现实中价格数据缺失的问题,其基本假定是两个国家同一产品的相对价格水平主要由该

---

① 若用图形来展示桥国法,可将"桥国"置于中心,"桥国"与"非桥国"的直接比较可以分别用直线连接,由此构成的图形与星形相似,因而桥国法后来也被称为"星形法"(Star Method)。

② Kravis I B, Kenessey Z, Heston A. A System of International Comparisons of Gross Product and Purchasing Power [M]. Baltimore: Johns Hopkins Press, 1975.

③ Summers R.International Price Comparisons Based Upon Incomplete Data [J]. Review of Income and Wealth, 1973, 19 (1): 1-16.

产品所属的基本类PPP决定，此外还会受到某些随机因素的影响，即产品的价格比值是围绕基本类PPP波动的，具体可用模型式2.7表示。经过模型式变换，最终将CPD法转换为如模型式2.8所示的，以国家和规格品类别作为价格特征的Hedonic特征价格回归模型（假定规格品共有N种，国家共有M个，虚拟变量D_i^*表示规格品，D_j表示国家，v_{ij}为随机干扰项）。

$$\frac{p_{ni}}{p_{nj}} = \frac{P_i}{P_j} \cdot w_n^{ij} \tag{2.7}$$

$$\ln p_{ij} = \eta_1 D_1^* + \eta_2 D_2^* + \cdots + \eta_N D_N^* + \pi_1 D_1 + \pi_2 D_2 + \cdots + \pi_M D_M + \nu_{ij} \tag{2.8}$$

在后续应用中，经Prasada Rao（2004）[①]、Diewert（2005）[②]等ICP专家对CPD法的研究，进一步根据一价定律将CPD法的基本原理转换为模型式2.9，模型中，p_{ij}为实际观测的j国第i类规格品的价格，P_i为第i类规格品的国际平均价格，PPP_j为j国货币的购买力平价，u_{ij}为随机干扰项。该模型表明各国货币的购买力平价是通过各国国内的价格水平与国际平均价格水平的比率来反映的。

$$p_{ij} = P_i PPP_j u_{ij} \tag{2.9}$$

国际平均价格水平的引入使得CPD法更能适应多边比较的需求，在实际测算中发挥着“桥国”的作用，不同的是这个“桥国”是虚拟的，为了得到唯一解，需要指定某一国家作为基准国，从而得到标准化的PPP结果。由此综合来看，实际上CPD法是一个扩展的桥国法，它实际隐含的假定是任意国家都可以是“桥国”，任意两国的任意类规格品的价格比值都与通过其他“桥国”间接计算的比值相一致，即满足可传递性。因此，CPD法也是一种按照可传递性要求逆向倒推的多边汇总方法。

CPD法能够充分利用价格数据的特点以及模型的灵活性和统计估计对参数有效性的检验使得其被广泛应用于ICP的基本类PPP测算，但是由于CPD法没有区别对待代表性和非代表性产品，因而也成为后续改

---

① Rao P.The Country-Product-Dummy Method：A Stochastic Approach to the Computation of Purchasing Power Parities in the ICP［A］. Paper Presented at the SSHRC Conference on Index Numbers and Productivity Measurement，2004.

② Diewert W E.Weighted Country Product Dummy Regressions and Index Number Formulae［J］. The Review of Income and Wealth，2005，51（4）：561-570.

进研究中一种非常重要的PPP汇总方法。

二、正向实现“可传递性”的汇总方法

（一）GEKS法[①]

GEKS法是一种十分重要的具有可传递性的PPP汇总方法，其计算公式如式2.10（基本类PPP）和2.11（基本类以上PPP）所示。GEKS法的基本原理是几何平均，基本类PPP是对所有配对价格比率的几何平均，基本类以上PPP是对任意两个国家的所有直接PPP和间接PPP的几何平均。通过基本的代数推导就能证明这种处理方式的结果能够满足可传递性[②]。由此可以看出，GEKS法的构建并不是以可传递性为假设前提的，因而是一种正向实现可传递性的PPP汇总方法。

$$PPP_{j,k}^{GEKS}=\left[\prod_{i=1}^{N}\frac{p_i^k}{p_i^j}\right]^{\frac{1}{N}} \tag{2.10}$$

$$PPP_{j,k}^{GEKS}=\left[\prod_{l=1}^{M}\frac{PPP_{j,l}}{PPP_{k,l}}\right]^{\frac{1}{M}} \tag{2.11}$$

Prasada Rao和Banerjee（1986）[③]对GEKS法进行的一般化研究也能体现GEKS法的正向性。他们将GEKS法的基本逻辑转化为如式2.12和2.13所示的线性优化问题：

最小化函数为：$\sum_j\sum_k\left[\ln\left(P_{jk}^*\right)-\ln\left(P_{jk}\right)\right]^2$ （2.12）

目标函数为：$P_{jk}^*=P_{jl}^*\cdot P_{lk}^*$，$\forall j$，k，l （2.13）

式中P_{jk}为j、k两经济体之间的直接双边PPP，P_{jk}^*为满足可传递性的理想PPP指数，综合来看就是要使P_{jk}^*既要与P_{jk}尽可能地接近，保持双边比较的特征性，同时还要满足可传递性。通过求解上述优化问题的一阶条件，可以得到理想PPP指数为：

---

① GEKS法于1964年由匈牙利统计学家O.Elteto、P.Koves和波兰统计学家B.Szulc分别提出，但发表时所使用的语言均是非英语，后经收入与财富研究会前主席L.Drechsler于1973年发表在《Review of Income and Wealth》杂志上的介绍而被世人所知。文中Drechsler将此方法命名为EKS法，并推荐给了ICP。近几年，有学者发现EKS法的基本思想最早是由基尼系数的创造者C.Gini于1931年提出的，因而在ICP2011年轮的方法手册中EKS法被称为GEKS法。

② 黄雪成．ICP汇总方法比较研究［D］．大连：东北财经大学，2011.

③ Rao P,Banerjee K S.A Multilateral Index Number System Based on the Factorial Approach［J］．Statistische Hefte，1986，27（1）：297-313.

$$P_{jk}^{*} = \left[\prod_{l=1}^{M} P_{jl} \cdot P_{lk} \right]^{\frac{1}{M}} = PPP_{jk}^{GEKS} \tag{2.14}$$

由此可以看出，GEKS法PPP与满足可传递性的理想PPP指数是一致的，因而也说明GEKS法是一种正向实现可传递性的汇总方法。由于在优化问题的求解过程中并未对双边PPP的汇总方法做出明确设定，因此GEKS法可以适用于对任何双边汇总方法结果的调整。ICP一般推荐使用满足基国不变性的Fisher指数，Caves、Christiensen和Diewert（1982）[①]所提出的CCD法使用的则是另一最优指数Törnqvist指数。由此也证明GEKS法具有将不具有传递性的双边PPP结果转化为具有可传递性的多边PPP结果的特性。

（二）GK法[②]

GK法也是一种十分重要的PPP汇总方法，因其是诸多汇总方法中早期唯一具有可加性的多边汇总方法，以至于提起可加性人们首先想到的就是GK法。然而，Geary（1958）[③]提出GK法的最初目的实际是解决双边PPP指数在多边条件下不具有可传递性的问题。

GK法的计算方法如式2.15和2.16所构成的联立方程组所示，在实现可传递性的基本原理上与桥国法是一致的，即通过构建一个共同的参照系来统一不同国家的价格表示。所不同的是：① GK法的“桥国”是虚构的，它具有国际代表性，拥有比较系统中所有参比国家的平均价格水平和平均支出水平；②多边PPP是按照专属的计算公式直接计算出来的，而桥国法是按可传递性概念间接推算的。同时，GK法构建的国际平均价格与CPD法的国际平均价格也有很大不同：① GK法的“桥国”是虚拟的，但国际平均价格具有明确的现实经济含义，而CPD法的国际平均价格只是在计算过程中起到了衔接作用，不具有确定的实际经济

---

① Caves D W, Christensen L R, Diewert W E. Multilateral Comparisons of Output, Input, and Productivity Using Superlative Index Numbers [J]. The Economic Journal, 1982, 92 (365): 73-86.

② GK法是由Geary（1958）在联合国粮农组织（FAO）工作期间研究世界农业生产动态指数时提出的旨在满足可传递性的多边PPP汇总方法。后来，同在FAO工作的Khamis（1970，1972）系统分析了Geary所提出的系统方程组在多边框架下唯一解的充要条件，以及Geary未注意到的国际平均价格的重要意义，使得此方法趋于完备，因而此方法被命名为GK法。

③ Geary R G. A Note on the Comparison of Exchange Rates and Purchasing Power between Countries [J]. Journal of the Royal Statistical Society, Series A (General), 1958, 121 (1): 97-99.

含义；② GK法的国际平均价格由联立方程组内生产生，而CPD法的国际平均价格是外生假定的。因此，综合来看，GK法从正向实现了PPP的可传递性。

$$PPP_j = \frac{\sum_{i=1}^{N} p_{ij} q_{ij}}{\sum_{i=1}^{N} P_i q_{ij}} \tag{2.15}$$

$$P_i = \sum_{j=1}^{M} \frac{p_{ij}}{PPP_j} \cdot \frac{q_{ij}}{\sum_{j=1}^{M} q_{ij}} \tag{2.16}$$

（三）Walsh法

Walsh法是由Ruggles（1967）[①]在Walsh消费者价格指数基础上改进而得的一种可直接用于多边基本类PPP汇总测算的方法，如式2.17和2.18所示。Ruggles对Walsh法的改进在于改变了权重形式，将原始Walsh法权重由各经济体支出权重的几何平均形式替换为算术平均形式，从而避免了几何平均可能使那些在各国消费支出中占比均较小的规格品被赋予极小的权重的弊端。

$$r_{j,b} = \prod_{i=1}^{N}\left(\frac{q_{ij}}{q_{ib}}\right)^{w_i}, \quad w_i = \frac{1}{M}\sum_{j=1}^{M}\left(e_{ij} \Big/ \sum_{i=1}^{N} e_{ij}\right) \tag{2.17}$$

$$PPP_{j,b} = \prod_{i=1}^{N}\left(\frac{p_{ij}}{p_{ib}}\right)^{w_i}, \quad w_i = \frac{1}{M}\sum_{j=1}^{M}\left(e_{ij} \Big/ \sum_{i=1}^{N} e_{ij}\right) \tag{2.18}$$

Walsh法在指数形式上与Törnqvist指数十分相似，均为相对价格的几何平均，两者的差异在于权重形式的不同。Walsh法虽然也是等权形式，但在内涵上却有所改变。首先，从参加国角度各个国家所获得的权重是一致的，但从规格品角度各类规格品所获得的权重却是有差异的，这种差异化的权重能够体现各类规格品代表性的差异，也能反映支出结构对PPP的影响。其次，各类规格品的权重是所有参与经济体此类支出比重的算术平均，遵循了多边比较所要求的平等对待原则。最后，从数据的可获得性角度，支出权重相比于数量权重更容易获取。因此，综合来看，Walsh法是通过改变双边指数的权重形式从而实现双边PPP可传递

① Ruggles R. Price Indexes and International Price Comparisons [M]. New York: John Wiley, 1967.

性的汇总方法，因而也是一种正向实现可传递性的多边PPP汇总方法。

同时，Walsh法在实际测算中的不足也是明显的：首先，Walsh法须保证所有参加国都能够采集到相同篮子的规格品价格，只要存在价格数据缺失的情况，测算结果就不再具有可传递性，然而价格数据缺失是难以避免的；其次，基本类以下规格品的支出数据在实践中是无法获取的，不具有可操作性。

第三节　多边汇总方法改进阶段

一、突出特征性的方法改进

通过前述内容可以看出，PPP多边汇总方法的早期研究主要解决的是双边PPP指数不具有可传递性的问题，而在关注可传递性的同时又产生了一些新的问题，对国家特征性考虑不足就是其中之一。前述桥国法、CPD法和GEKS法的一个共同特点就是平均赋权，即没有对规格品在不同国家的代表性差异做出区分，所有规格品都被赋予了相同的权重。然而，在多边比较实践中，为了在规格品的代表性和可比性之间做出权衡，规格品样本中必然包含部分非代表性规格品。因此，有专家就针对原有PPP汇总方法在此方面的不足进行了改进研究。具体的方法改进可以分为以下三种方式：

（一）链式方式

桥国法中的“桥国”与“非桥国”之间的直接双边比较能够保证特征性，但“非桥国”之间的比较却无法保证。Hill（1999）[①]所提出的最小生成树法（Minimum Spanning Tree Method，MST法）实际是对桥国法的改进。MST法借鉴数学图论中的生成树方法，以整体帕氏-拉氏距离（Paasche-Laspeyres Spread，PLS）[②]（如式2.19所示）最小化为目标，改进了桥国法的主观链接方式。MST法的“桥国”不再是唯一的，

① Hill R J.Comparing Price Levels Across Countries Using Minimum-Spanning Trees［J］. Review of Economics and Statistics，1999，81（1）：135-142.

② 帕氏指数结果偏向于比较国，拉氏指数结果偏向于基国，因此PLS越小，两国之间的差异也越小。MST法所需的链接组合即为使得$\sum PLS_{ij}$最小化的组合。

每一个参比国都可能成为链接其他国家的“桥国”，并且链接方式有了可量化的依据PLS，虽然不能保证任意相连的两个国家间的特征性都是最优的，但是能够保证所有参比国整体的特征性是最优的。同时，MST法建议采用满足时间（国家）反转检验的双边指数（如Fisher指数、Törnqvist指数）测算任意相连两个国家间的双边PPP。因此，MST法既保留了桥国法的可传递性，又实现了优化特征性的目的。

$$PLS_{jk} = \log\left[\frac{\max(P_{jk}^{P}, P_{jk}^{L})}{\min(P_{jk}^{P}, P_{jk}^{L})}\right] \tag{2.19}$$

由于MST法的核心是要保证所有参比国整体特征性的最优，因此在实际应用中最大的不足在于容易受参比国数量以及参比国之间支出（价格）结构差异程度的影响，稳定性较差。

（二）差异化赋权方式

在统计方法中，差异化赋权是区分不同指标重要性的常用方法，这种方法在提高PPP汇总方法特征性上也得到了广泛应用。

1.GEKS*法和GEKS-S法

Hill（1982）[①]所提出的GEKS*法[②]沿用了GEKS法的Jevons指数形式，但在实际应用上对规格品的代表性进行了区分。GEKS*法的具体思路分为三步：第一步以基准国的代表性规格品为主，使用在基准国具有代表性的规格品的双边价格计算一个拉氏Jevons指数（如式2.20所示）；第二步以比较国的代表性规格品为主，使用在比较国具有代表性的规格品的双边价格计算一个帕氏Jevons指数（如式2.21所示）；第三步对前述两步计算的PPP结果取几何平均，即计算一个Fisher-Jevons指数（如式2.22所示）。

$$PPP_{j,k}^{L} = \prod_{m=1}^{N_{jk}^{R}}\left[\frac{p_{mk}}{p_{mj}}\right]^{\frac{1}{N_{jk}^{R}}} \tag{2.20}$$

$$PPP_{j,k}^{P} = \prod_{m=1}^{N_{kj}^{R}}\left[\frac{p_{mk}}{p_{mj}}\right]^{\frac{1}{N_{kj}^{R}}} \tag{2.21}$$

① Hill P.Multilateral Measurements of Purchasing Power and Real GDP [M].Luxembourg: Eurostat，1982.

② 由于在区分代表性产品和非代表性产品时，具有代表性的产品会用“*”号来标识，因此此方法被称为GEKS*法。

$$PPP_{j,k}^{F}=\left[PPP_{j,k}^{L}\cdot PPP_{j,k}^{P}\right]^{\frac{1}{2}} \tag{2.22}$$

通过GEKS*法的处理，在两个国家都具有代表性的规格品被赋予了双重权重，从而凸显了具有较强代表性规格品的重要地位。由此，GEKS*法极大地改进了原始GEKS法对规格品代表性的忽视。但是，这种改进所付出的代价是：一方面，不一致的权重使得GEKS*法的PPP结果不再具有可传递性，需要使用GEKS法进行可传递性调整；另一方面，两国代表性规格品数量的差异会使得那些相对不具有代表性的规格品被赋予不一致的权重，从而导致PPP结果的偏差。

Sergeev（2003）①对GEKS*法赋权方法可能造成的结果偏差进行了分析，并提出了改进的赋权方法，即GEKS-S法。GEKS-S法通过主观与客观赋权相结合的方式统一了不具有共同代表性规格品的权重。具体来看，GEKS-S法将两国的代表性规格品分成了三组，第一组为仅在j国具有代表性的规格品，第二组为在两国都具有代表性的规格品，第三组为仅在k国具有代表性的规格品。在计算客观权重时，以第二组规格品数量的2倍与第一组、第三组规格品数量的总和作为基数，以第二组规格品数量所占比例的2倍为第二组规格品的权重，第一组和第三组规格品的权重则使用平分剩余权重的方式进行主观赋权，即100%与第二组规格品权重之差的一半为第一组和第三组规格品的权重。由此，相同代表性的产品都有了一致的权重。使用新的权重按照GEKS*法计算即可得到GEKS-S法的PPP结果。GEKS-S法的PPP结果依然不满足可传递性，但是在规格品代表性问题上却有了很大改进。

2.加权GEKS法

Prasada Rao（2001）②在Prasada Rao和Banerjee（1986）③对GEKS法一般化的研究基础上，进一步通过对可传递性的一般化，提出了加权GEKS法。加权GEKS法的核心思路是如果存在唯一的一组能够代表不

① Sergeev S.Equi-representativity and Some Modifications of the EKS Method as the Basic Heading Level [A]. ECE-UN Consultation on the European Comparison Programme，Geneva, 2003.

② Rao P.Weighted EKS and Generalized CPD Methods for Aggregation at Basic Heading Level and Above Basic Heading Level[A]. World Bank-OECD Seminar on Purchasing Power Parities-Recent Advances in Methods and Applications，Washington D.C.，2001.

③ Rao P，Banerjee K S.A Multilateral Index Number System Based on the Factorial Approach [J]. Statistische Hefte，1986，27（1）：297-313.

同国家价格水平的价格数据$\{\pi_1, \pi_2, \cdots, \pi_M\}$满足恒等式2.23所表示的关系，则用这些价格数据进行的空间价格比较结果就具有可传递性。

$$PPP_{jk} = \frac{\pi_k}{\pi_j} \tag{2.23}$$

将原始GEKS法中的满足可传递性的理想PPP指数P_{jk}^*用π_k/π_j表示，从而可以将GEKS法优化问题的最小化函数改写为：

$$\sum_j \sum_k \left[\pi_k - \pi_j - \ln\left(P_{jk}\right)\right]^2 \tag{2.24}$$

此时可以将式2.24看作如下回归模型[①]（如式2.25所示）的最小二乘估计方程：

$$\ln P_{jk} = \pi_k - \pi_j + u_{jk} \tag{2.25}$$

如果采用最小二乘估计法对式2.25进行估计，所得的结果与原始GEKS法通过优化问题一阶条件所得的结果是一致的。为了使模型能够体现出规格品的代表性差异，Prasada Rao对模型的随机干扰项进行了异方差设定，即新的随机干扰项v_{jk}满足如式2.26所示的假定。w_{jk}表示规格品的权重，代表性越强的规格品获得的权重越大，对应的方差将越小。实践应用中，权重w_{jk}可以有多种选择，如PLS以及Kravis等（1982）[②]所提出的价格结构相似度方法等。

$$E\left(v_{jk}\right) = 0, \quad Var\left(v_{jk}\right) = \frac{\sigma^2}{w_{jk}} \tag{2.26}$$

3.CPD-W法和加权CPD法

Prasada Rao（2004）[③]在对CPD法进行全面分析基础上所提出的CPD-W法和加权CPD法是对分别用于基本类PPP汇总和基本类以上PPP汇总的CPD回归模型的特征性改进。CPD-W法的核心是通过增加用于模型估计的代表性规格品的样本量来增加代表性规格品的权重，比如按照2：1或3：1的比例增加。在ICP2011年轮的比较实践中，技术

---

① 模型中，P_{jk}为依据实际观测价格数据计算的双边的PPP，π为待估参数，u_{jk}为随机干扰项，服从均值为0、方差为σ^2的正态分布，表示实际观测的P_{jk}与理想的P_{jk}^*之间的差异是随机的。

② Kravis I B，Heston A，Summers R.World Product and Income：International Comparisons of Real Gross Product[R/OL]. 1982. https://thedocs. worldbank. org/en/doc/981741487105192586-0050022017/original/worldproductandincome.pdf.

③ Rao P.The Country-Product-Dummy Method：A Stochastic Approach to the Computation of Purchasing Power Parities in the ICP［A］. Paper Presented at the SSHRC Conference on Index Numbers and Productivity Measurement，2004.

咨询组推荐使用了此方法，并根据家庭消费类数据的测试结果，建议使用3：1的权重组合。加权CPD法与加权GEKS法相似，也是通过差异化的赋权形式对模型随机干扰项进行异方差设定，以达到提高代表性规格品权重的目的。

（三）增加变量方式

Cuthbert J和Cuthbert M（1988）[①]利用CPD法特征价格回归模型的灵活性优势，将规格品的“代表性”作为影响价格的第三个特征引入CPD模型，提出了CPRD法，如模型式2.27所示。模型中虚拟变量“R”表示“代表性”，可以是二维的（即仅分为代表性规格品和非代表性规格品），也可以是多维的（如分为非常具有代表性、具有代表性、不具有代表性等）。在ICP2005年轮的活动中，部分区域试用了CPRD法，然而结果并不理想，主要原因在于较难形成一致的代表性定义，各国在实际确定规格品的代表性时主观性较强。

$$\ln p_{ij} = \eta_1 D_1^* + \eta_2 D_2^* + \cdots + \eta_N D_N^* + \pi_1 D_1 + \pi_2 D_2 + \cdots + \pi_M D_M + \delta R + \nu_{ij} \quad (2.27)$$

二、针对格申克龙（Gerschenkron）效应的方法改进

Nuxoll（1994）[②]、Hill（1997）[③]等研究发现，GK法结果存在系统性偏差，即会高估发展中国家的经济水平，低估发达国家的经济水平，由于此种指数问题最早由Gerschenkron（1951）[④]发现，因此GK法的系统性偏差问题也被称为“格申克龙（Gerschenkron）效应”。归纳起来，GK法具有格申克龙效应的原因有两点：一是替代偏差，即GK法隐含的假定是在不同的价格水平下，各国各类规格品的消费量是不变的，忽视了不同国家在支出结构上的差异；二是构建的世界平均价格是以消费量的占比为权重，使得国际价格会偏向消费大国。针对GK法的格申克龙效应，多位专家学者在GK法的基本框架下提出了改进方法。

① Cuthbert J，Cuthbert M.On Aggregation Methods of Purchasing Power Parities[M]. Paris: OECD Department of Economics and Statistics，1988.

② Nuxoll D A.Differences in Relative Prices and International Differences in Growth Rates [J]. American Economic Review，1994，84（5）：1423-1436.

③ Hill R J.A Taxonomy of Multilateral Methods for Making International Comparisons of Prices and Quantities [J]. Review of Income and Wealth，1997，43（1）：49-69.

④ Gerschenkron A.A Dollar Index of Soviet Machinery Output，1927-28 to 1937[M].Santa Monica：Rand Corporation，1951.

（一）RS法

Prasada Rao（1990）[①]针对GK法的两方面的缺陷提出了一套新的关于世界平均价格与PPP的系统性联立方程，如式2.28和2.29所示，并将其命名为“多边比较的Rao体系（Rao System for Multilateral Comparisons）”，简称RS法。从形式上看，RS法的框架与GK法保持了一致，但在具体计算方法上有很大变化：一是由GK法的加权算术平均变为加权几何平均；二是调整了权重计算方法。RS法的PPP指数采用了Törnqvist指数形式，因而具有双边指数的最优指数性质，但由此计算的PPP不再具有可加性。RS法的世界平均价格计算所使用的权重为各类规格品在各国国内的价值份额标准化后的水平。受各国实际规模的限制，消费量可能会有很大差异，特别是在区域内国家的规模具有显著差异时，然而从消费的各类规格品的支出份额角度，不管国家的实际规模如何，支出份额的差异会大大缩小，因此RS法构建的世界平均价格能够有效避免价格水平向消费大国倾斜。

$$PPP_j = \prod_{i=1}^{N}\left[\frac{p_{ij}}{P_i}\right]^{w_{ij}},\quad w_{ij} = \frac{p_{ij}q_{ij}}{\sum_{i=1}^{N} p_{ij}q_{ij}} \tag{2.28}$$

$$P_i = \prod_{j=1}^{M}\left[\frac{p_{ij}}{PPP_j}\right]^{w_{ij}^*},\quad w_{ij}^* = \frac{w_{ij}}{\sum_{j=1}^{M} w_{ij}} \tag{2.29}$$

在消费者成本最小化行为的假定下，如果消费者的偏好为位似偏好，并且单位效用函数为柯布道格拉斯（C-D）函数形式，如式2.30[②]所示，那么由空间生活费用指数计算的PPP即为RS法的PPP[③]。因此，在特定的条件下，RS法也能隐含解决GK法的替代偏差问题。

$$C(1,P) = A\prod_{i=1}^{N}\left(p_{ij}\right)^{w_{ij}} \tag{2.30}$$

---

① Rao P. Asystem of Log-Change Index Numbers for Multilateral Comparisons[A]. Comparisons of Prices and Real Products in Latin America. Amsterdam : North-Holland Publishing Company, 1990.

② 式中的权重 w_{ij} 为j国消费者成本最小化时i类规格品的支出份额。

③ 空间生活费用指数是从消费者价格指数中的生活费用指数衍生而来的，计算公式为：

$$PPP_j = \frac{u,P_j}{C(u,P)} = \frac{uC(1,P_j)}{uC(1,P)} = \frac{A\prod_{i=1}^{N}(p_{ij})^{w_{ij}}}{A\prod_{i=1}^{N}(p_i)^{w_{ij}}} = \prod_{i=1}^{N}\left[\frac{p_{ij}}{P_i}\right]^{w_{ij}}。$$

（二）IDB法

IDB法（Iklé-Dikhanov-Balk Method）是由Iklé、Dikhanov、Balk三人共同完善的一种可加性方法。Iklé（1972）①以间接的方式提出了IDB法的基本思想，Dikhanov（1997）②用数理化方程式表达了Iklé的构想，如式2.31和2.32所示，Balk（1996）③则是证明了IDB法解的存在，三人的工作成果共同构成了实际应用中的IDB法。

$$\frac{1}{PPP_j} = \sum_{i=1}^{N}\left(\frac{P_i}{p_{ij}} \cdot w_{ij}\right) \tag{2.31}$$

$$\frac{1}{P_i} = \sum_{j=1}^{M}\left(\frac{PPP_j}{p_{ij}} \cdot w_{ij}^*\right) \tag{2.32}$$

GK法的PPP指数形式实际是一个帕氏指数，而帕氏指数一般会导致下偏的替代偏差。IDB法的改进主要体现在：一是将PPP指数形式替换为加权调和平均指数形式；二是针对国际平均价格的偏向性问题，采用与RS法一致的处理方式，即用支出份额代替消费量作为权重。因此，IDB法有效地降低了GK法的格申克龙效应。

（三）HR法

Hajargasht和Prasada Rao（2008）④对GK法的权重进行了变换，提出了一种改进的加权算术平均体系的GK法（简称HR法），如式2.33和2.34所示。HR法并未对GK法大幅度地改进，只是改进了权重形式，即用支出份额权重替换了支出量权重，从而降低了国际平均价格向消费大国偏移的可能性。

$$PPP_j = \sum_{i=1}^{N}\left(\frac{p_{ij}}{P_i} \cdot w_{ij}\right) \tag{2.33}$$

$$P_i = \sum_{j=1}^{M}\frac{p_{ij}}{PPP_j} \cdot w_{ij}^* \tag{2.34}$$

① Iklé D M. A New Approach to the Index Number Problem [J]. Quarterly Journal of Economics, 1972 (2): 188-211.

② Dikhanov Y.Sensitivity of PPP-Based Income Estimates to Choice of Aggregation Procedures [EB/OL]. 1997.http: //siteresources.worldbank.org/ICPINT/Resources/icppapertotal.pdf.

③ Balk B M. A Comparison of Ten Methods for Multilateral International Price and Volume Comparisons [J]. Journal of Official Statistics, 1996 (12): 199-222.

④ Hajargasht G, Rao P. Stochastic Approach to Index Numbers for Multilateral Price Comparisons and Their Standard Errors [J]. Review of Income and Wealth, 2010, 56 (Special Issue 1): 32-58.

第四节 多边汇总方法完善阶段

通过前述PPP汇总方法探索和改进两个阶段的发展，ICP实际上已经形成了以GEKS法、GK法和CPD法为核心的方法体系。然而，随着ICP参比国家数量的大幅增加，固有的组织管理方式和方法已经愈加无法满足现实的需求，从而加剧了人们对ICP比较结果准确性和可靠性的质疑，其主要表现是ICP1993年轮比较活动的无疾而终以及此后近十年的停滞。世界银行接手ICP的组织实施工作后，对ICP进行了全面升级，在提高比较结果准确性和可靠性上做了大量改进工作。而此时针对汇总方法的改进研究也在提高准确性的目标上有了新的成果，使得汇总方法体系进一步完善。

一、基于经济学理论的改进

（一）GAIA法

在消费理论中，价格与消费量之间成反比例关系是其核心假定，这决定了消费者行为中的替代效应。这种替代效应在前述的多种汇总方法中都没有得到重视和考虑，如拉氏指数、帕氏指数以及GK法所隐含的假定都是居民的消费量是固定的，不会随着价格的变化而变化，因此这些方法存在的一个共同问题就是替代偏差。Hill（2000）[①]认为正是替代偏差的存在导致GK法存在格申克龙效应问题。Neary（2004）[②]所提出的Geary-Allen国际账户法（Geary-Allen International Accounts Method，GAIA法）就是针对GK法存在的替代偏差问题的改进方法。

在经济指数的分析框架下，生活费用指数假定消费者的支出决策标准为实现既定效用水平的成本最小化。因此，消费者可以根据商品价格的变化调整消费量以维持固定的效用水平。如果假定效用函数为$U(q)$，价格向量为p_j，则j国的支出函数可以用式2.35表示。GK法进行的是各

① Hill R J. Measuring Subsitution Bias in International Comparisons Based on Additive Purchasing Power Parity Methods［J］. European Economic Review，2000，44（1）：145-162.

② Neary J P.Rationalizing the Penn World Table：True Multilateral Indices for International Comparisons of Real Income［J］. American Economic Review，2004，94（5）：1411-1428.

国价格相对于国际价格的比较，用最小化支出函数重构GK法的PPP指数即可得到GAIA法的PPP指数[①]，如式2.36所示。GAIA法国际平均价格的估算采用与GK法一致的指数形式，但其权重有所变化，选择以规格品在各国实际消费量占国际平均价格下各国消费量总和的比例为权重（此时权重之和不再等于1）。

$$E\left(u^j,p_j\right)=\min_q\left\{\sum_{i=1}^{n}p_{ij}q_{ij}:U\left(q\right)=u^j\right\} \tag{2.35}$$

$$PPP_j=\frac{E\left(u^j,p_j\right)}{E\left(u^j,\pi\right)}=\frac{\sum_{i=1}^{n}p_{ij}q_{ij}}{\sum_{i=1}^{n}\pi_i q_{ij}^*} \tag{2.36}$$

$$\pi_i=\frac{\sum_{j=1}^{M}\left(p_{ij}\cdot q_{ij}\right)/PPP_j}{\sum_{j=1}^{M}q_{ij}^*} \tag{2.37}$$

由此可以看出，GAIA法以消费理论为指导，借用生活费用指数方法对GK法的PPP指数进行了改造，改造后的PPP指数为不同价格水平下实现相同效用水平时的支出比率，此时消费量不再是固定的，可以随着价格的变化而变动。总结起来，GAIA法的贡献有三点：一是开创了多边经济指数汇总方法的先河，GAIA法是首个依据经济理论改进的多边汇总方法；二是拓展了PPP的理论内涵，原始的PPP概念以同质产品为基础，GAIA法则是以相同效用水平为基础，相通点是都是“可比物”单位价格的比值；三是提供了经济福利比较的可行性方法，在经济学中效用可以作为经济福利的一种测度工具，因而可以借助GAIA法对效用水平的反映来进行国家间的经济福利比较。在Neary的研究中，分别使用Deaton、Muellbauer（1980）[②]所提出的近乎完美需求体系（Almost Ideal Demand System，AIDS）模型、位似AIDS模型（HAIDS）和Neary、Gleeson（1997）[③]所提出的二阶近乎完美需求体系（Quadratic Almost Ideal Demand System，QUAIDS）模型对GAIA法进行了实证测算[④]，结

① 被Neary称为Geary-Konüs Exchange Rate。

② Deaton A，Muellbauer J. An Almost Ideal Demand System［J］. American Economic Review，1980，70（3）：312-326.

③ Neary J P，Gleeson B. Comparing the Wealth of Nations：Reference Prices and Multilateral Real Income Indexes［J］. Economic and Social Review，1997，28（4）：401-421.

④ 使用的数据来源为ICP1980年轮的比较数据。

果发现AIDS和QUAIDS两种需求模型下GAIA法的结果比较接近，但与GK法、GEKS法以及CCD法的结果相比却有明显差异，而HAIDS需求模型GAIA法的结果与GEKS法、CCD法的结果比较接近。由此可见，GAIA法对需求模型的设定比较敏感，需要对比较国家之间的需求特征有准确的理解才能提高GAIA法的使用效果。

（二）空间CPD法

随着全球经济一体化的发展，国家间的经济联系也越来越密切，微观上价格水平的变化也会存在一定相关性。反映到CPD法模型中就是会造成模型随机干扰项的自相关，从而降低参数估计的有效性。然而，ICP的价格数据一般都是年度截面数据，国家间没有自然的先后顺序，因此一般的处理模型自相关的计量技术在此失灵，而空间计量技术的发展则为这种空间自相关的测度以及修正提供了技术支持。Prasada Rao（2004）[①]所提出的空间CPD法是借助空间计量技术对CPD模型可能存在的自相关问题的改进方法。

空间CPD法将原始的CPD模型改写成了式2.38，式中X_i为原模型中的虚拟变量矩阵，β表示国家和规格品类别参数向量，而原模型中的随机干扰项被细分为两部分，即假定随机干扰项的向量为$V_i = \rho_i W V_i + \varepsilon_i$的空间自相关形式，W为表示国家间相互关系的M × M阶空间权重矩阵（M个国家），ρ_i为空间误差自相关系数，ε_i为服从正态分布的随机干扰项向量。

$$\ln P_i = X_i\beta + \rho_i W V_i + \varepsilon_i \tag{2.38}$$

如果ρ_i是已知的，并且$[I - \rho_i W]^{-1}$存在，则可用$[I - \rho_i W]$将式2.38转换为式2.39。对于如何得到ρ_i，Prasada Rao推荐使用迭代最小二乘法。

$$[I - \rho_i W]\ln P_i = [I - \rho_i W]X_i\beta + \varepsilon_i \tag{2.39}$$

空间CPD法在考虑经济空间相关性上起到了开创性作用，然而这种相关性是同期的，现实中经济上的相关性可能存在滞后性。基于此认

① Rao P.The Country-Product-Dummy Method：A Stochastic Approach to the Computation of Purchasing Power Parities in the ICP［A］. Paper Presented at the SSHRC Conference on Index Numbers and Productivity Measurement，2004.

识，王磊、周晶（2012）[①]对空间CPD法进行了改进，提出了一般化空间CPD模型，将空间自相关可能存在的滞后性和空间滞后性可能存在的残差自相关性都纳入模型，并采用贝叶斯方法对模型进行估计，解决了极大似然估计无法处理异方差问题的难题。

二、基于优化公理化性质的改进

（一）MD法

Prasada Rao、Shankar和Hajargasht（2010）[②]基于OECD国家1996年的比较数据，分别使用PLS和Diewert（2009）[③]提出的两种测度两国经济相似度的加权相对价格距离（Weighted Relative Price Distance）和加权绝对消费量距离（Weighted Absolute Quantity Distance）进行了MST法PPP试算。试算结果有两个重要发现：一是MST法对距离测度方法的选择比较敏感，不同的距离测度方法可能会得到不同的国家链式组合；二是MST法无法满足双边“距离”最小化，即MST法所决定的双边链式“距离”会出现大于直接比较的双边“距离”的情况。由此说明，MST法的结果具有不稳定性，并且无法实现任意双边比较的最优化。

根据这些发现，Prasada Rao等学者提出了以双边“距离”最小化为目标的改进MST法，也被称为最小距离法（Minimum Distance Approach，MD法）。MD法的核心思路是当MST法确定的两国之间的“距离”最小时，就使用MST法所决定的国家链式组合进行双边比较，当两国间的直接“距离”最小时，就进行直接双边比较。MD法对“距离”的测度依然可以使用前述三种方法，但最终确定的链接形式不再是一个所有国家相互链接的整体，而是一个由多组国家链合成的组合。MD法实现了多边框架下的最优双边比较组合，但却失去了可传递性，

---

① 王磊，周晶．对中国省级地区相对价格水平的估计——基于一般化空间CPD模型的研究［J］．统计与信息论坛，2012（8）：43-50.

② Rao P, Shankar S, Hajargasht G. A Minimum Distance and the Generalized EKS Approaches to Multilateral Comparisons of Prices and Real Incomes[A]. Mini-Conference on International Comparison of Prices, Income and Productivity, University of Oxford, 2010.

③ Diewert W E. Similarity Indexes and Criteria for Spatial Linking[A]. Purchasing Power Parities of Currencies: Recent Advances in Methods and Applications, Cheltenham UK : Edward Elgar, 2009.

最终还需使用GEKS法对MD法的双边比较结果进行可传递性调整。

（二）整合特征性和可加性的方法

GK法是诸多原始PPP汇总方法中唯一具有可加性的方法，但GK法以及前述改进方法都不具有特征性。Sergey等学者在GK法的基础上，通过对国际平均价格的改进提出了兼具可加性和特征性的方法。

1.MPCP法和SS法

Sergey（2009）①所构建的最大化可能特征性价格法（Method of Maximal Possible Characteristic Prices，MPCP法）在GK法基础上提出的核心改进是通过构建如式2.40所示的价格相似指数τ_i来优化国际平均价格的确定过程，以使国际平均价格尽可能与所有参比国家的价格特征保持一致（假定共有M个基本类、N个国家，S_i^k表示第i类规格品在国家k的总支出中所占的份额，p_{ij}为j国第i类规格品的价格，π_i为给定的国际平均价格）。

$$\tau_j = \sqrt{\frac{\sum_{i=1}^{M}\left\{\left(p_{ij}/\pi_i\right)\cdot S_i\right\}\cdot\sum_{i=1}^{M}\left\{\left(\pi_i/p_{ij}\right)\cdot S_i\right\}}{\sum_{i=1}^{M}\left\{\left(p_{ij}/\pi_i\right)^2\cdot S_i\right\}\cdot\sum_{i=1}^{M}\left\{\left(\pi_i/p_{ij}\right)^2\cdot S_i\right\}}},\quad S_i = \sum_{k=1}^{N} S_i^k/N \tag{2.40}$$

由公式2.40可以看出，价格相似指数τ_i是一个介于0到1之间的数（即$0 < \tau_i \leqslant 1$），τ_i越趋近1，j国的价格与给定的国际平均价格越相似；τ_i越趋近0，j国的价格与给定的国际平均价格的差异越大。因此，对于单个国家而言，τ_i的取值越大越好。但是，当将所有参比国家作为一个整体来看待时，要保证最终给定的国际平均价格π能够使所有τ_i取值中最小的那个也能实现最大化，才能保证π的整体价格特征性的最大化。由此，可以将此过程表述为如式2.41所示的优化问题关系式。

$$\max_{\pi}(\min\tau_j) = \max_{\pi}\left\{\min\sqrt{\frac{\sum_{i=1}^{M}\left\{\left(p_{ij}/\pi_i\right)\cdot S_i\right\}\cdot\sum_{i=1}^{M}\left\{\left(\pi_i/p_{ij}\right)\cdot S_i\right\}}{\sum_{i=1}^{M}\left\{\left(p_{ij}/\pi_i\right)^2\cdot S_i\right\}\cdot\sum_{i=1}^{M}\left\{\left(\pi_i/p_{ij}\right)^2\cdot S_i\right\}}}\right\} \tag{2.41}$$

① Sergey S. Aggregation Methods Based on Structural International Prices[A]. Purchasing Power Parities of Currencies: Recent Advances in Methods and Applications. Cheltenham UK: Edward Elgar, 2009.

MPCP法的优点在于其构建的国际平均价格对于所有参比国家而言具有整体上的最大化特征性，而其所依托的GK法又具有可加性，由此最终得到的PPP既具有可加性，又具有特征性。然而，MPCP法的求解十分困难。因此，Sergey又进一步构建了一种方便求解的兼具可加性和特征性的方法，即标准化结构法（Method of Standardized Structure，SS法）。

SS法同样是从使国际平均价格满足特征性入手，但相比MPCP法，其不同之处在于，它是从支出权重角度对国际平均价格的确定过程进行限定的，并且采用了双边物量指数形式。SS法的支出权重的标准化结构计算方法如式2.42和2.43所示。

$$S_i^T = \sum_{j=1}^{N} S_{ij}^T / N \tag{2.42}$$

$$S_{ij}^T = (p_{ij} \cdot Q_i) / \sum_{i=1}^{M} (p_{ij} \cdot Q_i) \tag{2.43}$$

由计算公式可以看出，SS法的标准化支出权重实际与前述RS法对GK法支出权重的改造方法是一致的，即对所有国家的同种规格品的国内支出份额进行平均化处理。而SS法对国际平均价格的限定条件就是要使给定的国际平均价格所度量的各国规格品的支出份额与标准化后的支出份额保持一致，如式2.44所示。

$$S_i^T = \frac{\pi_i \cdot Q_{ij}}{\sum_{i=1}^{M} \pi_i \cdot Q_{ij}} \tag{2.44}$$

2.MBC法

谢长（2017）[①]通过对MPCP法和SS法的深入研究对两种方法所能提高的最大化特征性的程度提出了质疑，认为两种方法的实际效果可能并不稳定，特别是当存在“奇异”型价格结构的国家时，会使方法识别的国际平均价格偏向于“奇异”型价格结构。基于此，谢长借鉴MPCP法构建国际平均价格的思路和Fisher双边物量指数构建了最大化双边特征法（Maximal Bilateral Characteristic，MBC法）。

总体上看，MBC法构建国际平均价格的核心思路是使给定的国际

① 谢长．一种新的购买力平价汇总方法［J］．统计研究，2017（12）：37-47.

平均价格π所测度的双边物量指数能够最大程度与Fisher双边物量指数保持一致。具体可以通过两个物量指数（Q_{kj}^{EGK}和Q_{kj}^{F}）和一个偏差指数（μ_{kj}）来体现，如式2.45、2.46和2.47所示。

$$Q_{kj}^{EGK} = \frac{\sum_{i=1}^{N} \pi_i q_{ij}}{\sum_{i=1}^{N} \pi_i q_{ik}} \tag{2.45}$$

$$Q_{kj}^{F} = \sqrt{\frac{\sum_{i=1}^{N} p_{ik} q_{ij}}{\sum_{i=1}^{N} p_{ik} q_{ik}} \cdot \frac{\sum_{i=1}^{N} p_{ij} q_{ij}}{\sum_{i=1}^{N} p_{ij} q_{ik}}} \tag{2.46}$$

$$\mu_{kj} = \left| Q_{kj}^{F,EGK} - 1 \right|,\ Q_{kj}^{F,EGK} = \frac{Q_{kj}^{EGK}}{Q_{kj}^{F}} \tag{2.47}$$

由公式可以看出，μ_{ki}越趋近于0，说明由国际平均价格测度的j、k两国的双边物量指数与Fisher双边物量指数越接近，从而也就越能反映两国的价格特征。但是，放置到多边比较情况下，就需要保证最大的μ值最小化，因而可以将此确定国际平均价格的过程转化为如式2.48所示的优化问题。

$$\min_{\pi}(\max \mu_j) = \min_{\pi}\left\{\max\left(\left|\frac{\sum_{i=1}^{N} \pi_i q_{ij}}{\sum_{i=1}^{N} \pi_i q_{ik}} \Bigg/ \sqrt{\frac{\sum_{i=1}^{N} p_{ik} q_{ij}}{\sum_{i=1}^{N} p_{ik} q_{ik}} \cdot \frac{\sum_{i=1}^{N} p_{ij} q_{ij}}{\sum_{i=1}^{N} p_{ij} q_{ik}}} - 1\right|\right)\right\} \tag{2.48}$$

从MPCP法、SS法和MBC法的构建方式来看，其实际是拓展了一种改进PPP汇总方法的思路，即通过对计算元素的外生处理使其具备某种所需的特性，进而与原始方法的特性进行叠加，以综合优化方法的公理化性质。同时，也需注意到这三种方法虽然提高了GK法的特征性，但由于国际平均价格是通过求解优化问题方法获得的，不再是一种外生价格，由此一方面优化求解的国际平均价格容易受纳入计算过程的国家的数量以及国家间价格和支出结构差异程度的影响，从而提高结果的不稳定性，另一方面会弱化国际平均价格的经济含义。

第五节　多边PPP汇总方法之间的内在联系

综上对PPP汇总方法四个演进阶段的归纳总结可以看出，围绕PPP这一核心概念，国内外专家学者研究发展出了多种汇总方法。然而，如果仅从方法的计算公式上看，这些方法之间有很大差异，并且计算公式变得愈加复杂，这很容易使人陷入狭隘的认识旋涡，即割裂地理解和认识这些方法，从而使我们在具体的方法面前望而生畏。但是，如果能够跳脱出对单一方法的局限认识，从宏观整体视角来认识这些方法，将有助于我们更为理性和清晰地理解和应用这些方法。概括来看，所有这些复杂的PPP汇总方法都是价格比率的加权平均，不同方法的最大区别在于加权平均具体方式的不同。而实际上，从方法的构建机理和数理性质上看，这些方法之间存在某种内在联系。

一、桥国法对多边方法的解释

桥国法是ICP最早探索使用的多边汇总方法，虽然没有被长期使用，但是桥国法的基本思路对多种多边汇总方法的构建机理都有很强的解释效力。比如，GEKS法实际上是要求所有参与比较的国家都要作为桥国进行一轮双边比较，然后对与目标的两个国家相关的所有直接和间接双边比较结果进行几何平均，从而得出GEKS法的PPP。GK法则是虚拟了一个“桥国”，这个“桥国”具有国际代表性，拥有国际平均价格和国际平均支出水平，而后续基于GK法的衍生方法基本都没有脱离这一“桥国”的基本构想。用于基本类PPP汇总的CPD法实际上是一个扩展的桥国法，只要有价格数据，任意国家都可以是“桥国”，假定任意两国任意类规格品的价格比值都与通过其他“桥国”间接计算的比值相一致。MST法是以实现整体链式“距离”最小化为标准选取一组“桥国”，通过这组“桥国”将所有国家链接并按照链接的顺序依次展开双边比较。

二、GAIA法与GEKS法、CCD法之间的内在联系

GEKS法的一个重要作用是其能够将不具有可传递性的双边结果调整为具有可传递性的多边结果，并且对要调整的双边指数没有限制。ICP一般推荐使用Fisher指数进行直接双边比较，而CCD法使用的则是Törnqvist指数。根据消费者价格指数手册的解释可以看出，Fisher指数与Törnqvist指数都是特定情况下的空间生活费用指数[①]，具有经济指数的内涵，而GAIA法也是在空间生活费用指数理论基础上建立的多边比较方法。因此，GAIA法与GEKS法和CCD法之间可能存在某种内在联系。Neary（2004）[②]在构建GAIA法时并未对消费者的偏好形式做出限定，但将某些特殊偏好形式带入GAIA指数推导证明发现，当效用函数为里昂惕夫形式时，GAIA法计算的真实收入与GK法是一致的；而当效用函数为齐次二次函数时，GAIA法计算的真实收入与GEKS法是一致的；当效用函数为齐次超对数函数时，GAIA法计算的真实收入与CCD法是一致的。因此，GAIA法具有一般性，在经济指数的分析框架下，GK法、GEKS法、CCD法都是GAIA法在特殊偏好形式下的特例。

三、CPD法与GEKS法之间的内在联系

在使用GEKS法汇总计算基本类PPP时，要想直接得到满足可传递性的双边结果，对价格数据的要求比较严格，即要求价格数据必须是完整的[③]。然而，现实中价格数据缺失是“常态”，总会出现某些规格品在某些国家无法获得价格数据的情况。在ICP的最初几轮比较活动中，CPD法的一个重要用途是填补缺失价格数据，这也是Summers构建CPD法的主要目的之一。因此，可以用CPD法使价格数据完整，以适应GEKS法的需要。Prasada Rao（2004）[④]的分析显示，对采用CPD法填补后得到的完整价格

① 国际劳工组织，等. 消费者价格指数手册：理论与实践［M］. 北京：中国财政经济出版社，2008：10.

② Neary J P.Rationalizing the Penn World Table：True Multilateral Indices for International Comparisons of Real Income［J］. American Economic Review，2004：141-142.

③ 即要求所有国家采价的都是同种规格品，且价格都是可获取的，不存在价格数据缺失的情况。

④ Rao P.The Country-Product-Dummy Method：A Stochastic Approach to the Computation of Purchasing Power Parities in the ICP［A］. Paper Presented at the SSHRC Conference on Index Numbers and Productivity Measurement，2004.

数据使用GEKS法计算得到的PPP结果与直接对不完整的价格数据使用CPD法计算得到的PPP结果是一致的。因此，在近两轮的ICP比较活动中，虽然大部分区域在基本类与基本类以上PPP汇总上分别采用了CPD法和GEKS法两种不同的方法，但是从两种方法的内在联系上来看，其实质是一致的，从方法层面能够保证最终结果一致性。

四、CPD法与GK法及其衍生方法之间的内在联系

CPD法与GK法的共同之处在于两种方法都构建了一个虚拟的国际平均价格，从方法的形式上看都为系统性回归模型或系统性联立方程组。如果能找出CPD法与GK法之间的联系，那么一方面有利于方法之间的融合研究，促进方法的改进，另一方面可以用模型估计方法计算不同方法的PPP的方差，进而进行不同结果的可靠性分析及PPP的区间估计。

Prasada Rao（2005）①对其所提出的加权CPD法进行了深入研究，研究证明当随机干扰项（如式2.26所示）的权重w_{jk}为支出份额时，使用加权最小二乘法估计得出的国际平均价格和PPP与RS法得出的国际平均价格和PPP是一致的。

对于原始CPD回归模型，一般假定随机干扰项u_{ij}服从对数正态分布。然而，通过对实际观测价格数据的分析发现，经同一货币转换后的价格数据一般服从偏态的伽马（Gamma）分布。Hajargasht和Prasada Rao（2008）②证明当u_{ij}服从Gamma（r，r）分布，以支出份额w_{jk}为权重时，对加权CPD模型采用极大似然估计的结果与HR法的国际平均价格和PPP是一致的；当u_{ij}服从Gamma（r，r）的倒数分布时，以支出份额w_{jk}为权重，对加权CPD模型采用极大似然估计的结果与IDB法的国际平均价格和PPP是一致的；当CPD模型的随机干扰项u_{ij}^*满足独立同分布，且期望为1，即$E\left(u_{ij}^*\right)=1$时，采用加权矩估计方法对非线性模型式2.49和2.50的参数进行估计，其结果与GK法的国际平均价格和PPP是一

① Rao P.On the Equivalence of Weighted Country-Product-Dummy（CPD）Method and the Rao-System for Multilateral Price Comparisons［J］. Review of Income and Wealth，2005，51（4）：571-580.

② Hajargasht G，Rao P. Stochastic Approach to Index Numbers for Multilateral Price Comparisons and Their Standard Errors［J］. Review of Income and Wealth，2010，56（Special Issue 1）：S32-S58.

致的。

$$p_{ij} = P_i \cdot PPP_j \cdot u_{ij}^* \tag{2.49}$$

$$\frac{p_{ij}}{P_i PPP_j} - 1 = u_{ij} \tag{2.50}$$

第六节　PPP汇总方法演进总结

一、演进特征

综合上述分析，可以用表2-1来反映PPP汇总方法的演进历程。可以看出，PPP汇总方法的种类虽然复杂多样，但其演进过程并非无章可循，具体可以总结为以下两方面。

表2-1　　PPP汇总方法历史演进汇总表

<table>
<tr><th>汇总方法发展阶段</th><th>主要汇总方法</th><th>核心特性</th><th>发展/改进路径</th></tr>
<tr><td>双边汇总方法阶段</td><td>拉氏指数
帕氏指数
Fisher指数
Törnqvist指数</td><td>特征性</td><td>由消费者价格指数演变</td></tr>
<tr><td rowspan="2">多边汇总方法探索阶段</td><td>桥国法（星形法）
CPD法</td><td rowspan="2">可传递性</td><td>逆向</td></tr>
<tr><td>GEKS法
GK法
Walsh法</td><td>正向</td></tr>
<tr><td rowspan="5">多边汇总方法改进阶段</td><td>MST法</td><td rowspan="3">特征性</td><td>链式法</td></tr>
<tr><td>GEKS-S法、加权GEKS法、加权CPD法、CPD-W法</td><td>差异化赋权方式</td></tr>
<tr><td>CPRD法</td><td>增加变量方式</td></tr>
<tr><td>RS法、IDB法</td><td rowspan="2">应对GK法的格申克龙效应</td><td>改进权重形式及指数形式</td></tr>
<tr><td>HR法</td><td>改进权重形式</td></tr>
<tr><td rowspan="5">多边汇总方法完善阶段</td><td>GAIA法</td><td rowspan="3">准确性、可靠性</td><td>基于消费理论</td></tr>
<tr><td>空间CPD法</td><td>基于计量经济方法</td></tr>
<tr><td>MD法</td><td>基于实验研究</td></tr>
<tr><td>MPCP法、SS法</td><td rowspan="2">兼具可加性和特征性</td><td rowspan="2">优化国际平均价格的特征性</td></tr>
<tr><td>MBC法</td></tr>
</table>

（一）ICP不同发展阶段的现实要求是推动汇总方法演进的内在动因

如果从Cassel（1918）①提出购买力平价理论算起，PPP发展至今已有百年时间，但PPP汇总方法的快速发展却是在设立ICP的50多年后。可以说，购买力平价理论为ICP的国际经济比较提供了最初的方法论基础，而ICP的实践发展需求又进一步促进了PPP汇总方法的产生与演进。如果将ICP从前期准备到ICP2005年轮之前的发展历程分为四个时期（萌芽期、创建期、快速发展期和停顿期②），再加上ICP2005年轮重新启动以来的三轮比较活动，实际在ICP开创以来的50多年里，经历了“产生—兴起—低谷—崛起”四个发展阶段。对比表2-1就能看出，PPP汇总方法演进历程的四个阶段与ICP的发展形成了呼应，ICP在不同阶段的不同现实要求推动了PPP汇总方法的逐步完善。

ICP成立之初的要求是将双边比较的经验应用到多边场景，那么对汇总方法的必然要求就是要使结果满足一致性，因而原始的多边汇总方法都是以满足可传递性为目标，这一点从前述桥国法对其他多边汇总方法的解释可以得到佐证。ICP发端于双边比较，在前几轮的比较中始终没有终止的一项研究就是多边结果与双边结果的比较，因而在ICP兴起之后研究人员首先想要提高的就是多边比较的特征性，由此产生了大量针对提高汇总方法特征性的改进方法。GK法是初期唯一具有可加性的汇总方法，因而受到ICP的青睐，在前几轮比较活动中得到广泛应用，但随着其存在格申克龙效应问题被发现以及ICP参加国数量大幅增加，实践中GK法的主导地位被GEKS法所取代，但针对GK法格申克龙效应的改进成为热点。ICP1993年轮比较结果的不理想使得ICP参加国规模与管理水平不匹配的矛盾现实化，对ICP结果准确性和其存续性问题的质疑开始出现，ICP也因此进入了近10年的停滞期。根据联合国统计委员会专家组的评估结果及改进建议③，ICP在组织管理体系上进行了系统性升级调整，使得ICP以一个全新的面貌重新开启。新阶段ICP的重要目标之一就是提高比较结果的准确性和可靠性，随之而来的就是从经

① Cassel G. Abnormal Deviations in International Exchanges [J]. The Economic Journal, 1918, 28 (4): 413-415.

② 张迎春. 探究中国与全球ICP的差距 [M]. 北京：人民出版社，2009：21.

③ Jacob R. Report of the consultant on the evaluation of the International Comparison Programme [R]. United Nations Statistical Commission Thirtieth Session, 1999.

济理论和数理性质进一步优化两方面入手对既有PPP汇总方法的改进。

（二）PPP汇总方法经历了一个由简单指数到复杂指数，由统计指数到经济指数的演进历程

在PPP理论问世之后，价格指数便有了时间价格指数和空间价格指数的区分，但从发展历史看，PPP属于新事物，因此也有后发优势。正是因为有相对成熟的消费者价格指数理论与实践的借鉴，PPP汇总方法才有了较快的发展速度，在几十年里便经历了由简单指数到复杂指数、由统计指数到经济指数的发展历程。

PPP的双边汇总方法基本都是从消费者价格指数演变过来的，从简单的拉氏和帕氏指数到最优指数Fisher指数和Törnqvist指数，而这些指数又为多边汇总方法的产生奠定了基础，比如GEKS法中嵌套着Fisher指数和Törnqvist指数，GK法对帕氏指数形式的应用以及SS法和MBC法对Fisher指数的应用等。

PPP多边汇总方法是ICP发展的重点，从最初桥国法对可传递性的生搬硬套，到GEKS法对可传递性的直接实现，再到GK法和CPD法的系统性联立方程组和特征价格回归模型以及MPCP法、SS法和MBC法在公理化性质上对可加性和特征性的融合，使得多边汇总方法在积极的探索中从简单走向复杂，而随着经济理论、经济指数分析框架、现代计量经济技术的引入，多边汇总方法又在由统计指数向经济指数迈进。

二、存在的问题

（一）PPP汇总方法的理论基础有待扩展和统一

从发展成果上看，当前PPP汇总方法已经形成了以GEKS法、CPD法、GK法和MST法为核心的方法体系。如果追溯这些汇总方法的理论基础，购买力平价理论是这些汇总方法产生的共同理论基础，即PPP是两种货币在购买相同数量和相同质量的某种商品或服务时所实际支付的价格比率。但是，在汇总方法的演进过程中，新方法的构建也在对PPP的理论基础和基本概念产生着冲击。

比如GAIA法，其构建PPP的理论基础是获得相同效用时支付的不同货币成本的比率，虽然通过数理证明，在不同偏好的假定下GAIA法

能够与GEKS法和GK法形成一致，但是从指数的经济含义上看，已经改变了PPP理论对相同数量和相同质量产品的假定，那么由此出发产生的问题是：应该扩展PPP理论，还是否定GAIA法？同时，效用也是一个十分主观的概念，无法观测、无法度量，同样一种商品的消费对于不同的人可以产生不同的效用，对同一人在不同的条件和状态下也会产生不同的效用。如果从群体、平均的视角看，一国居民在一定时间维度上是可以保持效用不变的，但是当时间维度被拉长或者社会经济处在快速变革的背景下，或者在空间维度上不同国家间的消费偏好存在显著差异的情况下，效用将变得更加难以解释和度量。相比而言，产品的同质可比性和代表性虽然难以协调，但是通过部分可观测、可感知的指标和参数是可以得到一定控制的。因此，GAIA法从经济理论出发构建多边PPP汇总方法是一次重要的方法创新，但是理论基础还不牢靠，需要从空间上的多边比较视角对理论基础做出深入探讨，否则将无法体现出与统计指数相比的测度优势。

再比如，MPCP法和MBC法都是通过对GK法国际平均价格的改造，实现基准价格特征性的整体最大化，但是两种方法对特征性的理解却是不同的，MPCP法是从价格的相似性入手，而MBC法是从双边物量指数入手，由此产生的概念性问题是：如何准确界定"特征性"？在实际测算中，是从价格结构角度体现特征性更准确，还是从物量结构角度体现特征性更准确，或者两种角度存在一致性？

这些汇总方法演进中产生的基础理论性问题是当前ICP研究中被忽视的，但是需要解决的。

（二）基本类PPP汇总方法相对薄弱

正如ICP技术专家组（TAG）成员Hill（2009）[①]所指出的那样"基本类PPP是构建整体比较的基石，如果它有偏误或者存在其他问题，那么构建在此基础上的所有成果都将被污染"。然而，在对PPP汇总方法的研究中，大部分文献关注的都是基本类以上PPP的汇总方法。在表2-1中所列示的诸多PPP汇总方法中，能够用于基本类PPP汇总结算的

① Hill R J，Hill T P.Recent Developments in the International Comparison of Prices and Real Output［J］. Macroeconomic Dynamics，2009，13（S2）：194-217.

方法只有GEKS系列方法和CPD系列方法。

GEKS系列方法包括GEKS法、GEKS*法和GEKS-S法。从方法的理论原理上看，相比而言，GEKS-S法具有相对优势，但是从实际数据采集情况来看，由于对产品的代表性理解很难在国家间达成共识，因而不具有可操作性，同时GEKS-S法的结果也不具有可传递性，需要对结果做进一步的调整。而GEKS法用于基本类PPP测算时，对基础价格数据又有较高的要求，即要求所有国家都要采集相同种类的规格品价格且不存在价格数据缺失，才能满足可传递性。因此，在ICP实践中，只有欧盟-OECD比较项目使用GEKS法进行基本类PPP的测算，其他区域均采用CPD法。

CPD系列方法包括CPD法、CPRD法和CPD-W法。由于CPD法能够应对价格数据缺失的现实数据状况，因此深受ICP青睐，始终是基本类PPP实际测算所采用的重要方法。在ICP2005年轮比较中，拉丁美洲区域采用了CPRD法，但是从实际测算结果来看效果并不理想，当规格品的代表性无法得到准确反映时，CPRD法的"代表性"的参数估计值是无效的，因此CPRD法没有被推广使用。在ICP2011年轮比较中，为了简化和统一对代表性的认识，用规格品的重要性概念替代了代表性，在基本类PPP测算方法上用CPD-W法取代了CPD法和CPRD法。然而，CPD-W法对规格品重要性的确定具有很强的主观性，为了不弱化本国的价格在实际测算中的影响力，参比国可能会倾向于夸大规格品的重要性，从而造成重要性在实际测算中失效。同时，ICP技术咨询专家组（TAG）利用居民消费类数据的测试结果显示[①]，当分别以1：1、2：1、3：1、5：1、10：1的比例对重要性和非重要性规格品进行赋权时，实际计算的基本类PPP结果并无显著差异，而为了体现对代表性规格品的重视，专家组推荐使用3：1的权重组合进行实际基本类PPP的计算。由此也能看出，CPD-W法和CPD法在实际测算上并无显著差异，共同的优点就是能够充分利用采集到的价格数据，提高数据的利用效率，具有代表性或重要性的规格品的作用通过汇总方法并不能得到充分体现。

① World Bank.ICP 2011 Technical Notes for the Executive Board［M］.Washington D.C.: World Bank，2014.

综上，虽然从方法的原理和公理化性质上看，有多种方法都可以运用于基本类PPP的测算，但是能够与现实数据相匹配的方法只有GEKS法和CPD法。因此，从实际测算的角度看，对基本类PPP汇总方法的研究还需要强化，并且研究方向应当是与现实数据条件相结合。

（三）PPP汇总方法隐含前置假设与现实基础相矛盾

邱东教授（2015）[①]曾指出“人往往有技术崇拜倾向，更愿意相信和采用技术含量更高的方法”，“如果必要的前提得不到满足，很可能用特别精美的方法得出一个错误的结果”。因此，在应用PPP汇总方法时不能仅关注方法是否具有完备的公理化性质，还应充分认识其存在的各种显性和隐性的前置假设，以及现实基础与前置假设之间的差距，才能更好地应用和发展PPP汇总方法。

如前所述，每种PPP汇总方法在构建中都会在理论上设定一些前提条件或假设，比如GEKS法以Fisher双边指数为前提、CPD法对虚拟国际平均价格的假定，MBC法以Fisher双边物量指数为依据等，其实在这些显性的前提条件或假设之中还隐含着一些隐性前置假设，这些前置假设与现实基础的矛盾会弱化方法的公理化性质。比如，被广泛使用的Fisher指数，它的公理化性质优势是具有能够充分考虑比较双方支出结构的特征性，能够降低替代偏差对PPP的影响，然而这种优良性质的现实基础是规格品的选取基础也是双边的，而在多边比较下，所有参比国采用的都是相同的规格品篮子，对规格品代表性和可比性的妥协会大大降低Fisher指数的双边特征性，即在多边比较背景下的规格品篮子并不能最大化反映任何一国的消费特征。而当价格数据不具有最大化特征性时，MPCP法构建的价格相似指数和MBC法的Fisher物量指数的实际测度效果也将大打折扣。再比如，CPD法虽然能够充分利用价格数据，但是当价格数据存在系统性偏差时，CPD法是无法识别和处理的，即基础价格数据的质量问题在CPD法中并不会得到直接体现。

总之，从方法的视角，公理化性质越完备的PPP汇总方法越需要更高质量的基础数据才能充分发挥方法的优势，而从实际测度角度，能够

① 宋旭光，等. 看懂中国GDP［M］. 北京：北京大学出版社，2015.

与现实基础数据结合得出可靠结果的汇总方法才是好方法。

三、启示

（一）需要从控制数据采集过程方面提高基础数据质量

如果将ICP的发展比作一辆马车，那么基础数据和PPP汇总方法就是马车的两个车轮，只有两个车轮相互协调、相互平衡才能使马车运行得顺畅平稳。通过对PPP汇总方法演进历程的梳理可以看出，理论上现有的PPP汇总方法已经形成了较为完备的方法体系。然而与方法相比，基础数据的质量就显得相对薄弱，许多具有更为良好和完备公理化性质的PPP汇总方法之所以不能被ICP实践所采用，很大程度上都是由于基础数据质量存在不足。自ICP2005年轮比较活动以来，世界银行在控制和提高基础数据质量方面做了大量创新工作，比如采用SPD表法从形式上统一了对规格品的特征描述，采用核心产品清单法强化了规格品代表性与可比性的协调，采用Quaranta表和Dikhanov表优化了数据的有效性检验流程，而ICP2017年轮采用滚动基期比较方案，为PPP的价格调查与参加国的CPI价格调查以及国民经济核算数据的协调奠定了制度基础。因此，从组织管理的现状上看，提高基础数据质量是ICP发展应关注的核心问题，并且已经形成了部分良好的方法积累和制度基础。然而，在执行层面还需要对细节之处的理论与方法创新进行研究与尝试，比如如何通过调整核心产品清单实现PPP规格品篮子与参加国CPI规格品篮子的协调，如何调整参加国的CPI以实现价格调整指数与ICP规格品分类的协调等。而ICP基础数据质量的提高绝不是世界银行或区域协调组织单方面的事，这需要参加国、区域协调组织和世界银行三方的共同配合和长期努力。

（二）需要加强对PPP汇总方法稳定性的量化研究

通过对PPP汇总方法演进历程的梳理还可以看出：①从理论上看，没有一种PPP汇总方法具有绝对优势，每种都有优势和不足，比如GEKS法满足特征性和可传递性，却不满足可加性；GK法、IDB法满足可加性，但特征性较弱；MPCP法、MBC法满足特征性和可加性，但是求解却比较困难，同时容易受参加国的数量和支出结构差异影响，因此很难从理论上对PPP汇总方法之间的绝对稳定性做出确定性的判断，即很难有一种汇总方法能够得到普遍认同。②ICP实际采用的PPP汇总方法是基于对数据质量的宏观认识而做出的选择，但是不同程度的数据质量问题会对测度结果产生什么样的影响尚不清楚。比如，对于基本类PPP的测算，由于价格数据缺失是普遍存在的现象，ICP选择使用能够充分利用数据信息的CPD法，那么与完整数据相比，缺失数据会对测算结果产生什么样的影响，不同的数据缺失形式和缺失程度产生的影响又有怎样的差异、特点和规律，对于这些问题现在都还没有明确的研究与解答；而对于基本类以上PPP的测算，由于GK法被发现存在格申克龙效应，因而在近两轮的ICP实践中被GEKS法所取代，然而针对格申克龙效应的改进方法也有多种，但没有一种被ICP所广泛使用，其中的原因是什么，采用GEKS法的合理性是什么，对比较结果的影响又如何，这些问题都需要研究解答，否则ICP对参与者和使用者来说都像是一个“黑箱”，对ICP结果的质疑会始终存在。

综上可以看出，现阶段对基础数据、PPP汇总方法和测算结果三者之间的整体认识还处于定性层面，缺乏系统的定量研究，而要深化对三者之间内在关系的理解，打开认知“黑箱”，定量分析不可或缺。因此，需要强化对PPP汇总方法稳定性的纵向与横向测度与比较，以揭开汇总方法隐藏的测度“秘密”，为客观评估ICP比较结果和针对性提高基础数据质量提供量化分析依据。

第三章　价格数据缺失对PPP测算稳定性影响的测度与分析

价格数据缺失是ICP实践中难以避免的客观现实，多方面因素都可能导致价格数据缺失。从每一轮ICP的实际价格数据调查来看，存在价格数据缺失都是既定事实，并且每一轮的价格数据缺失的情况都有所不同，但是这些数据都无法用于价格数据缺失对PPP汇总结果影响的测度，一方面是因为没有理想状况下的完整价格数据，另一方面是因为各轮ICP比较之间的时间间隔较长（一般为5~6年），对产品清单、产品特征描述以及采价方法的改进与调整使得不同时期的价格数据及测算结果不具有可比性。因此，需要构造一套完整的价格数据，并基于现实价格数据缺失情况的总结，模拟不同的价格数据缺失形式和缺失程度，进而通过比较数据缺失前后PPP测算结果的差异特征来量化分析价格数据缺失对PPP测算稳定性的实际影响。由此，一方面可以利用测算结果分析PPP汇总方法的稳定性特征，另一方面在获得实际价格数据缺失状况信息的情况下，可以用量化分析结果评估实际PPP测算结果的偏差程度，并且也能为控制价格数据缺失的不利影响提供数据支持。

第一节　引起价格数据缺失的因素分析

假定某个基本类产品中包含N个规格品，共有M个经济体参与比较，则在理想的状况下完整的价格数据如表3-1所示，即在所有M个经济体都能采集到N个规格品价格的p_{ij}（i表示经济体，j表示规格品），表中没有空缺的单元格。然而，现实中受诸多因素的影响，表3-1中难免会出现不同形式和不同程度的价格缺失，具体主要有以下几种情况。

表3-1　　基本类PPP完整价格数据表示例

经济体＼规格品	1	2	…	N
1	p_{11}	p_{12}	…	p_{1N}
2	p_{21}	p_{22}	…	p_{2N}
⋮	⋮	⋮		⋮
M	p_{M1}	p_{M2}	…	p_{MN}

一是区域或全球核心产品清单中的规格品在部分经济体内很少或没有被消费。当某些具有显著地域特色或文化特色的规格品被纳入核心产品清单时，必然会有部分经济体很少或根本不消费此种规格品，比如猪肉是全球范围内普遍消费的肉类产品，但在信仰伊斯兰教的经济体是不被消费的产品；黄色木豆、红色木豆（Dhal，印度山黧豆）是亚太地区核心产品清单中的规格品，在印度普遍消费，但是在中国就很少或没有被消费；豆腐是全球核心产品清单中的规格品，是东亚经济体较为常见的消费品，但对于其他区域的经济体而言就是一种比较少见的消费品。在此类情况下，对于很少或根本没有消费的规格品，经济体是无法获取价格数据的，由此就会产生价格数据缺失。

二是调查的规格品不符合SPD表的产品特征描述。当SPD表对产品特征的描述过于宽泛或者过于详细时都容易导致实际调查规格品与SPD表描述产品不匹配，从而使得调查的价格数据无法用于实际PPP测算。

例如，在亚太地区的核心产品清单中有白米3#和白米5#两种规格品，两种产品描述的具体差异是：前者为长粒、非蒸谷米、精细研磨、碎米率低于15%，而后者为中粒、蒸谷米、超级精细研磨、碎米率低于5%。对于大米品类众多，且有严格等级划分的经济体，这种细致的产品特征描述是有利于同质可比规格品的价格调查的，但是对于大米等级划分不够细致的经济体而言，这种细致的产品描述反而不利于实际的价格调查。比如中国消费者选择大米时一般通过包装、品牌、产地来区分大米的等级，具体的生产工艺消费者并不十分关心，一般也不在包装上标识，因此即使实际采价中获得了此类规格品的价格，但实际采价对象与目标采价对象可能会有很大差异。当实际调查价格逻辑不符合理论逻辑时，这些价格数据就不得不被舍弃，从而造成价格数据缺失。

三是没有通过数据审核标准而被剔除。ICP在数据审核方面设定了若干异常值检验标准，当实际价格数据没有通过检验标准并且无法得到合理解释时，被认定为异常值的价格数据就可能会被剔除出PPP测算程序。异常值的检验标准分别为[①]：平均价格比检验，即单个观测价格与平均价格之比须控制在0.5~1.5之间；T值检验，即单个观测价格和平均价格的价差与标准差之比须控制在2以内；极值比检验，即观测价格中的极大值与极小值之比须控制在2以内；变异系数检验，即规格品价格的标准差与平均价格的比例须控制在20%以内。当实际调查的价格数据结果的检验标准值超过设定范围的情况发生时，一般就认为实际调查的并非同一种规格品，不具有可比性，当经济体无法做出合理解释时，规格品的价格就会被剔除，从而导致价格数据缺失。

第二节 必要的测度说明

一、测度的目标PPP汇总方法

按照PPP的测算程序，价格数据缺失主要对基本类PPP的汇总具有

① World Bank. Mearsuring the Real Size of the World Economy: The Framework, Methodology and Results of the Internaitonal Comparison Program——ICP [M]. Washington D.C.: World Bank, 2013.

直接影响，因此模拟测度将以基本类PPP汇总方法为基础。在PPP汇总方法体系中，能够用于基本类PPP测算的汇总方法有GEKS法、GEKS*法和GEKS-S法以及CPD法、CPRD法和CPD-W法，但是此处仅选择CPD法作为研究对象，具体有以下几方面的原因：

一是CPD法在基本原理上具有显著测度优势。如果使用GEKS法，为了保证测算结果的可传递性，则必须以完整的价格数据为前提，否则在存在价格数据缺失的情况下将损失大量的数据信息，从而造成较大的PPP测算偏差。而CPD法采用的是回归模型方法，既能保证测算结果的可传递性又能充分利用所有采集到的价格数据信息。因此，相比GEKS法，CPD法具有更为显著的理论测度优势，相对测算偏差更小，稳定性也更好。

二是无法获得较为准确的规格品代表性或重要性数据信息。理论上，代表性是规格品需要满足的重要属性之一，然而基本类规格品没有支出数据，无法为其代表性提供数据依据，因而在ICP2005年轮比较活动重启后，ICP用重要性概念替换了代表性，具体由各国统计部门根据本国实际情况确定规格品的重要性。由此，规格品重要性的判定就具有了较强的主观性，一方面主观判定标准很难在国家间形成统一，另一方面参比经济体可能会因不同的利益诉求而调整规格品的重要性。代表性或重要性信息不准确会严重影响GEKS*法、GEKS-S法和CPRD法测算结果的准确性，由此将可能造成对汇总方法稳定性特征的误判，得到的结论也就不具有实际借鉴价值。

三是CPD法和CPD-W法是ICP广泛采用的基本类PPP汇总方法，对此两种方法稳定性特征的测度具有显著的现实意义和借鉴价值。在ICP对CPD-W法的应用中，是以3∶1的权重关系对重要性和非重要性规格品进行赋权，一方面由于各国规格品重要性信息难以获取和模拟，无法对CPD-W法的稳定性特征做出准确测度，另一方面根据实验测算，权重比例变化并不会造成CPD法和CPD-W法PPP测算结果的显著差异，因此对CPD法测算稳定性特征的测度结论对CPD-W法也同样适用。

二、数据来源与样本选取[①]

实际调查数据是测度PPP汇总方法稳定性最为理想的数据源，然而ICP没有公布基本类以下规格品的价格数据以及155个基本类的PPP和支出数据，只公布了GDP总量、主要类别和部分主要类别项下的大类产品的PPP和支出数据。限于数据来源的限制，本书选择采用ICP2011年轮实际公布的PPP和支出数据进行价格数据缺失对CPD法PPP测算结果影响的模拟测度。具体来说，选取的是居民实际消费支出中的12个大类产品的PPP和支出数据，如表3-2所示。

表3-2　ICP2011年轮“居民实际个人消费支出”分类表

食品和非酒精饮料	交通
酒精饮料、烟草和麻醉品	通信
服装和鞋类	娱乐和文化
住房、水、电、天然气和其他燃料	教育
家具、家用设备及维修	住宿和餐饮
卫生医疗	其他货物和服务

在进行基本类PPP的模拟测算时是将居民实际消费支出视为一个基本类，将12个大类产品视为基本类包含的具体规格品，对应的PPP则视为规格品的价格，由此就构成了12个基本类规格品的完整价格数据集，通过对数据集改造模拟不同形式和不同程度的价格数据缺失和失真状况就可以实现其对PPP测算偏差影响的实验测度。而在进行基本类以上PPP测算时是将居民实际消费支出视为一个汇总类，将12个大类视为汇总类包含的12个基本类，对应的PPP即为基本类PPP，通过模拟不同形式和不同程度基本类PPP失真的状况就可以实现对基本类以上PPP测算偏差影响的实验测度。

ICP对PPP的实际测算是按照先区域后全球的顺序进行的。各区域先按照区域核心产品清单采集的价格数据进行区域内经济体间的

① 本书后续章节PPP汇总方法测算稳定性特征测度研究所采用的数据来源和选取的样本与此处一致，后文不再赘述。

PPP测算，再使用区域PPP链接方法将各区域的PPP测算结果进行链接。一般为了保证比较结果的固定性，要保持区域链接后的比较结果与区域内的比较结果一致。ICP2011年轮比较采用的是全球核心产品清单法和CAR法进行的区域PPP链接，其中基本类PPP测算采用的是CPD-W法，基本类以上PPP测算采用的是GEKS法。因此，为了全面测度价格数据质量问题对PPP测算偏差的影响，本章将分别从区域和全球两个层面展开模拟测算，这样一方面能够实现多样本的实验测算，有助于得到规律性的测度结论，另一方面有利于通过对比区域间以及区域与全球间的测算结果，得到更为可靠的测度结论。全球经济体的区域划分、各区域包含的经济体数量及各区域基准经济体的选择情况如表3-3所示。

表3-3　　**区域划分、经济体数量及基准经济体选择情况表**

	非洲	亚太	独联体	欧盟-OECD	拉丁美洲	加勒比	西亚	全球
经济体数量	50	23	9	47	16	21	12	175
基准经济体	津巴布韦	中国香港	俄罗斯	美国	玻利维亚	安圭拉岛	阿拉伯联合酋长国	美国

注：由于俄罗斯分别参加了独联体和欧盟-OECD经济体间的比较，埃及和苏丹分别参加了非洲和西亚经济体间的比较，因此各区域经济体数量的总和不等于全球经济体的数量。

由于要研究PPP汇总方法在应对存在质量问题的数据时所表现出的一般规律，而非对具体PPP进行测算，因此尽管采用的是汇总类PPP，但并不会影响对汇总方法稳定性的测度结论，是符合实验测度研究的基本要求的。

三、模拟测度的基本构想

总体上，本章的模拟测度可以分为两个部分，第一部分是价格数据缺失对CPD-PPP测算偏差影响的测度，第二部分是对CPD-PPP偏差影响因素的测度。

第一部分的模拟测度分为三种不同形式和不同程度的价格缺失状况：①整体缺失，即将完整价格数据集作为一个整体，采用随机方法从完整数据集中剔除价格数据，以模拟价格数据缺失，剔除的数量分别为数据总量的5%、10%、15%、20%、25%、30%、35%、40%、45%和50%；②基准经济体价格数据缺失，即仅基准经济体存在价格数据缺失，价格数据缺失形式为12个规格品价格依次单个缺失和多个规格品价格组合缺失，组合数量依次为2、4、6个；③非基准经济体价格数据缺失，即仅有个别或部分非基准经济体的价格数据存在缺失，价格数据缺失形式和缺失数量与基准经济体价格数据缺失相同。

第二部分是根据第一部分测度结果所表现出的CPD-PPP偏差规律和特征，结合理论认知对影响CPD-PPP偏差的因素做出分析，并利用数据进行模拟测度验证。

实验测度结果主要通过CPD-PPP偏差比率D反映，如式3.1所示，即为在相同数据结构下，存在价格数据缺失数据集测算所得CPD-PPP与完整基准数据集测算所得CPD-PPP之间的差异程度，D的数值可能为正值也可能为负值，正值表示测算结果上偏，负值表示测算结果下偏，绝对值越大说明偏差水平越高，价格数据缺失导致的PPP偏差越显著。

$$D = \frac{PPP^{CPD}_{(\text{缺失数据})}}{PPP^{CPD}_{(\text{完整数据})}} - 1 \tag{3.1}$$

第三节　CPD法稳定性特征的测度结果与分析

一、价格数据随机缺失情况下的CPD-PPP偏差

在没有进行实际价格调查之前，任意经济体的任意一种规格品都有可能出现价格缺失，并且不同区域和不同经济体的缺失情况也会有所不同，因此从经济体整体上看价格数据缺失现象具有随机性。基于此，首先以随机剔除数据的方式模拟现实中可能存在的价格数据缺失状况。具

体操作是分别对7个区域和全球的完整价格数据矩阵进行随机数据剔除，随机剔除的价格数据量依次为总量的5%、10%、15%、20%、25%、30%、35%、40%、45%和50%，并且在每一个缺失程度上都进行500次随机剔除。用500次剔除计算的CPD-PPP平均值作为相应缺失水平条件下每个经济体的CPD-PPP，相应的D值也是由此平均值与完整数据条件下CPD-PPP的比值来计算。由于D值有正值也有负值，为了反映偏差水平，这里进行了绝对值处理。测算的CPD-PPP平均偏差结果如图3-1所示。

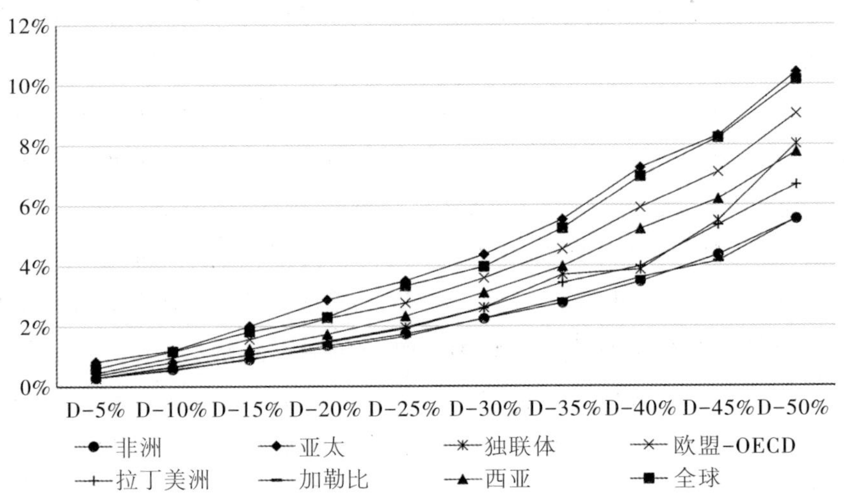

图3-1 价格数据随机缺失CPD-PPP平均偏差趋势图

由图3-1可以看出：①整体上，不管是在区域层面还是在全球层面，随着价格数据缺失量的增加，CPD-PPP平均偏差呈递增趋势，但从偏差幅度上看，价格数据缺失并不容易导致较大的CPD-PPP偏差，在50%价格数据缺失水平上，最大的CPD-PPP平均偏差也仅在10%左右；②在相同的价格数据缺失水平上，不同区域表现出了不同的CPD-PPP偏差水平，亚太区域和全球层面的CPD-PPP平均偏差普遍较大，非洲区域和加勒比地区的CPD-PPP偏差普遍较小；③30%缺失量前后的CPD-PPP偏差的递增趋势有明显差异，低于30%时递增趋势相对平缓，高于30%时递增趋势加剧。

综合上述图形信息可以得出以下基本判断：①CPD法具有较好的

稳定性特征，较大数量的价格数据缺失量并不会导致较大的CPD-PPP偏差，但这是500次一般化缺失状况模拟的平均结果，特殊条件下价格数据缺失的CPD-PPP偏差情况还有待进一步研究。②价格数据缺失所导致的CPD-PPP偏差幅度可能与整体的价格结构相似度有直接关系。相对而言，非洲区域经济体间的发展水平和社会人文环境比较相近，价格结构的相似度也比较高，因此同等价格数据缺失水平导致的CPD-PPP平均偏差也较小。而亚太区域经济体间的社会、经济异质性比较大，价格结构的相似度也比较低，因此同等价格数据缺失水平导致的CPD-PPP平均偏差也较大。③整体上可以将30%作为控制价格数据缺失水平的经验阈值，因为在价格数据缺失量低于30%的情况下，各区域的CPD-PPP平均偏差上升的趋势比较缓慢且大多维持在4%以下的较低偏差水平，而当价格数据缺失量高于30%时，各区域的CPD-PPP平均偏差的上升趋势都在加快且有较高的偏差水平。

二、基准经济体价格数据缺失的CPD-PPP偏差特征

从公理化性质上看，CPD法满足基国不变性，即不管选择哪个经济体作为基准，所得的比较结果都是一致的。然而，在基准经济体的价格存在缺失时还能保持基国不变性吗？又会导致何种CPD-PPP偏差？可以通过模拟测算仅基准经济体存在价格数据缺失条件下的CPD-PPP偏差来解答此疑问。

首先，在区域以及全球数据层面分别按照每次仅缺失1个规格品价格的方式依次剔除基准经济体12个规格品的价格。通过对比每个规格品价格缺失前后各个经济体的CPD-PPP偏差可以发现，在同一区域内，基准经济体的任何一种规格品的价格数据出现缺失时，其他经济体的CPD-PPP偏差都是一致的，只是不同的规格品对应了不同的CPD-PPP偏差水平。各区域基准经济体单个规格品价格数据缺失的CPD-PPP偏差如表3-4所示。

表3-4 各区域基准经济体单个规格品价格数据缺失CPD-PPP偏差汇总表（%）

规格品 \ 区域	非洲	亚太	独联体	欧盟-OECD	拉丁美洲	加勒比	西亚	全球
食品和非酒精饮料	-0.97	-1.14	-0.68	-1.89	-0.13	1.07	-2.04	-3.61
酒精饮料、烟草和麻醉品	-3.05	0.19	-0.45	0.57	0.17	-0.66	-2.08	-0.72
服装和鞋类	1.08	-2.21	-2.27	-1.91	-1.85	0.07	-0.38	-1.23
住房、水、电、天然气和其他燃料	0.36	2.61	2.28	0.98	-2.63	0.75	3.27	2.84
家具、家用设备及维修	2.21	-1.38	-2.08	-1.60	-0.73	-1.81	-3.39	-3.06
卫生医疗	0.01	6.38	2.88	3.26	1.60	0.89	4.35	4.78
交通	1.01	-1.07	-1.02	-3.61	-0.96	-1.64	-1.46	-3.47
通信	0.31	-4.90	-1.68	0.07	2.56	-0.48	-2.45	-0.48
娱乐和文化	-0.43	-3.02	0.00	-1.26	1.35	1.80	0.25	-1.74
教育	0.45	7.01	3.49	7.14	1.45	-1.29	3.91	9.42
住宿和餐饮	0.50	-0.20	-0.41	-1.22	-0.60	0.24	0.49	-2.08
其他货物和服务	-1.39	-1.58	0.12	-0.11	-0.10	1.15	-0.10	0.13

其次，在区域和全球层面分别对基准经济体的多个规格品的价格进行剔除。根据表3-3中单个规格品价格缺失前后CPD-PPP偏差的大小排序，分别按照以下4种组合方式剔除规格品的价格：①按照偏差由大到小的排序依次剔除对应规格品的价格，数量分别为2、3、4、5、6个，相应的CPD-PPP偏差用DD（·）表示；②按照偏差由小到大的排序依次剔除对应规格品的价格，数量分别为2、3、4、5、6个，相应的CPD-PPP偏差用dd（·）表示；③按照偏差由大到小的排序依次从两端剔除对应规格品的价格，数量分别为2、4、6个，相应的CPD-PPP偏差用D（·）表示；④按照偏差由大到小的排序依次从中间剔除对应规格品的价格，数量分别为2、4、6个，相应的CPD-PPP偏差用d（·）表示。与此相对应的各区域基准经济体多个规格品价格数据缺失的CPD-PPP偏差如表3-5所示。

表3-5 各区域基准经济体多个规格品价格数据缺失CPD-PPP偏差汇总表（%）

	非洲	亚太	独联体	欧盟-OECD	拉丁美洲	加勒比	西亚	全球
DD1	2.21	7.01	3.49	7.14	2.56	1.80	4.35	9.42
DD2	3.65	15.32	7.14	11.76	4.64	3.27	9.31	16.22
DD3	5.35	20.91	10.99	14.50	7.03	5.00	14.82	22.30
DD4	6.76	24.14	12.63	17.37	9.95	6.93	17.61	25.64
DD5	8.57	27.62	14.56	20.21	11.74	9.22	20.83	28.84
DD6	10.79	30.33	16.31	23.71	13.62	11.33	24.49	32.63
dd1	-3.05	-4.90	-2.27	-3.61	-2.63	-1.81	-3.39	-3.61
dd2	-4.84	-8.52	-4.72	-5.98	-4.86	-3.76	-6.32	-7.61
dd3	-6.48	-11.86	-7.17	-8.77	-6.50	-5.67	-9.35	-11.84
dd4	-7.81	-15.12	-9.31	-11.78	-8.21	-7.21	-12.96	-15.69
dd5	-8.86	-18.87	-11.53	-15.05	-10.18	-8.88	-16.62	-19.96
dd6	-9.74	-23.27	-14.03	-19.17	-11.99	-10.18	-19.67	-24.60
D2	-0.99	1.94	1.26	3.60	-0.15	-0.04	0.89	6.04
D4	-1.70	6.92	2.61	6.38	-0.57	-0.76	3.02	9.30
D6	-2.21	10.02	4.57	6.76	0.10	-1.44	6.19	11.95
d2	0.74	-2.41	-0.94	-1.46	-0.26	0.34	-0.53	-2.13
d4	1.60	-5.10	-2.09	-3.42	-0.92	0.79	-2.32	-5.60
d6	2.26	-9.11	-4.37	-6.34	-0.10	1.46	-5.83	-10.68

综合表3-4和3-5可以看出：①在仅基准经济体存在价格数据缺失时，CPD-PPP依然满足可传递性，因为不管基准经济体的价格数据以何种形式或何种程度缺失，对其他经济体CPD-PPP的影响都是一致的，即由此导致的各经济体的CPD-PPP偏差是相同的。②基准经济体存在价格数据缺失的影响具有系统性，因为所有经济体的CPD-PPP都会因基准经济体的价格数据缺失而发生同比例变动。③基准经济体同一基本类中不同规格品价格数据缺失会导致不同的CPD-PPP偏差，并且在不同的经济体组合中同种规格品价格数据缺失导致的CPD-PPP偏差也不

相同。④从总体趋势上看，随着基准经济体价格数据缺失量的增加，所导致的CPD-PPP偏差也会提高，但从偏差幅度上看，不同的规格品价格缺失组合所导致的偏差幅度存在较大差异，当组合中个体规格品价格缺失导致的CPD-PPP偏差偏向相同时，组合缺失后的偏差会加大。比如在全球层面，单个规格品缺失导致的CPD-PPP偏差上偏最大的分别是教育9.42%和卫生医疗4.78%，两个规格品的价格同时缺失所导致的CPD-PPP偏差为16.22%，要高于两者之和。而当组合中单个规格品价格缺失导致的CPD-PPP偏差偏向相反时，组合缺失所导致的CPD-PPP偏差会降低。仍以全球层面数据为例，同样在缺失6个（占规格品数量的50%）规格品价格数据的情况下，前述4种不同规格品组合形式下的CPD-PPP偏差分别为32.63%、-24.60%、11.95%和-10.68%，前2种组合中的单个规格品CPD-PPP偏差以同向为主，后2种组合中的单个规格品CPD-PPP偏差以成对相反方向为主，前2种的偏差幅度要明显大于后2种的偏差幅度。

三、非基准经济体价格数据缺失的CPD-PPP偏差

基准经济体价格数据缺失所导致的CPD-PPP偏差是系统性的，所有经济体的CPD-PPP都会受其影响而发生相同幅度偏差。那么，非基准经济体的规格品价格存在缺失，会导致CPD-PPP发生怎样的变化，会是系统性的吗？下面将对此问题进行模拟测算研究。

通过选取部分经济体进行初步验证测算发现，当非基准经济体存在价格数据缺失时，只会导致本经济体的CPD-PPP偏差，其他经济体的CPD-PPP并不会因此而发生变化。由此，为了全面测度非基准经济体价格数据缺失对CPD-PPP的影响，模拟测度分为三个层面①：①区域层面，选择欧盟-OECD区域的阿尔巴尼亚和英国以及亚太地区的中国和

① 此处的样本选取有以下两方面的考虑：一是由于ICP2011年轮公布的结果都是相对美元的PPP，对于欧盟-OECD区域经济体不管是在区域内还是全球，测算时的基准经济体都是美国，使用的PPP实际是相对于美国的相对价格，而在进行其他区域的实验测算时，基准经济体不再是美国，使用的PPP可以看作规格品的“实际价格”。但在全球层面进行实验测算时，基准经济体是美国，使用的PPP就也是相对于美国的相对价格，因此为了考察不同基准经济体和不同价格形式对CPD-PPP影响的一致性，这里分别选择了欧盟-OECD区域和亚太区域。二是为了提高选取经济体的代表性，分别选择了区域中经济体规模、价格结构差距相对较大的两个经济体作为样本。

尼泊尔作为样本，分别对4个经济体的12个规格品的价格依次剔除，并进行分区域、单个经济体、单个规格品价格数据缺失的CPD-PPP偏差测算；②全球层面，在全球数据条件下，按照与上一步相同的方式再进行一次CPD-PPP偏差测算；③经济体层面，分别在区域和全球数据条件下，进行所有选定经济体相同的规格品价格同时存在缺失时的CPD-PPP偏差测算。测算结果如表3-6所示。

表3-6　非基准经济体价格数据缺失CPD-PPP偏差汇总表（以部分经济体为例）（%）

区域	经济体		食品和非酒精饮料	酒精饮料、烟草和麻醉品	服装和鞋类	住房、水、电、天然气和其他燃料	家具、家用设备及维修	卫生医疗	交通	通信	娱乐和文化	教育	住宿和餐饮	其他货物和服务
欧盟-OECD	阿尔巴尼亚		-2.72	0.94	-3.02	0.65	-3.93	2.79	-3.90	-5.79	-1.36	18.02	0.70	-0.44
	英国		2.39	-2.58	4.10	-3.23	0.95	-1.00	0.73	1.71	0.68	-4.33	0.46	0.42
	共同缺失	阿尔巴尼亚	-2.67	0.88	-2.94	0.58	-3.92	2.77	-3.89	-5.76	-1.34	17.92	0.71	-0.43
		英国	2.33	-2.56	4.03	-3.22	0.87	-0.94	0.65	1.58	0.65	-3.98	0.48	0.41
亚太	中国		0.69	-1.66	-1.99	1.25	-0.53	-1.36	2.49	2.20	2.22	-3.91	0.93	-0.11
	尼泊尔		-0.03	-0.62	1.19	0.89	1.28	3.01	-4.59	-1.62	-0.45	1.67	-0.05	-0.48
	共同缺失	中国	0.69	-1.69	-1.94	1.29	-0.48	-1.23	2.28	2.13	2.20	-3.85	0.93	-0.13
		尼泊尔	0.01	-0.70	1.10	0.95	1.26	2.95	-4.49	-1.53	-0.35	1.49	0.00	-0.48
全球	阿尔巴尼亚		-0.91	2.20	-3.61	-1.15	-2.41	1.21	-3.93	-5.22	-0.82	15.12	1.61	-0.67
	英国		4.21	-1.30	3.36	-4.91	2.48	-2.46	0.63	2.21	1.20	-6.37	1.37	0.17
	中国		0.20	-3.41	-0.68	-0.15	-1.48	0.40	1.06	4.08	2.75	-2.64	2.33	-2.19
	尼泊尔		-0.48	-2.43	2.42	-0.49	0.25	4.67	-5.66	0.33	0.17	2.80	1.38	-2.54
	共同缺失	阿尔巴尼亚	-0.89	2.16	-3.58	-1.19	-2.40	1.22	-3.96	-5.18	-0.79	15.08	1.64	-0.70
		英国	4.21	-1.32	3.34	-4.92	2.46	-2.43	0.58	2.21	1.21	-6.30	1.40	0.14
		中国	0.22	-3.42	-0.67	-0.19	-1.48	0.42	1.01	4.07	2.76	-2.58	2.36	-2.20
		尼泊尔	-0.46	-2.45	2.42	-0.53	0.24	4.67	-5.68	0.34	0.19	2.83	1.41	-2.55

通过表3-6的测算结果可以看出：①在同一区域内或相同数据条件下，非基准经济体不同规格品的价格数据缺失会导致本经济体CPD-PPP不同方向和不同程度的偏差；②同一经济体的同一规格品的价格数据缺失，在不同的数据条件下，即经济体组合不同时，所导致的CPD-PPP偏差也会有所不同，有的差异可能会比较大，比如同样是“食品和非酒精饮料”规格品价格数据缺失，阿尔巴尼亚和英国在欧盟-OECD

区域数据测算中所导致的CPD-PPP偏差分别为-2.72%和2.39%，但是在全球数据测算中所导致的CPD-PPP偏差分别为-0.91%和4.21%，前者的偏差幅度降低了约67%，后者的偏差幅度提高了约76%；③在同一区域内或相同数据条件下，同一规格品价格在多个经济体都存在价格数据缺失所导致的CPD-PPP偏差与单个经济体同一规格品价格数据缺失所导致的CPD-PPP偏差相比仅有微小变化，比如在亚太区域，当“服装和鞋类”的价格数据缺失分别发生在中国和尼泊尔时，所导致的CPD-PPP偏差分别为-1.99%和1.19%，而当中国和尼泊尔的“服装和鞋类”价格同时缺失时，所导致的CPD-PPP偏差分别为-1.94%和1.10%，相对变化很小。

由此可以得到以下两个结论：①非基准经济体规格品价格数据缺失仅对本经济体的CPD-PPP测算有影响，不会产生系统性偏差[①]；②经济体的数量会对非基准经济体价格数据缺失所导致的CPD-PPP偏差产生影响，有可能导致较大幅度的偏差差异，说明同样的价格数据缺失在区域层面和在全球区域链接层面所导致的CPD-PPP偏差是不同的，可能存在较大差异。

四、基准经济体与非基准经济体价格数据同时缺失的CPD-PPP偏差

由前述测度结果可知，基准经济体价格数据缺失对CPD-PPP的影响是系统性的，而非基准经济体价格数据缺失对CPD-PPP的影响是非系统性的，那么当基准经济体与非基准经济体同时存在价格数据缺失，会对CPD-PPP产生什么样的影响？是相互独立？还是相互叠加？为了分析此问题，利用上述选取的区域和经济体样本，笔者又进行了下述模拟测算：①在区域层面分别进行个体经济体与基准经济体同步单个规格品价格数据缺失的CPD-PPP偏差测算；②在全球层面进行4个经济体与基准经济体同步单个规格品价格数据缺失的CPD-PPP偏差测算。测算结果如表3-7所示。

① 通过模拟测算发现，不同经济体的不同规格品价格数据同时存在缺失所导致的CPD-PPP偏差与单一经济体单一规格品价格数据缺失所导致的CPD-PPP偏差是一致的，由此也能进一步证明此结论。

表3-7　**非基准经济体与基准经济体同步价格数据缺失CPD-PPP偏差汇总表（以部分经济体为例）（%）**

基准经济体	经济体	食品和非酒精饮料	酒精饮料、烟草和麻醉品	服装和鞋类	住房、水、电、天然气和其他燃料	家具、家用设备及维修	卫生医疗	交通	通信	娱乐和文化	教育	住宿和餐饮	其他货物和服务
美国	阿尔巴尼亚	-4.46	1.48	-4.77	1.60	-5.35	6.01	-7.22	-5.61	-2.54	25.82	-0.51	-0.54
	其他经济体	-1.83	0.55	-1.84	0.96	-1.51	3.20	-3.53	0.20	-1.23	6.76	-1.23	-0.10
美国	英国	0.45	-1.98	2.07	-2.23	-0.64	2.18	-2.84	1.74	-0.57	2.45	-0.75	0.31
	其他经济体	-1.94	0.63	-1.99	1.05	-1.62	3.28	-3.63	0.03	-1.27	7.25	-1.23	-0.12
美国	阿尔巴尼亚	-4.46	1.48	-4.77	1.60	-5.35	6.01	-7.22	-5.61	-2.54	25.82	-0.51	-0.54
	英国	0.45	-1.98	2.07	-2.23	-0.64	2.18	-2.84	1.74	-0.57	2.45	-0.75	0.31
	中国	-3.39	-4.06	-1.89	2.63	-4.46	5.17	-2.43	3.59	0.95	6.51	0.19	-2.04
	尼泊尔	-4.05	-3.10	1.15	2.28	-2.80	9.62	-8.89	-0.12	-1.58	12.43	-0.74	-2.39
	其他经济体	-3.63	-0.67	-1.24	2.84	-3.05	4.76	-3.42	-0.46	-1.77	9.39	-2.13	0.17

通过表3-7可以看出：①基准经济体价格数据缺失的影响依然是系统性的，除了与基准经济体保持同步价格数据缺失的经济体外，其他经济体的CPD-PPP偏差均是一致的，并且通过对比表3-4中的测算结果可以发现，两种情况下的CPD-PPP系统性偏差差异很小，基本保持了一致；②各非基准经济体同步价格数据缺失的CPD-PPP偏差近似等于仅非基准经济体价格数据缺失的CPD-PPP偏差与基准经济体价格缺失的系统性CPD-PPP偏差之和。比如，根据表3-7的测算结果，对于“食品和非酒精饮料”规格品，阿尔巴尼亚和美国同时存在价格数据缺失时，CPD-PPP偏差为-4.46%，美国价格数据缺失导致的系统性CPD-PPP偏差为-1.83%，而仅阿尔巴尼亚存在价格数据缺失时，CPD-PPP偏差为-2.72%（见表3-6），后两者之和与前者十分接近；在亚太区域中国内地和中国香港同时存在价格数据缺失时，CPD-PPP偏差为-0.43%，中国香港价格数据缺失导致的系统性CPD-PPP偏差为-1.17%，而仅中国内地存在价格数据缺失时，CPD-PPP偏差为0.69%，后两者之和与前者也十分相近；在全球层面也能够得到相同的近似相等

关系。

由此可以得到一个能够表示任意经济体存在价格数据缺失时，CPD-PPP偏差的近似关系式，如下式所示：

$$\text{CPD-PPP偏差} \approx \frac{\text{仅经济体存在价格数据}}{\text{缺失的CPD-PPP偏差}} + \frac{\text{仅基准经济体存在价格数据}}{\text{缺失的CPD-PPP偏差}}$$

第四节　CPD法稳定性影响因素分析

一、价格数据随机缺失CPD-PPP偏差影响因素分析

根据随机方法模拟价格数据缺失所得的CPD-PPP偏差，其平均偏差水平不仅在区域之间有差异，在区域内不同经济体间也有差异，那么是什么因素决定或影响了这种差异？理清这个问题将有助于为数据质量的提高和比较结果准确性的评估提供依据。

从CPD法的基本原理看，它是在基本类所包含的所有价格数据基础上构建一个国际平均价格，而PPP是每个规格品价格与国际平均价格比值基础上的平均，为了得到唯一解，需要设定一个经济体作为基准经济体，进而将PPP转换为以基准经济体为标准的PPP。Prasada Rao（2004）证明在价格数据完整的情况下，CPD法和GEKS法的基本类PPP是一致的。由此可以推知，与完整数据的CPD-PPP相比，导致不同经济体不同规格品价格数据缺失CPD-PPP偏差的影响因素有两个：一是规格品的价格绝对量，因其对国际平均价格有直接影响；二是规格品的价格结构，价格结构的偏向性将决定价格缺失对完整价格结构的影响程度，完整价格结构相对平均，那么价格缺失对结构的影响就比较小，而当完整价格结构有偏时，那么价格缺失特别是两个极端价格缺失时，价格结构将发生明显变化，从而产生较大的CPD-PPP偏差。价格结构具体又可分为绝对价格结构和相对价格结构，绝对价格结构是指用经济体价格反映的不同规格品的价格结构，相对价格结构是指用相对于基准经济体的价格反映的不同规格品的价格结构。

从实际测算的角度，国际平均价格是所有规格品价格的平均，因而

个别或随机的价格缺失对平均价格的实际影响不会太大，由此影响不同经济体随机价格缺失CPD-PPP偏差大小的因素应当是经济体基本类所含规格品的价格结构，结构越平均、集中，差异越小，则价格缺失的影响也应越小，相反则越大。由图3-1所示的测度结果也能看出，在相同的缺失程度下，像非洲这样经济体间价格结构相似度较高的区域，CPD-PPP平均偏差也较小，而像亚太这样经济体间价格结构相似度较低的区域，CPD-PPP平均偏差也较大。因此，综合来看，规格品价格结构差异是影响CPD-PPP偏差的关键因素。

具体来说，反映价格结构差异水平的指标有拉氏-帕氏距离（PLS）、标准差、极值比和变异系数（CV）[①]。据此，分别从区域和全球两个层面计算了各经济体12个规格品的上述4种价格结构差异指标值，并计算了各个指标值与不同价格数据缺失程度的CPD-PPP平均偏差的相关系数，结果如表3-8所示。其中，由于欧盟-OECD和全球层面的基准经济体都是美国，而实际使用的价格也是相对于美元的PPP，因此相应的价格结构差异指标值均为相对价格结构差异指标值，其他区域的基准经济体都不是美国，因此实际使用的相对于美元的PPP价格可以视作绝对价格，由此也能分别计算绝对价格结构差异和相对价格结构差异。表3-8中，标准差1、极值比1和CV1均表示绝对价格结构差异，标准差2、极值比2和CV2均表示相对价格结构差异。

表3-8 价格数据随机缺失CPD-PPP平均偏差与价格结构差异指标相关系数表

区域	价差指标	D-5%	D-10%	D-15%	D-20%	D-25%	D-30%	D-35%	D-40%	D-45%	D-50%
非洲	PLS	0.149	-0.024	0.122	0.075	0.128	0.068	0.012	0.075	0.034	0.101
	标准差1	-0.130	0.024	-0.100	-0.080	-0.129	-0.110	-0.005	-0.066	-0.064	-0.107
	标准差2	-0.107	0.064	-0.066	-0.046	-0.100	-0.082	0.043	-0.032	-0.030	-0.082
	极值比1	0.270	0.265	0.410	0.242	0.226	0.276	0.374	0.306	0.320	0.282
	极值比2	0.735	0.842	0.879	0.864	0.882	0.891	0.871	0.896	0.909	0.892
	CV1	0.381	0.418	0.453	0.329	0.296	0.301	0.417	0.395	0.374	0.343
	CV2	0.761	0.807	0.821	0.868	0.870	0.862	0.852	0.880	0.885	0.889

① PLS是国际比较中比较常用的一种测度两国之间价格结构和物量结构相似度的指标，两国之间相似度越高，拉氏指数和帕氏指数的结构越相近，PLS也就越小，此处使用的是各经济体相对于基准经济体的PLS。标准差、极值比和变异系数是统计上用于反映数据分布离散程度的常用指标，指标值越大说明价格结构越松散，价格差异越大。

续表

区域	价差指标	D-5%	D-10%	D-15%	D-20%	D-25%	D-30%	D-35%	D-40%	D-45%	D-50%
亚太	PLS	0.284	0.424	0.384	0.400	0.375	0.357	0.355	0.404	0.404	0.457
	标准差1	0.000	0.113	0.160	0.165	0.271	0.301	0.182	0.208	0.239	0.216
	标准差2	-0.017	0.089	0.125	0.137	0.240	0.274	0.170	0.182	0.215	0.194
	极值比1	0.177	0.381	0.523	0.596	0.667	0.686	0.495	0.640	0.685	0.606
	极值比2	0.227	0.520	0.605	0.709	0.782	0.803	0.704	0.800	0.846	0.779
	CV1	0.116	0.179	0.302	0.418	0.301	0.406	0.222	0.358	0.382	0.368
	CV2	0.309	0.631	0.613	0.705	0.763	0.804	0.880	0.821	0.857	0.877
独联体	PLS	0.539	0.778	0.812	0.729	0.640	0.754	0.674	0.867	0.771	0.613
	标准差1	0.296	0.022	-0.051	-0.022	-0.054	-0.103	-0.042	-0.137	-0.188	-0.233
	标准差2	0.302	0.037	-0.036	-0.011	-0.046	-0.090	-0.032	-0.118	-0.176	-0.226
	极值比1	0.583	0.395	0.430	0.552	0.680	0.443	0.576	0.313	0.474	0.701
	极值比2	0.847	0.696	0.821	0.842	0.898	0.769	0.785	0.620	0.836	0.947
	CV1	0.445	0.106	0.162	0.271	0.402	0.126	0.269	-0.040	0.155	0.421
	CV2	0.887	0.846	0.888	0.931	0.969	0.891	0.913	0.779	0.906	0.947
欧盟-OECD	PLS	0.452	0.562	0.591	0.569	0.564	0.570	0.556	0.570	0.565	0.573
	标准差	0.055	0.038	0.052	0.029	0.034	0.024	0.017	0.044	0.035	0.030
	极值比	0.890	0.908	0.904	0.899	0.899	0.910	0.911	0.891	0.885	0.885
	CV	0.674	0.818	0.846	0.845	0.850	0.841	0.853	0.867	0.861	0.871
拉丁美洲	PLS	0.347	0.324	0.371	0.404	0.464	0.557	0.311	0.499	0.425	0.512
	标准差1	-0.136	-0.033	-0.128	0.039	-0.074	-0.220	-0.204	-0.177	-0.068	-0.191
	标准差2	-0.105	0.006	-0.089	0.063	-0.035	-0.177	-0.162	-0.165	-0.021	-0.148
	极值比1	0.646	0.281	0.261	0.544	0.410	0.385	0.375	0.690	0.211	0.411
	极值比2	0.878	0.951	0.871	0.918	0.944	0.897	0.897	0.690	0.907	0.923
	CV1	0.621	0.301	0.258	0.601	0.421	0.359	0.363	0.711	0.216	0.408
	CV2	0.863	0.667	0.645	0.879	0.755	0.759	0.756	0.895	0.686	0.802
加勒比	PLS	0.404	0.509	0.517	0.441	0.411	0.384	0.492	0.457	0.439	0.454
	标准差1	-0.279	-0.289	-0.356	-0.284	-0.222	-0.173	-0.254	-0.255	-0.219	-0.205
	标准差2	-0.252	-0.257	-0.322	-0.252	-0.193	-0.141	-0.220	-0.221	-0.186	-0.171
	极值比1	0.445	0.197	0.125	0.036	0.098	0.082	0.002	0.053	0.028	0.070
	极值比2	0.790	0.916	0.871	0.869	0.937	0.888	0.871	0.915	0.929	0.930
	CV1	0.306	0.217	0.078	0.023	0.126	0.102	-0.027	0.033	0.034	0.090
	CV2	0.862	0.940	0.945	0.927	0.913	0.910	0.941	0.948	0.948	0.953

续表

区域	价差指标	D-5%	D-10%	D-15%	D-20%	D-25%	D-30%	D-35%	D-40%	D-45%	D-50%
西亚	PLS	0.319	0.459	0.230	0.449	0.471	0.404	0.554	0.411	0.355	0.492
	标准差1	0.091	0.089	0.401	0.184	0.369	0.309	0.289	0.387	0.379	0.132
	标准差2	0.092	0.090	0.402	0.185	0.371	0.310	0.292	0.388	0.380	0.134
	极值比1	0.797	0.870	0.885	0.903	0.874	0.890	0.932	0.883	0.939	0.892
	极值比2	0.950	0.960	0.928	0.958	0.874	0.952	0.861	0.903	0.960	0.949
	CV1	0.766	0.885	0.821	0.899	0.891	0.874	0.904	0.856	0.893	0.888
	CV2	0.843	0.925	0.863	0.938	0.909	0.910	0.916	0.886	0.922	0.922
全球	PLS	0.540	0.538	0.581	0.573	0.597	0.578	0.599	0.577	0.600	0.615
	标准差	0.226	0.217	0.211	0.231	0.229	0.227	0.225	0.222	0.234	0.233
	极值比	0.860	0.916	0.897	0.921	0.905	0.921	0.912	0.891	0.883	0.907
	CV	0.715	0.745	0.757	0.779	0.777	0.770	0.781	0.773	0.793	0.804

通过表3-8中的测算结果可以看出：①在4个度量价格结构差异的指标中，极值比和变异系数与价格数据随机缺失的CPD-PPP平均偏差的相关性要普遍高于PLS和标准差的相关性；②相对价格结构差异指标值（极值比2和CV2）与价格数据随机缺失的CPD-PPP平均偏差的相关性要普遍高于绝对价格结构差异指标值（极值比1和CV1）的相关性；③总体上，相对价格的极值比和变异系数与价格数据随机缺失的CPD-PPP平均偏差的相关性都比较高，但综合区域和全球的测算结果来看，相对价格极值比的相关性更好。

二、非基准经济体价格数据缺失CPD-PPP偏差影响因素分析

对于非基准经济体价格数据缺失CPD-PPP偏差的影响因素，首先在测度CPD-PPP偏差时就发现经济体的数量会对CPD-PPP偏差产生影响，因为相同经济体的相同规格品价格数据缺失在区域层面和全球层面所导致的CPD-PPP偏差是不同的；其次根据上述对价格数据随机缺失CPD-PPP偏差影响因素的分析，相对价格结构差异与CPD-PPP平均偏差的相关性最强，虽然在随机模拟价格数据缺失时并未对基准经济体和非基准经济体做出区分，但是总体上的规律具有一般适用性，因此相对

价格结构差异也可能是非基准经济体价格缺失CPD-PPP偏差的重要影响因素之一。

为了明确上述两种影响因素的实际影响，分别对各经济体在区域层面和全球层面的规格品的相对价格极值比进行了区间划分，并分别采用以下三种方式对区间内各经济体的规格品价格进行剔除：①按照相对价格由高到低的顺序依次剔除2、4、6个规格品价格；②按照相对价格由低到高的顺序依次剔除2、4、6个规格品价格；③按照相对价格由高到低的顺序分别从两端依次剔除2、4、6个规格品价格。价格数据缺失前后的CPD-PPP偏差各有正负，为了比较偏差幅度，这里均进行了绝对值处理，三种方式相应区间的CPD-PPP平均绝对偏差分别用DD（·）、dd（·）和D（·）表示，测算结果如表3-9所示。

表3-9 各区域不同极值比区间对应的经济体价格数据缺失CPD-PPP平均偏差表（%）

区域	极值比区间	经济体数量	DD2	DD4	DD6	dd2	dd4	dd6	D2	D4	D6
非洲	1-2	14	2.47	4.09	6.54	2.88	4.63	7.32	1.65	2.64	3.05
	2-3	28	4.52	8.30	12.76	5.45	9.94	15.24	1.97	2.70	3.82
	3-4	7	7.01	11.62	15.95	7.59	13.13	19.26	2.12	4.57	5.49
亚太	2-3	5	2.37	3.47	4.50	2.21	6.29	4.41	3.78	5.29	10.85
	3-4	4	3.33	6.82	11.31	2.12	5.99	13.10	2.69	3.41	5.18
	4-5	6	4.89	8.20	11.03	3.22	6.12	12.65	3.60	5.77	6.35
	5以上	7	7.72	12.64	18.72	11.61	17.20	24.05	3.16	4.84	7.46
独联体	1-2	2	0.36	2.95	4.11	0.68	3.06	4.28	0.20	1.01	3.29
	2-3	5	4.44	6.41	7.65	4.00	6.61	10.72	3.26	4.78	4.81
	3-4	1	6.23	14.70	23.11	9.77	18.66	30.06	1.92	3.67	3.73
欧盟-OECD	1-2	5	2.60	4.55	5.24	4.67	4.25	5.05	4.64	8.11	8.80
	2-3	19	2.11	3.00	4.62	4.05	5.21	5.00	4.67	5.09	5.80
	3-4	5	3.03	6.00	7.30	2.71	5.73	8.08	0.92	1.34	2.77
	4-5	5	3.78	6.49	9.66	6.29	8.06	8.99	2.38	2.76	4.20
	5-6	3	6.45	12.16	18.29	8.75	15.07	22.77	1.16	3.44	3.54
	8-9	5	6.69	13.13	20.72	12.78	18.97	26.75	5.67	6.56	7.06
	10以上	4	7.17	15.65	25.05	16.55	25.61	34.70	9.11	10.10	11.20

续表

区域	极值比区间	经济体数量	DD2	DD4	DD6	dd2	dd4	dd6	D2	D4	D6
拉丁美洲	1-2	3	1.52	3.71	4.55	1.98	4.97	5.43	0.26	1.91	3.17
	2-3	9	4.51	11.56	13.33	4.85	8.40	13.84	0.82	1.18	2.91
	3-4	4	6.14	11.13	16.15	6.73	14.72	19.62	2.02	2.03	1.90
加勒比	1-2	8	3.82	5.76	8.40	3.69	5.94	9.09	1.35	1.93	2.53
	2-3	9	6.34	10.04	13.95	5.12	10.29	15.63	1.46	2.64	2.64
	3-4	3	7.51	11.29	15.10	8.07	12.47	17.69	2.00	3.24	3.51
西亚	1-2	2	3.72	2.83	7.51	7.67	7.95	9.49	3.38	4.51	12.24
	2-3	4	1.31	3.31	6.64	3.77	7.27	8.32	0.93	3.42	5.38
	3-4	2	4.93	11.48	18.86	6.90	14.31	23.69	2.25	4.14	4.37
	4-5	3	9.55	14.68	20.91	10.75	21.68	26.44	1.25	2.72	4.86
全球	1-2	7	2.90	5.86	7.99	7.03	5.83	7.89	6.53	10.37	10.51
	2-3	26	2.05	3.32	6.06	4.73	6.28	6.41	4.94	6.01	6.83
	3-4	25	2.95	4.20	6.18	2.78	3.27	6.44	4.08	5.54	6.93
	4-5	30	3.91	6.07	7.27	1.60	4.30	8.16	2.60	3.68	4.17
	5-6	31	5.19	9.00	12.59	3.35	8.10	14.65	2.21	3.65	4.64
	6-7	16	5.01	9.85	14.02	5.76	9.65	16.12	2.63	3.40	3.72
	7-8	8	5.94	10.43	16.15	8.40	14.54	19.82	1.81	3.81	4.38
	8-9	11	6.50	11.17	15.62	7.69	11.89	18.94	2.67	2.40	4.75
	9-10	4	8.61	14.28	20.82	11.18	18.74	26.66	2.56	6.84	6.12
	10-11	9	6.86	13.08	20.59	11.65	19.71	26.98	3.25	4.94	5.59
	11以上	7	9.27	18.03	27.82	17.39	28.02	39.88	4.56	8.02	8.41

通过表3-9的测算结果可以看出：①总体上，不管是在区域层面还是全球层面，随着相对价格极值比的增加，极值相对价格缺失导致的CPD-PPP平均绝对偏差水平也在提高；②相同的相对价格极值比区间，不同区域的CPD-PPP平均绝对偏差也会有很大差异，这可能是受经济体总数量和相对价格极值比区间内包含的经济体数量差异的影响所致；③两端的极值相对价格同时缺失可以抵消部分极值相对价格的影响，即表3-9中相同价格数据缺失量的D（·）要普遍小于DD（·）和dd（·）。

以上测量结果说明，当非基准经济体的基本类各规格品价格之间存在较大的价格水平差异时，较少的价格数据缺失（极值相对价格）也可能导致较大的CPD-PPP偏差，而较多的价格数据缺失（两端极值相对价格同时缺失）也可能导致相对较小的CPD-PPP偏差。同时，经济体数量也会对CPD-PPP偏差产生一定影响。

三、基准经济体价格数据缺失CPD-PPP偏差影响因素分析

在CPD法的实际测算中，基准经济体的每个规格品的价格都可以视为1，然而每个规格品价格缺失所导致的系统性CPD-PPP偏差方向和幅度却有所不同，其主要影响因素是什么？要理清这一问题，要从影响价格数据随机缺失CPD-PPP平均偏差的主要因素，即相对价格结构入手。然而，此处的相对价格结构不再是基准经济体各规格品价格的相对价格结构，因为其本身就是基准且从数值上价格都为1。因此，要从规格品视角纵向考察所有非基准经济体的相对价格结构，具体来说就是要看同一规格品下，所有非基准经济体的相对价格在本经济体所有规格品相对价格中的排序结构，如果规格品对应的各非基准经济体的相对价格在本经济体所有规格品相对价格中的排序均较高或较低，那么基准经济体的该规格品价格缺失就会导致较大的CPD-PPP偏差，而当排序较为均匀时，CPD-PPP偏差也会较小。

为了验证上述分析结果，首先对每一个非基准经济体的12个规格品的相对价格进行排序，1表示相对价格最低的规格品，12表示相对价格最高的规格品，由此就可以得到一个相对价格排序的矩阵；其次以规格品为单位，对非基准经济体的相对价格排序按照1~12进行频数统计，由此得到的结果即为规格品相对价格的排序结构；最后通过对比相对价格排序结构与基准经济体同规格品价格数据缺失的系统性CPD-PPP偏差的一致程度即可对上述分析结果的准确性做出判断。综合上述步骤的统计结果如图3-2所示。

通过图形对比可以看出，不管是在区域层面，还是在全球层面都表现出了一致的图形规律：①当规格品相对价格的排序结构比较平均时，对应的系统性CPD-PPP偏差幅度也较小，而当规格品相对价格的排序结构具有明显的偏向性时，对应的系统性CPD-PPP偏差幅度也较大；②当规格品相对价格的排序结构左偏，即规格品的相对价格在基准经济

体12个规格品相对价格排序中偏小的居多时，对应的系统性CPD-PPP偏差为上偏，即偏差值为正值；③当规格品相对价格的排序结构右偏，即规格品的相对价格在基准经济体12个规格品相对价格排序中偏大的居多时，对应的系统性CPD-PPP偏差为下偏，即偏差值为负值。

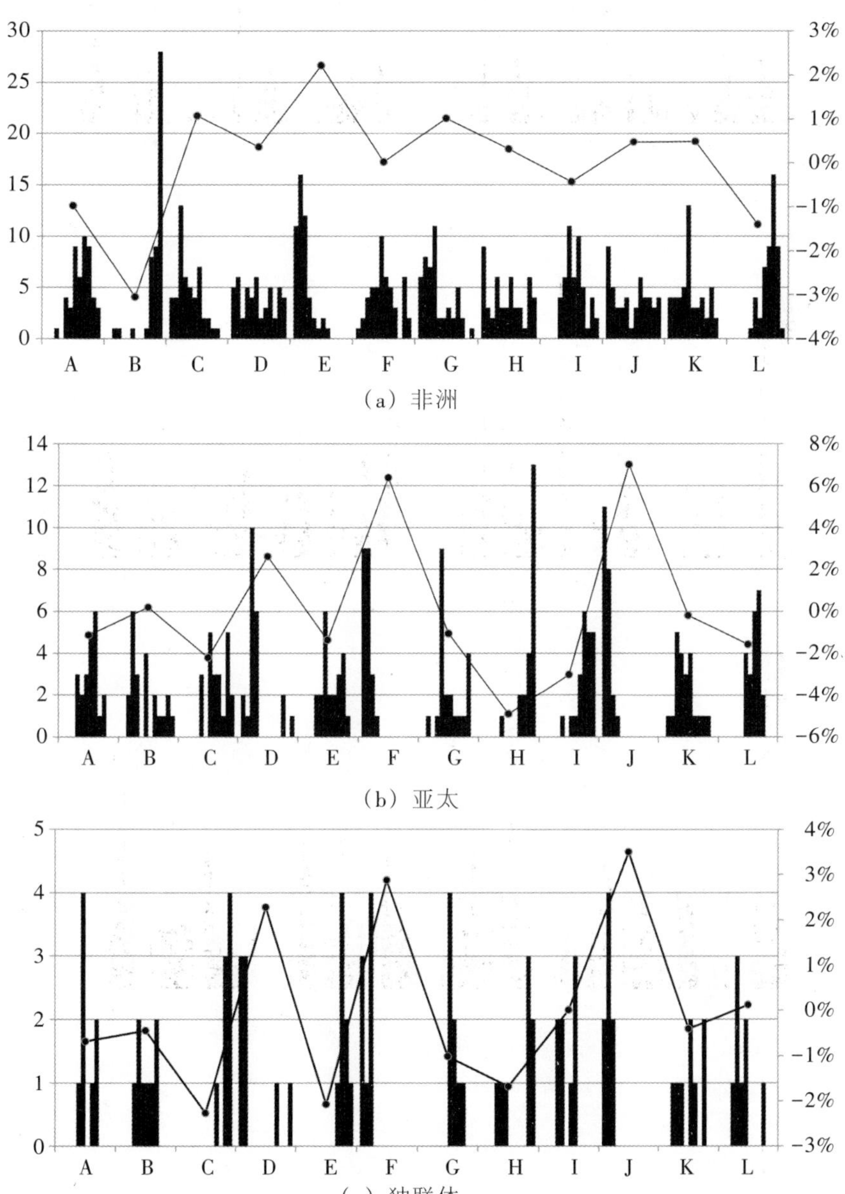

（a）非洲

（b）亚太

（c）独联体

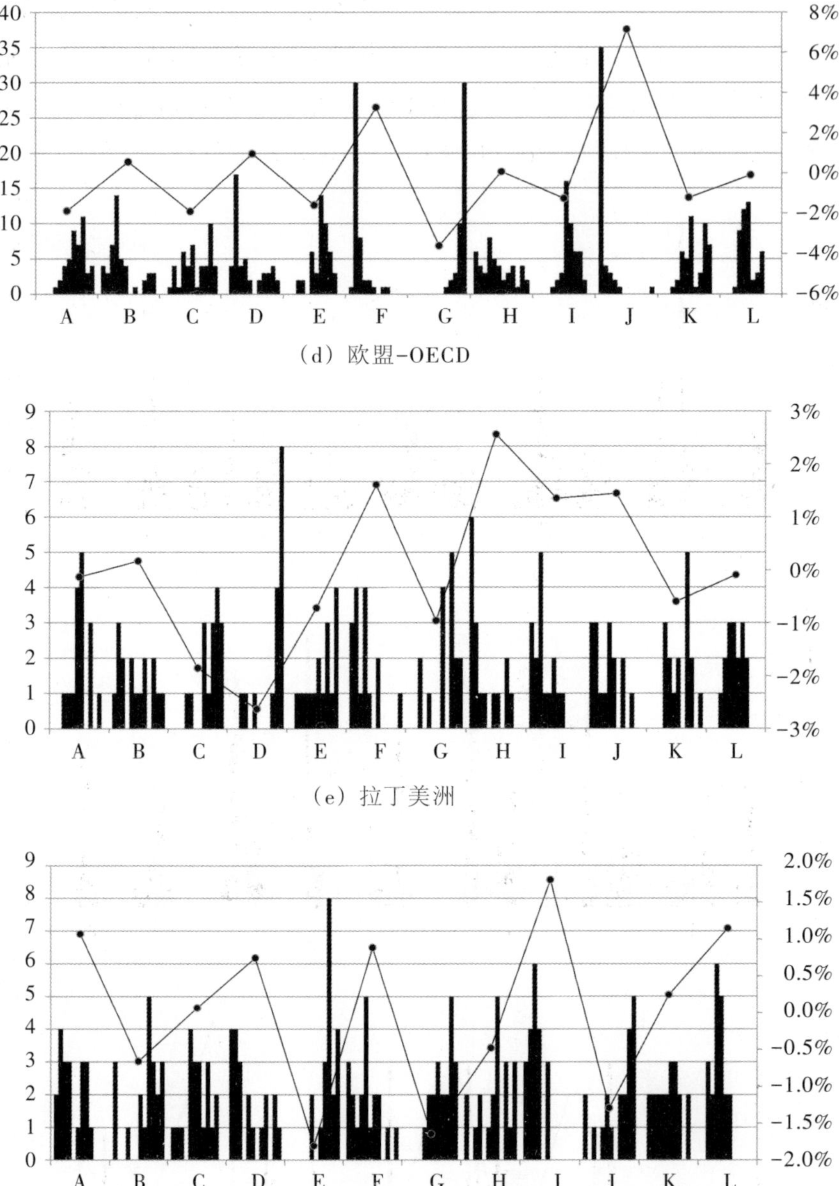

（d）欧盟-OECD

（e）拉丁美洲

（f）加勒比

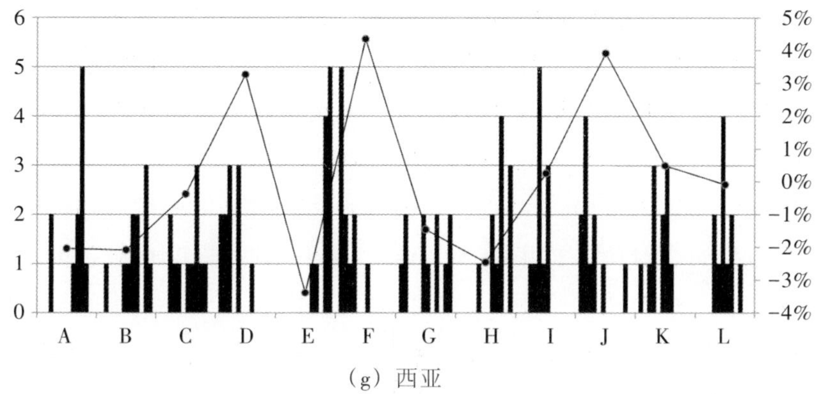

(g) 西亚

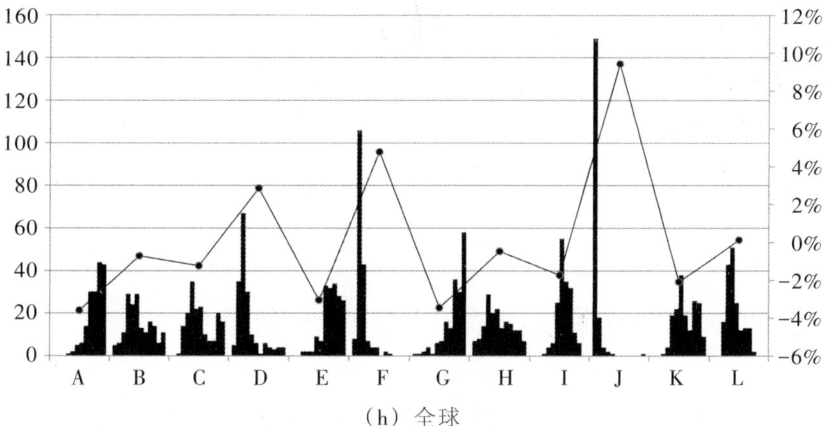

(h) 全球

图3-2 各区域规格品的相对价格排序结构与基准经济体价格数据缺失CPD-PPP偏差关系图

注：1.图中横轴字母代表规格品，依次分别为A-食品和非酒精饮料，B-酒精饮料、烟草和麻醉品，C-服装和鞋类，D-住房、水、电、天然气和其他燃料，E-家具、家用设备及维修，F-卫生医疗，G-交通，H-通信，I-娱乐和文化，J-教育，K-住宿和餐饮，L-其他货物和服务；

2.图中柱状图形表示对应规格品的相对价格在各非基准经济体的12个规格品相对价格排序中具有相同序位的个数；

3.图中折线图表示的是基准经济体缺失对应规格品价格数据时所导致的系统性CPD-PPP偏差。

综合来看，图形所显示的规格品相对价格排序结构与基准经济体价格数据缺失系统性CPD-PPP偏差之间的相关关系是符合理论和预期的。根据CPD法的基本原理，在价格数据完整的条件下，其计算的

PPP实际是所有规格品相对价格的几何平均。基准经济体的任意规格品价格存在缺失，都意味着有一组相对价格无法进入CPD法的平均算法，当这一组相对价格都比较大时，那么与完整价格数据相比少了较大的相对价格，必然导致PPP相对下偏。相反，如果是一组较小的相对价格没有进入CPD法的平均算法，必然导致PPP相对上偏。而且较大或较小的相对价格越集中，所导致的PPP偏差幅度也会越大。如果在没有进入CPD法的平均算法的相对价格中，较大和较小的相对价格的数量相当，或者大部分集中于中间，则不会产生较大的PPP偏差。

综上所述，对基准经济体价格数据缺失所导致的系统性CPD-PPP偏差起主要作用的因素是各经济体规格品的相对价格（相对于基准经济体）结构，具体来说是相对价格的排序结构。由于不同的经济体组合实际产生的相对价格排序结构也会不同，因此即使是相同的基准经济体，相同的规格品价格数据在区域层面缺失和在全球层面缺失所导致的系统性CPD-PPP偏差也会不同。

第五节　CPD法稳定性特征总结与启示

本章从价格数据缺失这一客观无法避免的数据质量问题出发，通过对不同价格数据缺失形式和缺失程度的量化模拟，对其所导致的CPD-PPP偏差进行了测度，希望以此考察CPD法的稳定性特征和价格数据缺失对ICP基本类PPP测算的影响特征，为实践中控制价格数据缺失提供借鉴。

理论上，价格数据缺失既具有随机性，也具有确定性，因而模拟测度分别从客观和主观两个层面展开。通过对测度结果的分析总结可以发现CPD法具有以下几方面的稳定性特征：

1. 从区域整体视角看，价格数据缺失水平与CPD-PPP偏差水平成正比，并且在30%缺失水平前后具有不同的递增趋势。通过不同区域、不同缺失水平的500次随机模拟测算结果可以看出，随着价格数据缺失水平的提高，CPD-PPP平均偏差水平也随之上升，并且当价格数据缺失水平低于30%时，各区域的CPD-PPP平均偏差递增趋势比较缓慢且均处于较低偏差水平，而当缺失水平高于30%时，CPD-PPP平均偏差递增趋势明显加快。

2. 从经济体视角看，价格数据缺失量所导致的CPD-PPP偏差具有不确定性。通过经济体具体价格数据缺失量的模拟测算结果可以看出，相同的规格品价格数据缺失发生在不同的经济体会导致不同偏向和幅度的CPD-PPP偏差，同一经济体的不同规格品的价格数据缺失也会导致不同偏向和幅度的CPD-PPP偏差，相同经济体的相同规格品的价格数据缺失在不同的经济体组合下也会导致不同的CPD-PPP偏差，并且当多个规格品价格同时缺失时，CPD-PPP总偏差近似与单个规格品价格缺失的CPD-PPP偏差之和相当。因此，较少的价格数据缺失可能导致相对较大的CPD-PPP偏差，较多的价格数据缺失也可能导致相对较小的CPD-PPP偏差，比如基准经济体有两个能够导致较大同偏向CPD-PPP偏差的规格品的价格同时缺失，或者基准经济体和非基准经济体同时有同一个能够导致同偏向CPD-PPP偏差的规格品价格数据缺失，都会导致相对较大的CPD-PPP偏差。而当有多个规格品价格数据缺失，但是各个规格品单个价格数据缺失所导致的CPD-PPP偏差方向不一致且相反偏向的数量和幅度相当时，即使缺失的价格数据量较多，实际导致的CPD-PPP偏差也不会太大。

3. 基准经济体价格数据缺失所导致的CPD-PPP偏差具有系统性，而非基准经济体价格数据缺失所导致的CPD-PPP偏差不具有系统性。当基准经济体的规格品价格出现缺失时，尽管不同的规格品会导致不同偏向和幅度的CPD-PPP偏差，但是所有非基准经济体的CPD-PPP偏差都是一致的，在基准经济体与非基准经济体同时存在价格数据缺失时亦是如此。因此，基准经济体价格数据缺失所导致的CPD-PPP偏差具有系统性，同时也使得CPD-PPP依然满足可传递性。仅某个或部分非基准经济体的规格品价格出现缺失，仅会导致本经济体的CPD-PPP偏差，不会对其他经济体的CPD-PPP测算产生显著影响。

4. 基本类规格品相对价格结构差异（相对价格极值比）是导致非基准经济体价格数据缺失CPD-PPP偏差的主要因素，而规格品的各经济体的相对价格排序结构差异是导致基准经济体价格数据缺失系统性CPD-PPP偏差的主要因素。通过使用PLS、标准差、极值比和CV4个指标对各经济体基本类规格品绝对价格结构和相对价格结构的测度以及各个价格结构指标与不同水平价格数据随机缺失的CPD-PPP平均偏差的相关系数的计算，发现相对价格结构差异与CPD-PPP的偏差水平具有更高的正相关性，并且相对价格极值比是一个较好的可供评估和控制的指标。同时，根据在区域层面和全球层面分别对经济体规格品相对价格极值比分组的价格缺失CPD-PPP偏差的测算结果，相同数量的极值相对价格数据缺失，相对价格极值比大的，导致的CPD-PPP偏差也更大，由此也能得出相同结论。对于基准经济价格数据缺失的系统性CPD-PPP偏差，经过分析与测算发现影响因素依然是规格品的相对价格结构差异，但不是前述经济体的各规格品的相对价格结构差异，而是规格品的各经济体的相对价格结构差异，具体可用相对价格排序结构来反映。相对价格排序结构越趋向于正态分布，规格品价格缺失的系统性CPD-PPP偏差水平越低；相对价格排序结构越趋向于左偏或右偏，相应CPD-PPP的正向偏差或负向偏差水平也越高。

根据以上通过测度发现的CPD法稳定性特征，可以为ICP实践中的价格数据缺失控制和基本类PPP测算结果评估提供以下借鉴：

1.总体上可以将30%作为控制价格数据缺失水平的经验阈值，用于指导实际价格数据的采集，同时也能作为初步判断价格数据缺失对基本类PPP测算影响程度的经验阈值。

2.应尽可能保证基准经济体规格品价格数据的完整，因为基准经济体价格数据缺失的影响是系统性的，并且有可能直接导致较大的CPD-PPP偏差。

3.各参与经济体应当尽力提高本经济体的价格数据完整性和质量，以提高本经济体PPP结果的准确性。由于非基准经济体价格数据缺失的影响是非系统性的，仅会导致本经济体的CPD-PPP偏差。因此，从测算的视角看，除基准经济体外，其他经济体的价格数据完整性对本经济体PPP测算的影响比较小，经济体应当尽力调整统计资源以提高本经济体的价格数据采集质量，促进本经济体PPP测算结果准确性的提高。

4.应尽可能控制基本类所含规格品价格之间的差异程度。在ICP实际规格品选取中，一般更注重规格品的同质可比性。然而，即使在同质可比性能够得到很好控制的情况下，当对同类规格品的工艺、品牌、等级、原材料等有不同要求时，规格品价格之间就会有天然的差异，有时差异可能会很大，此时就可能导致较大的相对价格差异，从而在价格数据出现缺失时导致较大的CPD-PPP偏差，比如在ICP的规格品清单中，同样一种药品有原研药和仿制药的区分，原研药一般价格较高而仿制药价格较低，不同经济体这两种药的价差也会有所不同，因此相对价格也可能会有较大差异。

5.在基本类所含规格品价格之间存在较大差异无法避免时，可以采用分步计算的方式进行PPP汇总计算，从而通过降低相对价格极值比的方式降低价格数据缺失的CPD-PPP偏差幅度。由于非基准经济体的价格数据缺失只会影响本经济体的CPD-PPP偏差，并且偏差幅度主要受本经济体基本类规格品的相对价格结构影响，即相对价格极值比的影响，因此细化基本类分类是一种可以降低相对价格极值比的有效措施，但实践中为了保证可比性，ICP在区域和全球采用的都是同一基本类划分，调整基本类划分将是一件较为复杂的事情。然而，在汇总计算上却是可以灵活操作的，采用分步计算的方式能达到与细化基本类分类相同的效果。具体来说就是根据规格品的特征描述，将基本类包含的规格品中逻辑上价格相对较高的分为一组，相对较低的分为一组，分别对两组数据进行CPD-PPP测算，再使用得到的两组CPD-PPP数据进行基本类CPD-PPP测算。在价格数据完整的情况下，先分组再汇总的CPD-PPP结果与直接用完整数据的CPD-PPP结果是一致的。但是，在存在价格数据缺失的情况下，分组测算能够降低各组的相对价格极值比，从而能够降低价格缺失的CPD-PPP偏差幅度，而最终汇总的是两组没有缺失的价格数据，因此相比于采用整体数据测算，分组测算能够降低价格缺失导致的CPD-PPP偏差。

6.综合本章的实验测度结果可以看出，价格数据缺失的形式和数量、规格品的相对价格结构、经济体数量都是影响价格数据缺失实际CPD-PPP偏差的重要因素，因此在对ICP比较结果进行评估时，应当结合实际价格数据的缺失状况进行相关指标的具体测算和分析才能得出更为准确的CPD-PPP偏差结论。

第四章　价格数据失真对PPP测算稳定性影响的测度与分析

ICP的复杂性主要体现在价格数据采集的复杂性上。首先，ICP的主要目的是进行经济体间经济发展成果的物量比较，然而由于物量的难以获得性和可加性问题，退而求其次采用了价值量与价格相除的方式进行物量的间接测算。根据国民经济核算的基本原理，实际核算的价值量（V_i）=价格（P_i）×物量（Q_i），而物量是数量（Q_{ai}）和质量（Q_{qi}）的综合，因而价值量（V_i）=价格（P_i）×数量（Q_{ai}）×质量（Q_{qi}）。因此，就要求采集的价格对应的规格品具有同质可比性。其次，受成本效益的影响，价格调查不可能采取全面调查的形式，因而就需要进行规格品的抽样，而对抽样的基本要求就是要具有代表性。然而，现实市场中产品种类繁多、品质各异，随机抽样的方法并不适用，只能采用主观的非随机抽样方法。因此，兼具同质可比性和代表性的规格品是最理想的ICP价格采集对象，然而因现实经济体间社会、政治、经济、技术、地理、历史、人文等方面存在诸多差异，尽管是同类产品，但具体质量特征和相对代表性却千差万别。正因如此，规格品样本的选取和采集就成为一项极其复杂的工作，而ICP在权衡之下选择倾向于更容易客观界定和控制的同质可比性。由此，与理想的价格数据要求相比，ICP实际采集的价格数据必然会出现不同程度的失真。

由此，基于规格品同质可比性和代表性视角对ICP比较结果的质疑最终都可以归结为价格数据失真对PPP测算结果的影响问题。现阶段对数据失真问题的认识还都是从理论视角进行的定性分析，明确了造成数据失真诸多因素可能给ICP比较结果准确性带来的不利影响，但是对影响的程度还缺乏必要的定量测度与分析。客观来讲，完全具备同质可比性和代表性的规格品样本是无法获取的，因此也无法得到理论上真实的PPP，由此直观来看，对数据失真影响的定量分析是无法开展的。然而，从统计测度的角度，虽然PPP的真值不可知，但是具体某类商品或服务的价格水平却是可知的。抽样的目的是用样本商品或服务的价格反映同类商品或服务的整体价格水平，当采集的抽样价格没有反映真实的价格水平时就会导致价格数据失真，而这种价格失真的水平是可以大致估算的。因此，可以假定一组价格数据是理想的完备数据，通过对不同价格数据失真形式和失真幅度的模拟，测度价格数据失真前后的PPP偏差水平与特征，由此一方面能够用PPP偏差特征反映汇总方法的稳定性特征，另一方面当对实际采集的价格数据失真程度有一个合理判断时，就可以用测度得到偏差特征来指导对现实测算结果的评估和调整。

第一节 数据失真的来源分析

数据失真是诸多数据质量问题的最终体现，任何与数据采集和处理相关的因素都有可能导致数据失真，具体来说，数据失真的原因主要有以下几个方面：

1.核心产品清单的偏向性。从客观可检测和可控制的角度，ICP在实际规格品样本的选取时更偏向于满足规格品的同质可比性，由此会使部分类别的产品具有某种偏向性。例如，在ICP2017年轮的核心产品清单中就将多数服装、鞋类产品指定为知名品牌或者限定为某一知名品牌，而知名品牌的价格都相对较高，属于收入水平较高的群体所普遍消费的产品，同时对知名品牌的理解也可能会有差异，有的可能理解为国内知名，有的则可能理解为国际知名，而同样一种国际知名品牌产品在不同经济体的价格水平也会有很大差异，因此这种产品清单的偏向性十分容易高估发展中经济体此类产品的价格水平。2016年，“ICP主席之友小组”向联合国统计委员会第46届会议提交的针对ICP2011年轮的评估报告明确指出，全球核心产品清单仍过于依赖欧盟-OECD的定义，应加强产品确定前的摸底调查工作，以改善规格品的质量[①]。

2.采价地域范围的偏向性。按照ICP对平均价格代表性的要求，同种规格品的价格采集范围要覆盖城市和农村，然而受经济发展水平、统计能力、统计基础设施的限制，部分经济体可能无法实现全范围的价格调查，由此就会导致实际采集价格的失真。比如，在ICP2005年轮的比较中，中国仅在11个省会级城市及其周边县区进行了价格调查，因此，Deaton和Heston（2010）[②]、Feenstra（2013）[③]等专家学者认为中国的价格水平被高估了。

3.价格估算。机械设备、建筑项目、住房服务等支出类别是ICP长期以来的难点，对于这些可比性较差或难以获得可靠市场价格的商品或服务，ICP一般都有相应的估算方法，其中最常用的是成本法，比如建筑项目价格的估算方法——建筑项目组成法（BOCC法），包括建筑材料价格、劳动成本和建筑设备租赁费；住房租金的自有住房虚拟支出法，包括中间消耗、其他产品税、固定资本消耗、经营业盈余等。估算价格与实际交易价格具有显著差异，就会导致价格数据失真。许宪春、刘婉琪（2021）[④]指出，中国建筑投入品价格远不及建筑产出品价格上涨快，其价格水平不能如实反映中国建筑产出品的价格水平，因而会低估中国建筑品的实际价格水平和实际购买力平价。

---

① UN Statistical Commission Forty-seventh Session. Final Report of the Friends of the Chai Group on the Evaluation of the 2011 Round of the International Comparison Programme [EB/OL]. [2016-09-03]. https://unstats. un. org/UNSDWebsite/statcom/session_47/documents/2016-9-FOC-group-on-evaluation-of-2011-round-of-ICP-E.pdf.

② Deaton A, Heston A. Understanding PPPs and PPP-based National Accounts [J]. American Economic Journal: Macroeconomics, 2010, 2 (4).

③ Feenstra R C, et al. Who Shrunk China? Puzzles in the Measurement of Real GDP [J]. The Economic Journal, 2013, 123 (573): 1100-1129.

④ 许宪春，刘婉琪. 中国参加国际比较项目面临的若干问题 [J]. 统计与信息论坛，2021 (2): 3-11.

4.汇总计算过程的传导。从类别上，ICP对PPP的测算分为两大类：一类是基本类PPP测算，一类是基本类以上PPP测算，而基本类以上PPP是在基本类PPP基础上加权汇总测算得到的，因此基础价格数据失真会首先影响基本类PPP的测算，进而会传导到基本类以上PPP测算，而如果价格数据缺失所导致的基本类PPP偏差对于基本类以上PPP测算而言也是数据失真，也会导致更高层级PPP测算结果的偏差。

第二节　模拟测度的基本构想

一、对PPP汇总方法选择的说明

由于数据失真不仅会影响基本类PPP的汇总测算，也会影响基本类以上PPP的汇总测算，因此既要对基本类PPP汇总方法做出选择，也要对基本类以上PPP汇总方法做出选择。

对于基本类PPP汇总方法，依然选择CPD法，具体有两个层面的考量：一是CPD法是ICP实际采用的基本类PPP汇总方法，采用此方法所得出的模拟测度结果能够给予ICP实践工作最直接的借鉴和指导；二是这能够实现对CPD法稳定性更为全面的测度与分析，价格数据失真几乎可以涵盖除价格数据缺失之外大部分数据质量问题在数据上的直接体现，因此从价格数据失真角度对CPD法稳定性的研究，能够更为综合地反映CPD法的稳定性特征，且能与价格数据缺失角度的测度结果形成互补，实现对CPD法相对稳定性的全面分析与认识。

对于基本类以上PPP汇总方法，选择GEKS法，具体也有两个方面的考量：一是从测度结果的借鉴价值角度，GEKS法是ICP在区域和全球层面普遍使用的PPP汇总方法，实验测度结果对ICP参与者和使用者都有直接的借鉴价值；二是基本类以上PPP汇总方法较多，从公理化性质上没有一种方法具有绝对的优势，如果在此处将所有方法都用于实验测度将使研究内容过于分散、缺乏重点，也不利于得出更为直接有效的结论，因此将在后续用一个章节的内容来专门探讨基本类以上PPP汇总方法的测算稳定性问题。

二、模拟测度方案

根据上述说明，价格数据失真对PPP测算结果影响的模拟测度也将分别从基本类PPP测算和基本类以上PPP测算两方面展开。具体测度方案如下：

1.基于CPD法的价格数据失真模拟测度。由上一章对价格数据缺失不同形式和程度的模拟测算发现，基准经济体和非基准经济体在价格数据缺失时对CPD-PPP测算结果的影响是不同的，前者为系统性的而后者主要对本经济体的CPD-PPP测算产生影响。因此，对价格数据失真的模拟也将分别从这两个方面进行，在价格数据失真的形式上分为单个规格品不同幅度的价格数据失真、多个规格品相同幅度的价格数据失真和多个规格品不同幅度的价格数据失真。基础价格数据的失真幅度可能很小，如当规格品具有很好的同质可比性和代表性时；也有可能很大，如当规格品的代表性存在严重偏差时。因此，为了尽可能与实际失真情况相符，也为了发现不同价格失真幅度情况下的影响趋势，设置了一个较为宽泛的失真幅度，依次为5%、10%、15%、20%、25%、30%、35%、40%、45%、50%、55%、60%、65%、70%、75%、80%、85%、90%、95%、100%。对于价格数据失真的影响测度指标依然采用CPD-PPP偏差，即相对于原完整价格数据CPD-PPP，模拟价格数据失真后的CPD-PPP变动比率，具体如式4.1所示。

$$PPP^{CPD}\text{偏差} = \frac{PPP^{CPD}_{(\text{数据失真})}}{PPP^{CPD}_{(\text{完整数据})}} - 1 \tag{4.1}$$

2.基于GEKS法的价格数据失真模拟测度。虽然在价格数据完整的情况下，CPD法与GEKS法的基本类PPP结果是一致的，但是在使用GEKS法进行基本类以上PPP测算时加入了支出权重这一因素，不同经济体的消费结构不同，支出权重的结构也会存在差异，由此针对CPD法的实验测度结论未必适用于GEKS法。因此，也要根据GEKS法的特点进行独立的实验测算。对于基本类以上PPP测算而言，价格数据不再是初始的价格数据，而是由初始价格数据得到的若干基本类PPP，此时将不存在基本类PPP缺失的情况，并且基准经济体的PPP也不存在失真的情况，因为所有基准经济体的PPP都为1。因此，对基本类PPP失真的模拟主要针对的是非基准经济体。具体来说，在基本类PPP失真的形式上分为单个基本类不同幅度失真、多个基本类相同幅度失真和多个基本类不同幅度失真。基本类PPP失真的幅度同样分别设置为5%、10%、15%、20%、25%、30%、35%、40%、45%、50%、55%、60%、65%、70%、75%、80%、85%、90%、95%、100%。对于基本类PPP失真的影响测度指标则采用GEKS-PPP偏差，即相对于原始基本类PPP汇总所得GEKS-PPP，模拟基本类PPP失真后的GEKS-PPP变动比率，具体如式4.2所示。

$$PPP^{GEKS}偏差 = \frac{PPP^{GEKS}_{(基本类PPP失真)}}{PPP^{GEKS}_{(原始基本类PPP)}} - 1 \tag{4.2}$$

3.这里使用的数据来源和样本选取与前文一致，并已在前文做出过说明。此处需要进一步说明的是，实际使用的12个大类规格品的PPP，在针对基本类PPP的测算时依然被视为“居民实际消费”基本类的12个规格品，而在针对基本类以上PPP的测算时，则被视为“居民实际消费”大类所包含的12个基本类。由于是对PPP汇总方法实际稳定性的测度，此种处理方式并不会影响实际的测度结论。

第三节　价格数据失真CPD-PPP偏差测度结果与分析

一、基准经济体价格数据失真

（一）价格数据整体失真

与基准经济体价格数据缺失对CPD-PPP影响相比，相同点在于基准经济体规格品价格数据失真所导致的CPD-PPP偏差也是系统性的，会导致其他所有经济体CPD-PPP同方向、同比例的偏差，不同点在于基准经济体规格品价格数据失真对CPD-PPP的影响具有外生性，即不管是在区域层面还是全球层面，CPD-PPP偏差都不会因经济体组合的不同而不同。基准经济体某一基本类的所有规格品的价格高估相同水平所导致的基本类CPD-PPP偏差如表4-1所示。

表4-1　**基准经济体规格品价格数据整体相同水平高估的CPD-PPP偏差表**

高估水平	CPD-PPP偏差
5%	-4.76%
10%	-9.09%
15%	-13.04%
20%	-16.67%
25%	-20.00%
30%	-23.08%
35%	-25.93%
40%	-28.57%
45%	-31.03%
50%	-33.33%
55%	-35.48%
60%	-37.50%
65%	-39.39%
70%	-41.18%
75%	-42.86%
80%	-44.44%
85%	-45.95%
90%	-47.37%
95%	-48.72%
100%	-50.00%

由表4-1中的CPD-PPP偏差结果可以看出，基准经济体的规格品价格被高估，将导致其他所有经济体的CPD-PPP被低估，并且随着高估水平的提高，被低估的水平也随之提高，而且被低估的水平可以通过如式4.3所示的公式估算（式中a表示规格品价格整体失真的比例）。

$$PPP^{CPD}\text{偏差} = \frac{1}{1+a} - 1 \tag{4.3}$$

由此可推知，当基准经济体的规格品价格被低估时，将导致其他所有经济体的CPD-PPP被高估，并且随着低估水平的提高，被高估的水平也会随之提高，而具体被高估的水平也可以通过式4.3进行估算，只是式中a要取负值，比如被低估了5%，那么a的值就为-5%。

（二）单个规格品价格数据失真

在规格品层面，基准经济体价格数据失真对CPD-PPP的影响也具有外生性，即不管基本类中哪个规格品的价格失真，只要价格失真的规格品数量相同、失真水平相同，则所产生的CPD-PPP偏差方向和水平也相同。基准经济体基本类12个规格品中仅有1个规格品价格数据失真所导致的CPD-PPP偏差如表4-2所示。

表4-2　**基准经济体单个规格品价格数据失真的CPD-PPP偏差表**

失真水平	测算偏差	估算偏差
5%	-0.41%	-0.41%
10%	-0.79%	-0.79%
15%	-1.16%	-1.16%
20%	-1.51%	-1.51%
25%	-1.84%	-1.84%
30%	-2.16%	-2.16%
35%	-2.47%	-2.47%
40%	-2.76%	-2.76%
45%	-3.05%	-3.05%
50%	-3.32%	-3.32%
55%	-3.59%	-3.59%
60%	-3.84%	-3.84%
65%	-4.09%	-4.09%
70%	-4.33%	-4.33%
75%	-4.56%	-4.56%
80%	-4.78%	-4.78%
85%	-5.00%	-5.00%
90%	-5.21%	-5.21%
95%	-5.41%	-5.41%
100%	-5.61%	-5.61%

由表4-2可以看出：①单个规格品价格数据失真的趋势与整体规格品价格数据失真的趋势是一致的，即随着单个规格品价格被高估水平的提高，其他所有经济体CPD-PPP被低估的水平也在提高。②相对而言，

单个规格品价格数据失真所导致的CPD-PPP偏差水平不是很大，当规格品价格被高估100%时，其他经济体CPD-PPP被低估的水平也仅有5.61%。③通过与整体规格品价格数据相同高估水平的CPD-PPP偏差对比可以发现，两者之间可能存在某种比率关系。由于整体规格品价格数据失真包含12个规格品，而此处是12个中的某个规格品价格数据失真，由此可以得到一个合理的推断：整体规格品价格失真CPD-PPP偏差是单个规格品价格失真CPD-PPP偏差的总和，而单个规格品价格相同失真水平时产生的CPD-PPP偏差是一致的，因此单个规格品价格失真的CPD-PPP偏差应当与相同水平的整体规格品价格失真CPD-PPP偏差的1/12相当。又由于在价格数据完整的情况下，CPD法与基本类GEKS法的结果是一致的，而GEKS法的指数形式是相对价格的几何平均，因此可以采用公式4.4进行CPD-PPP偏差的估算，估算结果如表4-2中第3列数据所示，对比可以看出估算结果与实际测算结果是一致的。

$$PPP^{CPD}\text{偏差} = \left(\frac{1}{1+a}\right)^{\frac{1}{12}} - 1 \tag{4.4}$$

（三）多个规格品价格数据失真

现实中，可能会存在多个规格品价格数据失真的情况，并且会存在不同的失真水平组合。为了使模拟测算与现实情况更接近，也为了探究基准经济体价格数据失真的CPD-PPP偏差规律，结合上述发现的估算CPD-PPP偏差的方法，接下来将分别从基准经济体有2个规格品价格数据存在相同水平失真和2个规格品价格数据存在不同幅度失真两种情况进行CPD-PPP偏差的实际测算和估算，结果如表4-3和表4-4所示。

表4-3　**基准经济体2个规格品价格数据相同水平失真CPD-PPP偏差表**

失真水平	测算偏差	估算偏差
5%	-0.81%	-0.81%
10%	-1.58%	-1.58%
15%	-2.30%	-2.30%
20%	-2.99%	-2.99%
25%	-3.65%	-3.65%
30%	-4.28%	-4.28%
35%	-4.88%	-4.88%

续表

失真水平	测算偏差	估算偏差
40%	-5.45%	-5.45%
45%	-6.00%	-6.00%
50%	-6.53%	-6.53%
55%	-7.04%	-7.04%
60%	-7.53%	-7.53%
65%	-8.01%	-8.01%
70%	-8.46%	-8.46%
75%	-8.90%	-8.91%
80%	-9.33%	-9.33%
85%	-9.74%	-9.74%
90%	-10.14%	-10.15%
95%	-10.53%	-10.53%
100%	-10.91%	-10.91%

表4-4 基准经济体2个规格品价格数据不同水平失真CPD-PPP偏差表（%）

失真水平	5%	10%	15%	20%	25%	30%	35%	40%	45%	50%	55%	60%	65%	70%	75%	80%	85%	90%	95%	100%
5%	-0.81	-1.19	-1.56	-1.91	-2.24	-2.56	-3.16	-2.86	-3.44	-3.71	-3.98	-4.23	-4.48	-4.71	-4.94	-5.17	-5.38	-5.59	-5.80	-5.99
	-0.81	-1.19	-1.56	-1.91	-2.24	-2.56	-2.87	-3.16	-3.44	-3.71	-3.98	-4.23	-4.48	-4.71	-4.94	-5.17	-5.38	-5.59	-5.80	-6.00
10%		-1.58	-1.94	-2.29	-2.62	-2.94	-3.24	-3.53	-3.82	-4.09	-4.35	-4.60	-4.85	-5.08	-5.31	-5.53	-5.75	-5.96	-6.16	-6.36
		-1.58	-1.94	-2.29	-2.62	-2.94	-3.24	-3.53	-3.82	-4.09	-4.35	-4.60	-4.85	-5.08	-5.31	-5.53	-5.75	-5.96	-6.16	-6.36
15%			-2.30	-2.65	-2.98	-3.30	-3.60	-3.89	-4.17	-4.44	-4.70	-4.95	-5.20	-5.43	-5.66	-5.88	-6.10	-6.31	-6.51	-6.71
			-2.30	-2.65	-2.98	-3.30	-3.60	-3.89	-4.17	-4.44	-4.70	-4.95	-5.20	-5.43	-5.66	-5.88	-6.10	-6.31	-6.51	-6.71
20%				-2.99	-3.32	-3.64	-3.94	-4.23	-4.51	-4.78	-5.04	-5.29	-5.53	-5.77	-6.00	-6.22	-6.43	-6.64	-6.84	-7.04
				-2.99	-3.32	-3.64	-3.94	-4.23	-4.51	-4.78	-5.04	-5.29	-5.53	-5.77	-6.00	-6.22	-6.43	-6.64	-6.84	-7.04
25%					-3.65	-3.96	-4.27	-4.56	-4.83	-5.10	-5.36	-5.61	-5.85	-6.09	-6.31	-6.53	-6.75	-6.95	-7.16	-7.35
					-3.65	-3.97	-4.27	-4.56	-4.84	-5.10	-5.36	-5.61	-5.85	-6.09	-6.31	-6.53	-6.75	-6.95	-7.16	-7.35
30%						-4.28	-4.58	-4.87	-5.15	-5.41	-5.67	-5.92	-6.16	-6.39	-6.62	-6.84	-7.05	-7.26	-7.46	-7.65
						-4.28	-4.58	-4.87	-5.15	-5.41	-5.67	-5.92	-6.16	-6.39	-6.62	-6.84	-7.05	-7.26	-7.46	-7.65
35%							-4.88	-5.17	-5.44	-5.71	-5.97	-6.22	-6.46	-6.69	-6.91	-7.13	-7.34	-7.55	-7.75	-7.94
							-4.88	-5.17	-5.44	-5.71	-5.97	-6.22	-6.46	-6.69	-6.91	-7.13	-7.34	-7.55	-7.75	-7.94
40%								-5.45	-5.73	-6.00	-6.25	-6.50	-6.74	-6.97	-7.20	-7.41	-7.62	-7.83	-8.03	-8.22
								-5.45	-5.73	-6.00	-6.25	-6.50	-6.74	-6.97	-7.20	-7.41	-7.62	-7.83	-8.03	-8.22

续表

失真水平	5%	10%	15%	20%	25%	30%	35%	40%	45%	50%	55%	60%	65%	70%	75%	80%	85%	90%	95%	100%
45%									-6.00	-6.27	-6.53	-6.77	-7.01	-7.24	-7.47	-7.68	-7.89	-8.10	-8.30	-8.49
									-6.00	-6.27	-6.53	-6.77	-7.01	-7.24	-7.47	-7.68	-7.89	-8.10	-8.30	-8.49
50%										-6.53	-6.79	-7.04	-7.27	-7.50	-7.73	-7.94	-8.15	-8.36	-8.56	-8.75
										-6.53	-6.79	-7.04	-7.27	-7.50	-7.73	-7.94	-8.15	-8.36	-8.56	-8.75
55%											-7.04	-7.29	-7.53	-7.76	-7.98	-8.19	-8.40	-8.61	-8.80	-9.00
											-7.04	-7.29	-7.53	-7.76	-7.98	-8.20	-8.40	-8.61	-8.81	-9.00
60%												-7.53	-7.77	-8.00	-8.22	-8.44	-8.65	-8.85	-9.05	-9.24
												-7.53	-7.77	-8.00	-8.22	-8.44	-8.65	-8.85	-9.05	-9.24
65%													-8.01	-8.24	-8.46	-8.67	-8.88	-9.08	-9.28	-9.47
													-8.01	-8.24	-8.46	-8.67	-8.88	-9.08	-9.28	-9.47
70%														-8.46	-8.68	-8.90	-9.11	-9.31	-9.50	-9.69
														-8.46	-8.68	-8.90	-9.11	-9.31	-9.50	-9.70
75%															-8.90	-9.12	-9.33	-9.53	-9.72	-9.91
															-8.91	-9.12	-9.33	-9.53	-9.72	-9.91
80%																-9.33	-9.54	-9.74	-9.93	-10.12
																-9.33	-9.54	-9.74	-9.93	-10.12
85%																	-9.74	-9.95	-10.1	-10.33
																	-9.74	-9.95	-10.1	-10.33
90%																		-10.1	-10.3	-10.53
																		-10.2	-10.3	-10.53
95%																			-10.5	-10.72
																			-10.5	-10.72
100%																				-10.91
																				-10.91

注：表中每一组失真水平组合对应的CPD-PPP偏差有2个，上方的是实际测算的CPD-PPP偏差，下方的是估算的CPD-PPP偏差。

由于价格数据失真CPD-PPP偏差不受规格品的影响，因此在多个规格品价格相同失真水平的CPD-PPP偏差应当和单个的CPD-PPP偏差是倍数关系，对比表4-2与表4-3中的实际测算CPD-PPP偏差可以看出，在相同失真水平上后者基本为前者2倍。由此，前述CPD-PPP偏差估算方法在此也是适用的，但需要改变几何平均的权重。据此，表4-3中CPD-PPP的估算偏差是通过公式4.5进行计算的。对比可以看出，CPD-PPP估算偏差与实际测算偏差是十分吻合的。

$$PPP^{CPD}偏差 = \left(\frac{1}{1+a}\right)^{\frac{2}{12}} - 1 \tag{4.5}$$

同理，当2个规格品价格失真而失真水平不同时，综合的CPD-PPP偏差可以使用公式4.6估算。表4-4中列示了2个规格品在各种不同失真水平组合下的CPD-PPP偏差实际测算值和采用公式4.6的估算值。对比可以看出，实际测算值与估算值能够保持很好的一致性。因此，可以将估算公式一般化，进而能够为基准经济体基本类规格品价格数据任意形式和水平失真的CPD-PPP偏差的估算提供有效的计算工具。

$$PPP^{CPD}偏差 = \left[\left(\frac{1}{1+a_1}\right)\cdot\left(\frac{1}{1+a_2}\right)\right]^{\frac{1}{12}} - 1 \tag{4.6}$$

（四）基准经济体价格数据失真CPD-PPP偏差的一般化估算公式

综上可以看出，基准经济体价格数据失真对CPD-PPP的影响既具有系统性，也具有外生性。具体来说，CPD-PPP偏差不受经济体组合和规格品类别的影响，CPD-PPP偏差主要由基本类规格品价格的失真水平、失真个数以及基本类包含的规格品数量3个变量决定。假定基本类共包含N个规格品，其中有n个规格品的价格失真，失真水平分别为a_1、a_2、…、a_n（可以是相同的值，也可以是不同的值，可以是正值，也可以是负值），则基准经济体价格数据失真所导致的CPD-PPP偏差可用公式4.7来估算。

$$PPP^{CPD}偏差 = \left[\left(\frac{1}{1+a_1}\right)\cdot\left(\frac{1}{1+a_2}\right)\cdot\cdots\cdot\left(\frac{1}{1+a_n}\right)\right]^{\frac{1}{N}} - 1 \tag{4.7}$$

通过前述基准经济体各种规格品价格数据失真形式和失真水平的模拟测算结果与估算结果的对比可以看出，此估算公式具有良好的估算效果，能够与实际测算值保持一致。因此，可以利用公式4.7进行基准经济体规格品任意价格数据失真情况CPD-PPP偏差的估算，同时也能通过公式4.7进行价格数据失真对CPD-PPP影响的深入分析。通过公式4.7可以得到以下推论：①当基本类包含的规格品数量较少时，基准经济体规格品价格数据较小水平的失真也可能会导致相对较大的CPD-PPP系统性偏差，比如当基本类包含12个规格品时，单个规格品的价格数据高估100%，导致的系统性CPD-PPP偏差为-5.61%，而当基本类包含2个规格品时，单个规格品的价格数据高估25%时，导致的系统性CPD-PPP偏差为-10.56%；②当基本类包含的规格品的价格数据失真有方向相反的情况出现时，会相对降低CPD-PPP偏差，甚至可能会改变偏差方向，仍以基本类包含2个规格品为例，当1个规格品价格数据高估25%时，CPD-PPP偏差为-10.56%，但是当另一个规格品价格数据低估10%时，2个规格品价格数据失真所导致的CPD-PPP偏差为-5.72%，而当另一规格品价格数据低估25%时，2个规格品价格数据失真所导致的CPD-PPP偏差为3.28%。

二、非基准经济体价格数据失真

（一）价格数据相同幅度失真

通过选取少量样本试算发现：①与价格数据缺失的影响相同，非基准经济体规格品价格数据失真对CPD-PPP的影响也具有非系统性，即仅会导致本经济体的CPD-PPP偏差；②与基准经济体规格品价格数据失真一样具有外生性，即非基准经济体规格品价格数据失真所导致的CPD-PPP偏差不会受到经济体组合以及规格品类别的影响，相同的规格品价格数据失真数量和失真水平将导致相同的CPD-PPP偏差。

基于以上初步发现的规格品价格数据失真CPD-PPP偏差的基本特征，首先测算非基准经济体12个规格品相同水平失真的CPD-PPP偏差和单个规格品不同水平失真的CPD-PPP偏差。从测算结果来看，12个规格品价格数据同时高估所导致的CPD-PPP偏差水平与价格被高估的水平是一致的，而单个规格品价格数据高估所导致的CPD-PPP偏差在趋势上与前者是一致的，不过偏差水平要低很多。由于规格品价格数据失真的影响具有独立性，规格品价格数据整体失真的CPD-PPP偏差应当是各单个规格品价格失真CPD-PPP偏差的加总，又由于规格品价格数据失真CPD-PPP偏差具有外生性，由此可得单个规格品价格数据失真的CPD-PPP偏差应当为整体失真CPD-PPP偏差的1/12。结合CPD法的基本原理，可以得出一个估算非基准经济体规格品价格数据相同水平失真CPD-PPP偏差的计算公式，如式4.8所示，式中n表示价格数据失真数量，a表示价格数据失真水平。

$$PPP^{CPD}偏差 = (1 + a)^{\frac{n}{12}} - 1 \tag{4.8}$$

为了得到更多价格数据失真不同形式和不同程度的CPD-PPP偏差规律，也为了验证估算公式4.8的估算精度，对不同数量规格品价格数据相同水平失真的CPD-PPP偏差进行了实际测算和估算，结果如表4-5所示。

表4-5 非基准经济体规格品价格数据相同水平失真的CPD-PPP偏差表（%）

数量＼失真水平	5%	10%	15%	20%	25%	30%	35%	40%	45%	50%	55%	60%	65%	70%	75%	80%	85%	90%	95%	100%
1	0.41	0.80	1.17	1.53	1.88	2.21	2.53	2.84	3.14	3.44	3.72	3.99	4.26	4.52	4.77	5.02	5.26	5.49	5.72	5.95
	0.41	0.80	1.17	1.53	1.88	2.21	2.53	2.84	3.14	3.44	3.72	3.99	4.26	4.52	4.77	5.02	5.26	5.49	5.72	5.95
2	0.81	1.60	2.35	3.09	3.79	4.47	5.13	5.77	6.39	6.99	7.58	8.15	8.70	9.25	9.77	10.29	10.80	11.29	11.77	12.25
	0.82	1.60	2.36	3.09	3.79	4.47	5.13	5.77	6.39	6.99	7.58	8.15	8.70	9.25	9.78	10.29	10.80	11.29	11.77	12.25
3	1.22	2.41	3.55	4.66	5.73	6.78	7.79	8.77	9.73	10.67	11.58	12.47	13.34	14.19	15.02	15.83	16.62	17.40	18.17	18.92
	1.23	2.41	3.56	4.66	5.74	6.78	7.79	8.78	9.73	10.67	11.58	12.47	13.34	14.19	15.02	15.83	16.63	17.41	18.17	18.92
4	1.64	3.23	4.76	6.26	7.72	9.14	10.52	11.87	13.18	14.47	15.73	16.96	18.16	19.35	20.51	21.65	22.76	23.86	24.93	25.99
	1.64	3.23	4.77	6.27	7.72	9.14	10.52	11.87	13.19	14.47	15.73	16.96	18.17	19.35	20.51	21.64	22.76	23.86	24.93	25.99
5	2.05	4.05	5.99	7.89	9.75	11.55	13.32	15.05	16.74	18.41	20.03	21.63	23.20	24.75	26.26	27.75	29.22	30.66	32.08	33.48
	2.05	4.05	6.00	7.89	9.74	11.55	13.32	15.05	16.74	18.41	20.03	21.63	23.20	24.74	26.26	27.75	29.22	30.66	32.08	33.48
6	2.47	4.88	7.23	9.54	11.80	14.02	16.19	18.32	20.41	22.47	24.50	26.49	28.45	30.39	32.29	34.17	36.02	37.84	39.64	41.42
	2.47	4.88	7.24	9.54	11.80	14.02	16.19	18.32	20.42	22.47	24.50	26.49	28.45	30.38	32.29	34.16	36.01	37.84	39.64	41.42
7	2.88	5.72	8.49	11.22	13.90	16.54	19.13	21.69	24.20	26.68	29.13	31.54	33.92	36.28	38.60	40.90	43.17	45.42	47.63	49.83
	2.89	5.72	8.49	11.22	13.90	16.54	19.13	21.69	24.20	26.68	29.13	31.54	33.93	36.28	38.60	40.90	43.17	45.41	47.63	49.83
8	3.30	6.56	9.76	12.92	16.04	19.12	22.15	25.15	28.10	31.04	33.93	36.79	39.63	42.44	45.22	47.98	50.70	53.40	56.08	58.74
	3.31	6.56	9.77	12.92	16.04	19.11	22.15	25.15	28.11	31.04	33.93	36.80	39.63	42.44	45.22	47.97	50.70	53.40	56.08	58.74

续表

失真水平 数量	5%	10%	15%	20%	25%	30%	35%	40%	45%	50%	55%	60%	65%	70%	75%	80%	85%	90%	95%	100%
9	3.72	7.41	11.04	14.65	18.22	21.75	25.24	28.70	32.13	35.54	38.91	42.26	45.58	48.88	52.15	55.40	58.63	61.83	65.01	68.18
	3.73	7.41	11.05	14.65	18.22	21.75	25.24	28.71	32.14	35.54	38.91	42.26	45.58	48.88	52.15	55.40	58.63	61.83	65.02	68.18
10	4.14	8.26	12.34	16.40	20.43	24.44	28.40	32.36	36.28	40.19	44.07	47.94	51.78	55.61	59.41	63.20	66.97	70.71	74.45	78.17
	4.15	8.27	12.35	16.41	20.44	24.44	28.41	32.37	36.29	40.20	44.08	47.94	51.79	55.61	59.42	63.20	66.97	70.72	74.46	78.18
11	4.57	9.13	13.66	18.19	22.69	27.19	31.66	36.13	40.57	45.01	49.43	53.85	58.24	62.65	67.02	71.39	75.75	80.10	84.44	88.77
	4.57	9.13	13.67	18.19	22.70	27.19	31.67	36.13	40.58	45.02	49.44	53.85	58.26	62.65	67.03	71.40	75.75	80.10	84.44	88.77
12	4.99	10.00	14.99	20.00	25.00	30.00	34.99	40.00	44.99	50.00	54.99	60.00	64.99	70.00	75.00	80.00	85.00	89.99	94.99	99.99
	5.00	10.00	15.00	20.00	25.00	30.00	35.00	40.00	45.00	50.00	55.00	60.00	65.00	70.00	75.00	80.00	85.00	90.00	95.00	100.00

注：1.表中第1行为规格品价格数据的失真水平，第1列为12个规格品中价格数据失真的数量，表中内容为不同价格数据失真数量与失真水平组合对应的CPD-PPP偏差；

2.每一个价格数据失真组合对应两个CPD-PPP偏差，上方的为实际测算的CPD-PPP偏差，下方的为估算的CPD-PPP偏差。

由表4-5可以看出：①从实际测算结果看，随着价格数据失真规格品数量的增加和失真水平的提高，CPD-PPP偏差也在逐步扩大，但是，从横向来看，在相同价格数据失真规格品数量上，CPD-PPP偏差扩大的趋势以5%失真水平的CPD-PPP偏差为基准而逐步递减，而随着价格数据失真规格品数量的增加，递减的幅度先增后减。从纵向来看，在相同价格数据失真水平上，CPD-PPP偏差扩大的趋势以单个价格数据失真的CPD-PPP偏差为基准而逐步递增，并且失真水平越高，递增的幅度也越大。②从具体CPD-PPP偏差看，相同的CPD-PPP偏差可以有多种价格数据失真规格品数量和不同失真水平的组合，比如以10%的CPD-PPP偏差为例，可以是2个规格品价格同时被高估80%，也可以是3个规格品价格同时被高估50%，也可以是6个规格品价格同时被高估20%等。③从估算的CPD-PPP偏差看，估算值能够与实际测算值保持很好的一致性，因此可以将估算公式4.8进一步拓展以适应多种失真形式和失真水平的CPD-PPP偏差估算。

（二）基本类包含不同数量的规格品

鉴于数据来源的限制，前述实验测算均是在假定基本类包含12个规格品的情况下的测算，然而现实中不同类别产品的基本类可能包含不同数量的规格品。从前述CPD-PPP偏差估算公式4.7也能看出，基本类包含的规格品数量对非基准经济体价格数据失真的CPD-PPP偏差具有影响，因此下一步将通过对基本类包含规格品数量的模拟来考察其对价格数据失真CPD-PPP偏差的影响。

由于价格数据失真的CPD-PPP偏差具有外生性和独立性，因此任意规格品组合形成的基本类，只要规格品数量相同，价格数据失真的影响就是相同的。由此，通过从原12个规格品中选取一定数量的任意规格品就可以进行不同规格品数量条件下价格数据失真对CPD-PPP偏差影响的实验测算。依次选取12、11、10、9、8、7、6、5、4、3、2个规格品组成基本类，并只模拟其中1个规格品的价格数据失真，测算的CPD-PPP偏差如表4-6所示。同时，为了得到一般化的CPD-PPP偏差估算公式，结合本部分的模拟测算，对公式4.8做了进一步拓展，如式4.9所示（式中N表示规格品数量），并采用此公式对相应的CPD-PPP偏差进行了估算，结果见表4-6。

$$PPP^{CPD}偏差 = (1 + a)^{\frac{1}{N}} - 1 \tag{4.9}$$

由表4-6可以看出：①在相同价格数据失真水平下，随着基本类包含规格品数量的减少，CPD-PPP偏差水平逐步增加；②当价格数据失真规格品的数量在基本类规格品总数中的占比相同时，相同价格数据失真水平产生的CPD-PPP偏差也是一致的，比如当基本类中包含6个规格品，其中有1个规格品的价格被高估50%，即规格品价格数据失真数量的占比为1/6，将产生的CPD-PPP偏差为6.99%（见表4-6），而当基本类中包含12个规格品，其中有2个规格品的价格同时被高估50%，即规格品价格数据失真数量的占比也为1/6，产生的CPD-PPP偏差也为6.99%（见表4-5）；③对比CPD-PPP偏差的估算值和实际测算值可以看出，两者之间具有很好的一致性，说明构建的CPD-PPP偏差估算公式具有良好的有效性，但也需要注意到，现在的估算公式还是基于特殊情况构建的，还应进行更符合一般性的模拟测算和构建更一般化的估算公式，以实现对非基准经济体基本类规格品价格数据任意失真形式和失真幅度CPD-PPP偏差的有效估算。

表4-6 非基准经济体不同规格品数量、单个规格品价格数据失真的CPD-PPP偏差表（%）

数量＼失真水平	5%	10%	15%	20%	25%	30%	35%	40%	45%	50%	55%	60%	65%	70%	75%	80%	85%	90%	95%	100%
12	0.39	0.79	1.16	1.53	1.87	2.21	2.52	2.83	3.14	3.43	3.72	3.99	4.25	4.51	4.77	5.01	5.26	5.49	5.71	5.94
	0.41	0.80	1.17	1.53	1.88	2.21	2.53	2.84	3.14	3.44	3.72	3.99	4.26	4.52	4.77	5.02	5.26	5.49	5.72	5.95
11	0.44	0.87	1.28	1.67	2.05	2.41	2.76	3.11	3.43	3.75	4.06	4.36	4.66	4.94	5.22	5.49	5.75	6.01	6.26	6.50
	0.44	0.87	1.28	1.67	2.05	2.41	2.77	3.11	3.44	3.75	4.06	4.37	4.66	4.94	5.22	5.49	5.75	6.01	6.26	6.50
10	0.49	0.96	1.41	1.84	2.26	2.66	3.05	3.42	3.79	4.14	4.48	4.81	5.14	5.45	5.76	6.05	6.35	6.63	6.91	7.18
	0.49	0.96	1.41	1.84	2.26	2.66	3.05	3.42	3.79	4.14	4.48	4.81	5.14	5.45	5.76	6.05	6.35	6.63	6.91	7.18
9	0.54	1.06	1.56	2.05	2.51	2.96	3.39	3.81	4.21	4.61	4.99	5.36	5.72	6.07	6.41	6.75	7.07	7.39	7.70	8.00
	0.54	1.06	1.57	2.05	2.51	2.96	3.39	3.81	4.21	4.61	4.99	5.36	5.72	6.07	6.42	6.75	7.07	7.39	7.70	8.01
8	0.61	1.20	1.76	2.30	2.83	3.34	3.83	4.30	4.76	5.20	5.63	6.05	6.46	6.86	7.25	7.63	8.00	8.36	8.71	9.05
	0.61	1.20	1.76	2.31	2.83	3.33	3.82	4.30	4.75	5.20	5.63	6.05	6.46	6.86	7.25	7.62	7.99	8.35	8.71	9.05
7	0.69	1.37	2.01	2.64	3.23	3.81	4.38	4.92	5.45	5.96	6.46	6.94	7.41	7.87	8.32	8.76	9.18	9.60	10.00	10.40
	0.70	1.37	2.02	2.64	3.24	3.82	4.38	4.92	5.45	5.96	6.46	6.94	7.42	7.88	8.32	8.76	9.19	9.60	10.01	10.41
6	0.81	1.60	2.36	3.09	3.79	4.47	5.13	5.77	6.39	6.99	7.58	8.15	8.70	9.25	9.78	10.29	10.80	11.29	11.77	12.25
	0.82	1.60	2.36	3.09	3.79	4.47	5.13	5.77	6.39	6.99	7.58	8.15	8.70	9.25	9.78	10.29	10.80	11.29	11.77	12.25
5	0.98	1.92	2.83	3.71	4.56	5.38	6.18	6.96	7.71	8.44	9.16	9.85	10.53	11.19	11.84	12.48	13.09	13.70	14.29	14.87
	0.98	1.92	2.83	3.71	4.56	5.39	6.19	6.96	7.71	8.45	9.16	9.86	10.53	11.20	11.84	12.47	13.09	13.70	14.29	14.87
4	1.23	2.41	3.56	4.66	5.74	6.78	7.79	8.77	9.73	10.67	11.58	12.47	13.34	14.19	15.02	15.83	16.62	17.41	18.17	18.92
	1.23	2.41	3.56	4.66	5.74	6.78	7.79	8.78	9.73	10.67	11.58	12.47	13.34	14.19	15.02	15.83	16.63	17.41	18.17	18.92
3	1.64	3.23	4.77	6.26	7.72	9.14	10.52	11.87	13.19	14.47	15.73	16.96	18.17	19.35	20.51	21.65	22.76	23.86	24.93	25.99
	1.64	3.23	4.77	6.27	7.72	9.14	10.52	11.87	13.19	14.47	15.73	16.96	18.17	19.35	20.51	21.64	22.76	23.86	24.93	25.99
2	2.47	4.88	7.24	9.54	11.80	14.02	16.19	18.32	20.42	22.47	24.50	26.49	28.45	30.38	32.29	34.16	36.01	37.84	39.64	41.42
	2.47	4.88	7.24	9.54	11.80	14.02	16.19	18.32	20.42	22.47	24.50	26.49	28.45	30.38	32.29	34.16	36.01	37.84	39.64	41.42

注：1.表中第1行为规格品价格数据的失真水平，第1列为基本类中包含的规格品数量，表中内容为不同规格品数量条件下仅1个规格品价格数据失真的CPD-PPP偏差；

2.每一个价格数据失真组合对应两个CPD-PPP偏差，上方的为实际测算的CPD-PPP偏差，下方的为估算的CPD-PPP偏差。

（三）多个规格品价格数据不同比例失真

前两部分模拟测算均设定规格品价格数据为同比例失真，但是更为常见的现实情况可能是不同规格品具有不同的价格失真比例。因此，接下来将模拟2个规格品价格分别以不同比例被高估情况下CPD-PPP偏差的测算和估算。

由于价格数据失真的CPD-PPP偏差不受规格品类别的影响，因此价格数据失真组合（a_1，a_2）与组合（a_2，a_1）的CPD-PPP偏差是相同，基于此特征，仅测算了其中一种组合形式的CPD-PPP偏差。CPD-PPP偏差的估算值由公式4.10计算得出。CPD-PPP偏差的实际测算值和估算值如表4-7所示。

$$PPP^{CPD}\text{偏差} = \left[(1 + a_1)\cdot(1 + a_2)\right]^{\frac{1}{12}} - 1 \tag{4.10}$$

表4-7 非基准经济体2个规格品价格数据不同失真水平CPD-PPP偏差表（%）

失真水平	5%	10%	15%	20%	25%	30%	35%	40%	45%	50%	55%	60%	65%	70%	75%	80%	85%	90%	95%	100%
5%	0.81	1.21	1.58	1.94	2.29	2.63	2.95	3.26	3.56	3.86	4.14	4.42	4.68	4.95	5.20	5.45	5.69	5.92	6.15	6.38
	0.82	1.21	1.58	1.94	2.29	2.63	2.95	3.26	3.57	3.86	4.14	4.42	4.69	4.95	5.20	5.45	5.69	5.92	6.15	6.38
10%		1.60	1.98	2.34	2.69	3.03	3.35	3.66	3.97	4.26	4.55	4.82	5.09	5.35	5.61	5.86	6.10	6.34	6.56	6.79
		1.60	1.98	2.34	2.69	3.03	3.35	3.66	3.97	4.26	4.55	4.82	5.09	5.35	5.61	5.86	6.10	6.34	6.57	6.79
15%			2.35	2.72	3.07	3.41	3.73	4.05	4.35	4.65	4.93	5.21	5.48	5.74	6.00	6.25	6.49	6.73	6.96	7.19
			2.36	2.72	3.07	3.41	3.73	4.05	4.35	4.65	4.93	5.21	5.48	5.75	6.00	6.25	6.49	6.73	6.96	7.19
20%				3.09	3.43	3.77	4.10	4.42	4.72	5.02	5.31	5.59	5.86	6.12	6.38	6.63	6.87	7.11	7.34	7.57
				3.09	3.44	3.78	4.10	4.42	4.72	5.02	5.31	5.59	5.86	6.12	6.38	6.63	6.87	7.11	7.34	7.57
25%					3.79	4.13	4.45	4.77	5.08	5.38	5.66	5.95	6.22	6.48	6.74	6.99	7.23	7.47	7.71	7.93
					3.79	4.13	4.46	4.77	5.08	5.38	5.67	5.95	6.22	6.48	6.74	6.99	7.24	7.47	7.71	7.93
30%						4.47	4.80	5.12	5.42	5.72	6.01	6.29	6.56	6.83	7.09	7.34	7.59	7.83	8.06	8.29
						4.47	4.80	5.12	5.42	5.72	6.01	6.29	6.57	6.83	7.09	7.34	7.59	7.83	8.06	8.29
35%							5.13	5.45	5.75	6.05	6.34	6.63	6.90	7.17	7.43	7.68	7.92	8.16	8.40	8.63

续表

失真水平	5%	10%	15%	20%	25%	30%	35%	40%	45%	50%	55%	60%	65%	70%	75%	80%	85%	90%	95%	100%
							5.13	5.45	5.76	6.06	6.35	6.63	6.90	7.17	7.43	7.68	7.93	8.17	8.40	8.63
40%								5.77	6.08	6.38	6.67	6.95	7.22	7.49	7.75	8.01	8.25	8.49	8.73	8.96
								5.77	6.08	6.38	6.67	6.95	7.23	7.49	7.75	8.01	8.25	8.49	8.73	8.96
45%									6.39	6.69	6.98	7.26	7.54	7.81	8.07	8.32	8.57	8.81	9.05	9.28
									6.39	6.69	6.98	7.26	7.54	7.81	8.07	8.32	8.57	8.81	9.05	9.28
50%										6.99	7.28	7.57	7.84	8.11	8.37	8.63	8.88	9.12	9.35	9.59
										6.99	7.28	7.57	7.84	8.11	8.37	8.63	8.88	9.12	9.36	9.59
55%											7.58	7.86	8.14	8.41	8.67	8.93	9.17	9.42	9.65	9.89
											7.58	7.86	8.14	8.41	8.67	8.93	9.18	9.42	9.66	9.89
60%												8.15	8.42	8.70	8.96	9.21	9.46	9.71	9.94	10.18
												8.15	8.43	8.70	8.96	9.22	9.46	9.71	9.95	10.18
65%													8.70	8.98	9.24	9.50	9.74	9.99	10.23	10.46
													8.70	8.98	9.24	9.50	9.75	9.99	10.23	10.46
70%														9.25	9.51	9.77	10.02	10.26	10.50	10.74
														9.25	9.51	9.77	10.02	10.26	10.50	10.74
75%															9.77	10.03	10.28	10.53	10.77	11.00
															9.78	10.03	10.29	10.53	10.77	11.00
80%																10.29	10.54	10.79	11.03	11.26
																10.29	10.54	10.79	11.03	11.26
85%																	10.80	11.04	11.28	11.52
																	10.80	11.04	11.28	11.52
90%																		11.29	11.53	11.77

续表

失真水平	5%	10%	15%	20%	25%	30%	35%	40%	45%	50%	55%	60%	65%	70%	75%	80%	85%	90%	95%	100%
																		11.29	11.53	11.77
95%																			11.77	12.01
																			11.77	12.01
100%																				12.25
																				12.25

注：1.每一个价格数据失真组合对应两个CPD-PPP偏差，上方的为实际测算的CPD-PPP偏差，下方的为估算的CPD-PPP偏差。

通过表4-7中的数据结果可以看出：①整体上看，CPD-PPP偏差的范围被控制在2个规格品价格数据同时被高估的最低比例CPD-PPP偏差与最高比例CPD-PPP偏差之间，并且随着价格数据高估比例组合的提高，CPD-PPP偏差也在扩大；②价格数据被高估的不同组合形式可能会产生相同幅度的CPD-PPP偏差，比如以6%的CPD-PPP偏差为例，2个规格品价格被高估的组合可以有（10%，85%）、（15%，75%）、（30%，55%）等；③在基本类包含12个规格品而只有2个规格品的价格数据被高估时，总体上可能导致的CPD-PPP偏差是比较小的，这也再次说明基本类包含规格品数量对价格数据失真CPD-PPP偏差是有重要影响的；④对比CPD-PPP偏差的实际测算值和估算值可以看出，两者具有很好的一致性，因此可以综合上述估算公式的不同形式得到一个一般化的计算公式，从而可以更为直接地解释非基准经济体价格数据失真的CPD-PPP偏差。

（四）非基准经济体价格数据失真CPD-PPP偏差的一般化估算公式

综上可以看出，非基准经济体价格数据失真对CPD-PPP的影响具有非系统性，同时也具有外生性。具体来说，即CPD-PPP偏差不受经济体组合和规格品类别的影响，主要由基本类规格品价格的失真水平、失真数量以及基本类包含的规格品数量3个变量决定。假定基本类共包含N个规格品，其中有n个规格品的价格数据失真，失真幅度分别为a_1、

a_2，…，a_n（可以是相同的值，也可以是不同的值，可以是正值，也可以是负值），则非基准经济体价格数据失真所导致的CPD-PPP偏差可用公式4.11来估算。

$$PPP^{CPD}偏差=\left[(1+a_1)\cdot(1+a_2)\cdot\cdots\cdot(1+a_n)\right]^{\frac{1}{N}}-1 \tag{4.11}$$

通过前述各种规格品价格数据失真形式和失真水平的模拟测算结果与估算结果的对比可以看出，此估算公式具有良好的估算效果，能够与模拟测算值保持一致。因此，可以利用公式4.11进行非基准经济体规格品任意实际价格数据失真情况CPD-PPP偏差的估算，同时也能通过公式4.11进行价格数据失真对CPD-PPP影响的深入分析。通过公式4.11还可以得到以下推论：①当基本类包含的规格品数量较少时，非基准经济体规格品价格数据较小幅度的失真也可能会导致相对较大的CPD-PPP系统性偏差。例如，在基本类包含12个规格品的情况，单个规格品的价格数据高估100%，导致的CPD-PPP偏差为5.95%，而当基本类包含2个规格品时，单个规格品的价格数据高估30%，导致的CPD-PPP偏差为14.02%。②当基本类包含的规格品的价格数据失真有方向相反的情况出现时，会相对降低CPD-PPP偏差，甚至可能会改变偏差方向。仍以基本类包含2个规格品为例，当其中只有1个规格品价格数据高估30%时，CPD-PPP偏差为14.02%，但是当另一个规格品价格数据低估10%时，2个规格品价格数据失真将导致的CPD-PPP偏差为8.17%，而当另一规格品价格数据低估25%时，2个规格品价格数据失真将导致的CPD-PPP偏差为-1.26%。

三、价格数据失真CPD-PPP偏差的一般化估算公式

综合前两部分的模拟测度结果可以看出，尽管价格数据失真出现在基准经济体和非基准经济体对CPD-PPP测算结果的影响不同，前者是系统性的，而后者是非系统性的。但是从实际测算结果看，价格数据失真在两种情况下的影响都具有外生性，即既不受经济体组合的影响，也不受规格品类别的影响，同时也都具有规律性，都可以通过计算公式进行较为准确的CPD-PPP偏差估算。

对比两类CPD-PPP偏差的一般化估算公式可以看出，两者在形式上是十分相近的，都为价格数据失真水平的某种形式的几何平均，因此可以将两类一般化公式进行合并形成一个更为一般化的通用计算公式。假定某一基本类包含N个规格品，基准经济体有m个规格品价格数据失真，失真水平分别为b_j（j = 1，2，…m，且不同b_j可以取相同的值），非基准经济体有n个规格品价格数据失真，失真水平分别为a_i（i = 1，2，…n，且a_i可以取相同的值），则规格品价格数据任意形式和水平失真的CPD-PPP偏差可以用公式4.12来进行估算。

$$PPP^{CPD}偏差 = \left[\frac{(1+a_1)\cdot(1+a_2)\cdot\cdots\cdot(1+a_n)}{(1+b_1)\cdot(1+b_2)\cdot\cdots\cdot(1+b_m)}\right]^{\frac{1}{N}} - 1 \quad (4.12)$$

在前述的实验测算中，没有进行基准经济体和非基准经济体规格品价格同时存在失真情况的模拟测算，但是利用公式4.12将可以得到与实际测算值相一致的估算结果，因此不再赘算。

四、同时存在价格数据缺失与价格数据失真

理论上看，之所以价格数据失真对CPD-PPP的影响具有规律性，是因为在价格数据完整的情况下，CPD法的结果与基本类GEKS法的结果是一致的，即为相对价格的几何平均。然而，在存在价格数据缺失的情况，理论上两种方法的结果不再具有一致性，那么在现实中普遍存在价格数据缺失的情况下，如果获取到的价格数据失真，价格数据失真对CPD-PPP的影响还具有规律性吗？与完整价格数据的CPD-PPP相比，混合了价格数据缺失和价格数据失真两种问题的数据对CPD-PPP的测算结果又会产生怎样的影响？理清这些问题将为进一步深入理解现实复杂数据问题对ICP基本类PPP测算的影响提供更为充分的依据。

通过在不同区域抽选不同经济体进行试算发现：①没有改变价格数据缺失对CPD-PPP测算结果影响的基本特征，即基准经济体同时存在规格品价格数据缺失和失真时也将导致系统性CPD-PPP偏差，而非基准经济体同时存在规格品价格数据缺失或失真时对CPD-PPP的影响依然是非系统性的。②价格数据失真对价格数据缺失CPD-

PPP的影响依然具有外生性，即在原价格数据缺失基础上，如果有规格品的价格被高估或低估，只要高估或低估的幅度相同，对原仅存在价格数据缺失的CPD-PPP的影响是相同的，不会因经济体组合的不同或规格品类别的不同而有差异。③价格数据失真对仅存在价格数据缺失的CPD-PPP的影响依然具有规律性，即估算价格数据失真CPD-PPP偏差的一般化公式4.12在存在价格数据缺失的情况下依然适用，但是以有价格数据的规格品的数量为基础的几何平均。④相对于完整无失真价格数据的CPD-PPP，同时存在价格数据缺失和失真的CPD-PPP偏差近似为仅价格数据缺失CPD-PPP偏差与仅价格数据失真CPD-PPP偏差之和。

根据上述试算发现的基本特征，可以得出基本类规格品同时存在价格数据缺失和价格数据失真情况下的CPD-PPP偏差关系式和估算公式如式4.13和4.14所示：

$$PPP^{CPD}总偏差 = PPP^{CPD}价格数据缺失偏差 + PPP^{CPD}价格数据失真偏差 \quad (4.13)$$

$$PPP^{CPD}总偏差 = D_s + D_M + \left\{ \frac{\left[(1+a_1)\cdot(1+a_2)\cdot \cdots \cdot(1+a_n)\right]^{\frac{1}{N-M}}}{\left[(1+b_1)\cdot(1+b_2)\cdot \cdots \cdot(1+b_m)\right]^{\frac{1}{N-S}}} - 1 \right\} \quad (4.14)$$

估算公式4.14中，N表示某个基本类包含的规格品数量，D_S表示基准经济体N个规格品中S个（$0 \leqslant S < N$）规格品价格数据缺失导致的系统性CPD-PPP偏差，D_M表示仅某个非基准经济体N个规格品中M个（$0 \leqslant M < N$）规格品价格数据缺失导致的CPD-PPP偏差，m（$0 \leqslant m \leqslant N-S$）表示基准经济体有价格的规格品中价格数据失真的数量，失真水平分别为b_j（$j=1, 2, \cdots, m$），n（$0 \leqslant n \leqslant N-M$）表示某个非基准经济体有价格的规格品中价格数据失真的数量，失真水平分别为a_i（$i=1, 2, \cdots, n$）。此外，需要指出的是，根据第三章的模拟测算结果，任意形式的价格数据缺失的CPD-PPP偏差近似为D_S与D_M之和，然而由于两者分别受规格品相对价格的经济体排序结构和经济体规格品的相对价格结构的影响，D_S与D_M都无法被准确估算，因此这里仅是关系式的简化表示。

为了验证估算公式4.14估算结果的准确性，从以下三个层面进行了模拟测算和估算：

① 在基准经济体层面模拟测算了仅基准经济体基本类规格品同时存在价格数据缺失和失真时的CPD-PPP偏差。具体又分为三种情况：一是价格数据缺失和失真的规格品数量均为1个，失真水平依次为10%、20%、30%、40%、50%、60%、70%、80%、90%、100%；二是价格数据缺失和失真的规格品数量均为2个，且2个规格品按照相同水平失真，具体失真水平同上；三是价格数据缺失和失真的规格品数量均为2个，但2个规格品按照不同水平失真，其中一个失真水平固定为20%，另一个按照上述失真水平依次递增。

② 在非基准经济体层面模拟测算了仅选定的非基准经济体的基本类规格品同时存在价格数据缺失和失真时的CPD-PPP偏差。具体也分为三种情况：一是价格数据缺失和失真的规格品数量均为1个，失真水平依次为10%、20%、30%、40%、50%、60%、70%、80%、90%、100%；二是价格数据缺失和失真的规格品数量均为2个，且2个规格品价格按照相同水平失真，具体失真水平同上；三是价格数据缺失和失真的规格品数量均为2个，但2个规格品价格按照不同水平失真，其中一个失真水平固定为10%，另一个按照上述失真水平依次递增。

③ 在基准经济体和非基准经济体综合层面模拟测算了两方面同时存在价格数据缺失和失真时的CPD-PPP偏差。具体为：基准经济体基本类规格品中价格数据缺失的数量为2个，失真的数量为1个，失真水平依次为10%、20%、30%、40%、50%、60%、70%、80%、90%、100%，选定的非基准经济体基本类规格品中价格数据缺失的数量为3个，失真的数量为2个，相应的失真水平组合依次为（10%，20%）、（20%，30%）、（30%，40%）、（40%，50%）、（50%，60%）、（60%，70%）、（70%，80%）、（80%，90%）、（90%，100%）、（100%，10%）。

上述模拟测算结果和估算结果如表4-8和表4-9所示。

表4-8　单个经济体规格品价格数据缺失和失真并存的CPD-PPP偏差表

	缺失量	失真量	CPD-PPP偏差										
			仅价格数据缺失	价格数据缺失和价格数据失真同时存在									
				10%	20%	30%	40%	50%	60%	70%	80%	90%	100%
仅基准经济体	1	1	-1.02%	-1.87% -1.88%	-2.65% -2.66%	-3.35% -3.38%	-4.00% -4.03%	-4.60% -4.64%	-5.16% -5.20%	-5.68% -5.73%	-6.17% -6.22%	-6.63% -6.69%	-7.06% -7.13%
				-0.86% -0.86%	-1.64% -1.64%	-2.36% -2.36%	-3.01% -3.01%	-3.62% -3.62%	-4.18% -4.18%	-4.71% -4.71%	-5.20% -5.20%	-5.67% -5.67%	-6.11% -6.11%
	2	2	5.83%	3.83% 3.94%	2.04% 2.25%	0.42% 0.71%	-1.06% -0.68%	-2.42% -1.96%	-3.67% -3.15%	-4.83% -4.24%	-5.91% -5.26%	-6.92% -6.22%	-7.87% -7.12%
				-1.89% -1.89%	-3.58% -3.58%	-5.11% -5.11%	-6.51% -6.51%	-7.79% -7.79%	-8.97% -8.97%	-10.07% -10.07%	-11.09% -11.09%	-12.05% -12.05%	-12.94% -12.94%
	2	2	-0.30%	-3.03% -3.04%	-3.87% -3.88%	-4.64% -4.65%	-5.34% -5.36%	-5.99% -6.01%	-6.60% -6.62%	-7.16% -7.18%	-7.69% -7.71%	-8.19% -8.21%	-8.66% -8.68%
				-2.74% -2.74%	-3.58% -3.58%	-4.35% -4.35%	-5.06% -5.06%	-5.71% -5.71%	-6.31% -6.32%	-6.88% -6.88%	-7.41% -7.41%	-7.91% -7.91%	-8.38% -8.38%
选定经济体	1	1	0.69%	1.57% 1.56%	2.37% 2.36%	3.12% 3.11%	3.82% 3.80%	4.47% 4.45%	5.09% 5.06%	5.67% 5.63%	6.22% 6.18%	6.74% 6.70%	7.24% 7.20%
				0.87% 0.87%	1.67% 1.67%	2.41% 2.41%	3.11% 3.11%	3.75% 3.75%	4.36% 4.37%	4.94% 4.94%	5.49% 5.49%	6.01% 6.01%	6.50% 6.50%
	2	2	0.17%	2.10% 2.09%	3.89% 3.88%	5.56% 5.56%	7.14% 7.13%	8.63% 8.62%	10.04% 10.02%	11.38% 11.36%	12.67% 12.64%	13.89% 13.87%	15.07% 15.04%
				1.93% 1.92%	3.71% 3.71%	5.39% 5.39%	6.96% 6.96%	8.45% 8.45%	9.85% 9.86%	11.20% 11.20%	12.48% 12.47%	13.70% 13.70%	14.87% 14.87%
	2	2	-6.73%	-4.94% -4.81%	-4.11% -3.92%	-3.34% -3.09%	-2.62% -2.32%	-1.94% -1.60%	-1.31% -0.92%	-0.71% -0.27%	-0.14% 0.34%	0.40% 0.92%	0.92% 1.47%
				1.92% 1.92%	2.82% 2.82%	3.64% 3.64%	4.41% 4.41%	5.14% 5.14%	5.82% 5.82%	6.46% 6.46%	7.07% 7.07%	7.65% 7.65%	8.20% 8.20%

注：1.仅价格数据缺失的CPD-PPP偏差是仅存在价格数据缺失情况下的CPD-PPP相对于完整价格数据CPD-PPP的偏差；

2.价格数据缺失和价格数据失真同时存在的CPD-PPP偏差包含两类偏差，一类是综合两类数据问题的CPD-PPP相对于完整无失真数据CPD-PPP的偏差，另一类是综合两类数据问题的CPD-PPP相对于仅存在价格数据缺失的CPD-PPP的偏差；

3.每一类CPD-PPP偏差包括两个测算结果，一个是数据模拟实际测算的结果（单元格中上方的数据），另一个是根据估算公式4.14估算的结果（单元格中下方的数据）。

表4-9 **基准经济体与非基准经济体规格品价格数据缺失和失真并存的CPD-PPP偏差表**

		失真量	失真水平									
基准经济体	缺失量	(2, 1)	10%	20%	30%	40%	50%	60%	70%	80%	90%	100%
选定经济体		(3, 2)	(10%, 20%)	(20%, 30%)	(30%, 40%)	(40%, 50%)	(50%, 60%)	(60%, 70%)	(70%, 80%)	(80%, 90%)	(90%, 100%)	(100%, 10%)
选定经济体	6.81%		9.13%	10.21%	11.22%	12.17%	13.06%	13.91%	14.71%	15.47%	16.20%	8.70%
			8.97%	9.98%	10.93%	11.81%	12.65%	13.44%	14.19%	14.91%	15.59%	8.66%
			2.17%	3.18%	4.13%	5.01%	5.85%	6.64%	7.39%	8.11%	8.79%	1.76%
			2.15%	3.17%	4.11%	5.00%	5.84%	6.63%	7.38%	8.10%	8.78%	1.85%
其他经济体	1.79%		0.86%	0.01%	-0.77%	-1.48%	-2.14%	-2.75%	-3.33%	-3.86%	-4.37%	-4.93%
			0.84%	-0.02%	-0.80%	-1.52%	-2.19%	-2.81%	-3.38%	-3.92%	-4.43%	-4.91%
			-0.91%	-1.75%	-2.51%	-3.21%	-3.86%	-4.46%	-5.02%	-5.55%	-6.04%	-6.60%
			-0.95%	-1.81%	-2.59%	-3.31%	-3.97%	-4.59%	-5.17%	-5.71%	-6.22%	-6.70%

注：1.第一列数据中，6.81%为基准经济体和选定经济体同时存在价格数据缺失情况下，选定经济体的CPD-PPP相对于完整价格数据CPD-PPP的偏差；1.79%为基准经济体价格数据缺失所导致的所有其他非选定经济体的CPD-PPP偏差。

2.基准经济体和选定经济体的价格数据缺失和价格数据失真并存的CPD-PPP偏差包含两类偏差，一类是综合两类数据问题的CPD-PPP相对于完整无失真数据CPD-PPP的偏差，另一类是综合两类数据问题的CPD-PPP相对于仅存在价格数据缺失的CPD-PPP的偏差。

3.每一类CPD-PPP偏差包括两个测算结果，一个是数据模拟实际测算的结果（单元格中上方的数据），另一个是根据估算公式4.14估算的结果（单元格中下方的数据）。

通过表4-8和表4-9中的数据结果可以看出：①估算的CPD-PPP具有良好的准确性，基本能够与实际测算结果保持一致。相比而言，价格数据失真部分的CPD-PPP偏差依然能够被准确的估算，而价格数据缺失和失真的综合CPD-PPP偏差的估计值则与实际测算值有较为明显的差异，由此一方面说明估算公式4.14具有较好的解释和估算功能，另一方面也说明价格数据缺失和价格数据失真对CPD-PPP的影响并非完全相互独立的。②当经济体规格品价格同时存在价格数据缺失和失真，特别是基准经济体和其他经济体同时存在价格数据缺失和失真时，对CPD-PPP测算结果的影响将变得十分复杂。由公式4.14，影响经济体CPD-PPP偏差的因素主要来自四个方面：基准经济体价格数据缺失的规格品数量和规格品的类别以及价格数据失真的规格品数量和失真水平，非基准经济体价格数据缺失的规格品数量和规格品的类别以及价格数据失真的规格品数量和失真水平。当四方面因素导致的CPD-PPP偏差的方向是一致的，将扩大CPD-PPP偏差，而当有方向不一致的CPD-PPP偏差时，将降低或者改变CPD-PPP偏差，因此在实际分析时，应根据基本类价格数据缺失和失真的具体形式和程度具体分析，由此才能对PPP结果的偏差做出合理的估计。

第四节 基本类PPP失真的GEKS-PPP偏差测度与分析

包括价格数据缺失和价格数据失真在内的诸多基础数据问题首当其冲影响的是基本类PPP的测算，进而通过基本类PPP失真影响基本类以上PPP的测算。同时，其他一些因素，如参考PPP的选取，也可能会导致基本类PPP的失真。因此，本节将通过模拟基本类PPP的失真情况测度其对基本类以上PPP测算结果的影响。

一、GEKS-PPP偏差与支出权重的关系

与基本类PPP测算不同的是，基本类以上PPP的测算过程将加入权重信息，即基本类规格品的支出比例。GEKS法的基本原理是在所有经济体双边Fisher指数基础上对经济体与基准经济体所有直接和间接Fisher指数的几何平均。从计算公式上看，如果有L个经济体，那么L个经济体的支出权重都将参与GEKS-PPP的计算，Fisher指数是对两个加权算术平均数的几何平均，而GEKS法是几何平均基础上再次几何平均。因此，基本类PPP失真对GEKS-PPP的影响是十分复杂的，很难直接用数学关系式做出准确表达。然而，有一点是清楚的，即不同经济体的不同支出权重结构对GEKS-PPP的影响也是不同的。综上，笔者将从基本类PPP失真GEKS-PPP偏差与支出权重的数量关系入手探讨PPP失真对GEKS-PPP偏差的影响，进而总结GEKS法的稳定性特征。

为了反映不同经济体支出权重结构差异，分别计算了全球175个经济体12个基本类支出比例的变异系数（CV），并且根据CV值的不同区间选取了20个经济体，分别以区域数据为基础试算了各个基本类PPP

相同失真水平的GEKS-PPP偏差，20个经济体的基本类PPP失真水平依次为5%、10%、15%、20%、25%、30%、35%、40%、45%、50%、55%、60%、65%、70%、75%、80%、85%、90%、95%、100%。图4-1展示了其中部分经济体的GEKS-PPP偏差与支出权重结构的关系。

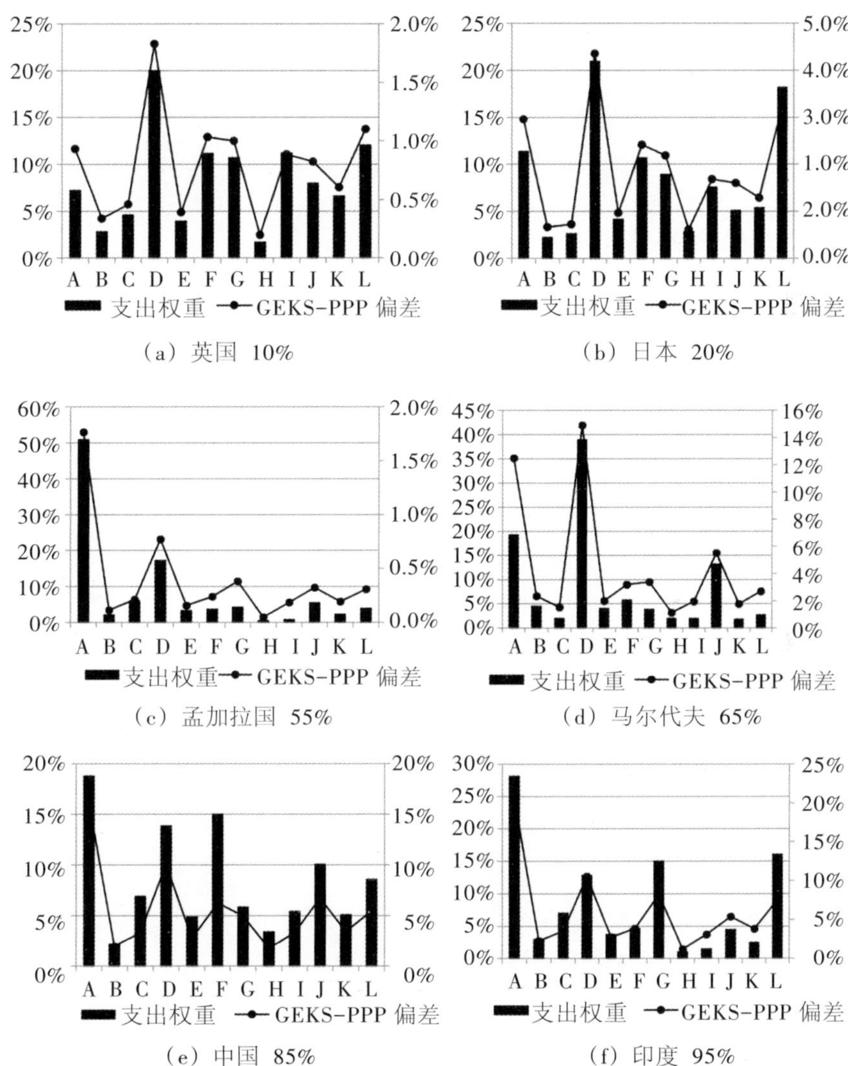

图4-1 GEKS-PPP偏差与支出权重结构的关系图

注：图中横轴字母代表规格品，依次分别为A-食品和非酒精饮料，B-酒精饮料、烟草和麻醉品，C-服装和鞋类，D-住房、水、电、天然气和其他燃料，E-家具、家用设备及维修，F-卫生医疗，G-交通，H-通信，I-娱乐和文化，J-教育，K-住宿和餐饮，L-其他货物和服务。

根据试算结果可以发现：①非基准经济体基本类PPP失真对GEKS-PPP的影响具有非系统性，即仅会导致本经济体的GEKS-PPP偏差；②通过图4-1可以看出，总体上，在相同高估水平下，不同基本类PPP所导致的GEKS-PPP偏差基本都与基本类的支出权重成正比，支出权重越大，相应的GEKS-PPP偏差也越大；③当12个基本类PPP同时被高估相同比例时，GEK-PPP也将有相同比例的偏差，但是各基本类PPP单个被高估相同比例的GEKS-PPP偏差之和，与所有基本类PPP同时被高估相同比例的GEKS-PPP偏差并不相同，并且高估比例越大，两者的差异也越大。

二、单个基本类PPP失真

综合上述试算可知，基本类PPP失真对GEKS-PPP的影响主要来自两方面：PPP失真的数量和程度以及基本类的支出权重，并且支出权重与GEKS-PPP偏差成正比。由此推测的GEKS-PPP偏差估算公式如4.15式所示。

$$PPP_j^{GEKS}偏差 = \sum_{i=1}^{K} a_{ij} \cdot w_{ij},\ \sum_{i=1}^{K} w_{ij} = 1 \quad (4.15)$$

假定某大类产品包含K个基本类，a_{ij}表示经济体j第i个基本类PPP的失真水平，w_{ij}表示经济体j第i个基本类的支出权重。

为了验证GEKS-PPP偏差估算公式的准确性，选择了175个经济体中支出权重CV值最小和最大的两个经济体——马耳他和坦桑尼亚，模拟测算了不同基本类在相同PPP失真水平下的GEKS-PPP偏差，并使用公式4.15估算了相应偏差。各基本类PPP各失真水平对应的GEKS-PPP估算偏差与测算偏差相比的差异如表4-10和表4-11所示。

表4-10 **单个基本类PPP失真GEKS-PPP偏差估算值与测算值差异表（马耳他）（%）**

失真水平	食品和非酒精饮料	酒精饮料、烟草和麻醉品	服装和鞋类	住房、水、电、天然气和其他燃料	家具、家用设备及维修	卫生医疗	交通	通信	娱乐和文化	教育	住宿和餐饮	其他货物和服务
5%	-0.02	-0.04	-0.01	-0.15	0.04	0.00	0.02	0.02	0.06	-0.05	0.22	0.02
10%	0.01	-0.07	-0.02	-0.27	0.09	0.02	0.04	0.04	0.14	-0.08	0.45	0.05

续表

失真水平	食品和非酒精饮料	酒精饮料、烟草和麻醉品	服装和鞋类	住房、水、电、天然气和其他燃料	家具、家用设备及维修	卫生医疗	交通	通信	娱乐和文化	教育	住宿和餐饮	其他货物和服务
15%	0.06	-0.10	-0.01	-0.37	0.15	0.07	0.09	0.07	0.23	-0.11	0.73	0.10
20%	0.12	-0.12	-0.01	-0.45	0.22	0.12	0.15	0.10	0.34	-0.12	1.02	0.18
25%	0.20	-0.14	0.00	-0.51	0.30	0.20	0.23	0.14	0.45	-0.13	1.33	0.26
30%	0.28	-0.16	0.02	-0.55	0.38	0.28	0.32	0.18	0.59	-0.12	1.65	0.35
35%	0.39	-0.18	0.04	-0.59	0.47	0.38	0.42	0.22	0.72	-0.11	1.99	0.46
40%	0.52	-0.19	0.06	-0.61	0.56	0.50	0.53	0.27	0.87	-0.10	2.35	0.60
45%	0.65	-0.20	0.09	-0.61	0.66	0.62	0.64	0.32	1.02	-0.06	2.71	0.73
50%	0.79	-0.21	0.12	-0.61	0.75	0.75	0.77	0.37	1.19	-0.03	3.09	0.87
55%	0.95	-0.22	0.15	-0.62	0.86	0.88	0.91	0.43	1.36	0.01	3.49	1.03
60%	1.10	-0.22	0.18	-0.60	0.97	1.03	1.04	0.48	1.54	0.04	3.89	1.19
65%	1.27	-0.23	0.22	-0.57	1.08	1.18	1.19	0.54	1.73	0.09	4.29	1.35
70%	1.45	-0.23	0.26	-0.53	1.19	1.34	1.34	0.60	1.91	0.13	4.71	1.54
75%	1.63	-0.23	0.29	-0.48	1.31	1.51	1.50	0.66	2.10	0.18	5.13	1.72
80%	1.83	-0.23	0.33	-0.43	1.43	1.68	1.67	0.73	2.30	0.24	5.56	1.90
85%	2.02	-0.23	0.38	-0.37	1.55	1.86	1.83	0.79	2.51	0.29	6.00	2.11
90%	2.22	-0.23	0.42	-0.30	1.68	2.04	2.01	0.86	2.71	0.35	6.44	2.30
95%	2.43	-0.23	0.46	-0.23	1.80	2.22	2.18	0.92	2.92	0.42	6.89	2.50
100%	2.64	-0.22	0.51	-0.15	1.93	2.41	2.36	0.99	3.14	0.48	7.34	2.72
支出权重	12.93	2.54	3.46	10.31	5.81	10.33	10.77	3.20	9.21	6.20	14.10	11.14

表4-11　单个基本类PPP失真GEKS-PPP偏差估算值与测算值差异表（坦桑尼亚）（%）

失真水平	食品和非酒精饮料	酒精饮料、烟草和麻醉品	服装和鞋类	住房、水、电、天然气和其他燃料	家具、家用设备及维修	卫生医疗	交通	通信	娱乐和文化	教育	住宿和餐饮	其他货物和服务
5%	0.69	-0.09	0.03	-0.18	-0.02	-0.03	-0.08	-0.04	-0.03	-0.05	-0.07	-0.06
10%	1.43	-0.18	0.08	-0.34	-0.02	-0.05	-0.14	-0.09	-0.07	-0.10	-0.13	-0.12
15%	2.23	-0.26	0.14	-0.50	-0.02	-0.07	-0.21	-0.13	-0.10	-0.13	-0.20	-0.18
20%	3.09	-0.35	0.22	-0.64	-0.01	-0.07	-0.26	-0.18	-0.12	-0.16	-0.26	-0.23
25%	3.98	-0.43	0.30	-0.78	0.00	-0.07	-0.31	-0.22	-0.15	-0.18	-0.33	-0.28
30%	4.93	-0.51	0.39	-0.90	0.02	-0.07	-0.35	-0.26	-0.18	-0.20	-0.39	-0.32
35%	5.91	-0.59	0.49	-1.02	0.05	-0.05	-0.39	-0.31	-0.20	-0.21	-0.46	-0.37
40%	6.94	-0.68	0.60	-1.14	0.08	-0.04	-0.42	-0.35	-0.22	-0.22	-0.52	-0.41
45%	8.00	-0.76	0.72	-1.24	0.12	-0.01	-0.45	-0.39	-0.24	-0.22	-0.58	-0.45
50%	9.11	-0.84	0.84	-1.34	0.16	0.01	-0.48	-0.43	-0.27	-0.22	-0.65	-0.48
55%	10.24	-0.92	0.97	-1.44	0.20	0.04	-0.50	-0.48	-0.29	-0.22	-0.71	-0.52
60%	11.41	-0.99	1.10	-1.52	0.25	0.07	-0.52	-0.52	-0.30	-0.21	-0.78	-0.55
65%	12.61	-1.07	1.24	-1.61	0.29	0.11	-0.54	-0.56	-0.32	-0.20	-0.84	-0.58
70%	13.84	-1.15	1.38	-1.69	0.35	0.15	-0.56	-0.60	-0.34	-0.19	-0.90	-0.61
75%	15.10	-1.23	1.52	-1.77	0.40	0.19	-0.57	-0.65	-0.36	-0.17	-0.97	-0.64
80%	16.39	-1.30	1.67	-1.84	0.46	0.23	-0.58	-0.69	-0.38	-0.16	-1.03	-0.67
85%	17.71	-1.38	1.83	-1.90	0.52	0.28	-0.59	-0.73	-0.39	-0.14	-1.10	-0.70
90%	19.05	-1.46	1.98	-1.97	0.58	0.32	-0.60	-0.77	-0.41	-0.12	-1.16	-0.73
95%	20.41	-1.53	2.14	-2.03	0.64	0.37	-0.60	-0.81	-0.42	-0.09	-1.22	-0.75
100%	21.80	-1.61	2.30	-2.09	0.70	0.43	-0.60	-0.86	-0.44	-0.07	-1.29	-0.78
支出权重	65.95	0.67	6.66	7.11	4.35	3.51	3.86	0.07	1.07	4.80	0.01	1.94

三、多个基本类PPP失真

为了进一步考察多个基本类PPP失真情况下GEKS-PPP偏差特征和验证GEKS-PPP偏差估算公式（4.15）的估算效果，选取基本类支出权重CV值处在全球中间水平的乌克兰作为样本经济体，分别进行2个基本类PPP不同失真水平组合的GEKS-PPP偏差的测算和估算，其中选定“食品和非酒精饮料”作为固定的PPP失真基本类，失真水平为高估5%，另一个基本类则是依次从其他基本类中选取，PPP失真水平依次为高估5%~100%不等水平，相应PPP失真组合的GEKS-PPP偏差测算值、估算值以及两者的差异如表4-12所示。

表4-12　2个基本类PPP失真GEKS-PPP偏差估算值与测算值差异表（乌克兰）（%）

食品和非酒精饮料	酒精饮料、烟草和麻醉品	服装和鞋类	住房、水、电、天然气和其他燃料	家具、家用设备及维修	卫生医疗	交通	通信	娱乐和文化	教育	住宿和餐饮	其他货物和服务
5%	5%	10%	15%	20%	25%	30%	35%	40%	45%	50%	55%
	1.87	2.23	3.13	2.35	3.33	4.30	2.79	3.06	4.72	2.68	4.30
	1.93	2.17	3.25	2.37	3.83	4.75	2.36	3.28	5.63	2.74	4.61
	0.06	-0.06	0.12	0.02	0.50	0.45	-0.43	0.22	0.91	0.06	0.31
		100%	95%	90%	85%	80%	75%	70%	65%	60%	
		6.63	9.18	4.33	6.44	7.87	4.00	3.97	5.90	2.87	
		6.95	11.84	4.93	9.09	9.93	3.19	4.51	7.40	2.96	
		0.32	2.66	0.60	2.65	2.06	-0.81	0.54	1.50	0.09	
32.74	5.78	5.31	10.74	3.66	8.77	10.36	2.06	4.10	8.87	2.20	5.41

注：1.表中每一个PPP失真组合下的三行数据依次为：GEKS-PPP实际测算偏差、GEKS-PPP估算偏差、GEKS-PPP估算偏差与实际测算偏差之差。

2.最后一行为对应基本类的支出权重。

由表中数据结果可以看出：①总体上看，大部分基本类PPP失真的GEKS-PPP估算偏差与测算偏差相比的偏离幅度随着失真水平的提高而扩大。②从具体的基本类看，基本类产品的支出权重越大、基本类PPP失真水平越高，相应的GEKS-PPP估算偏差与测算偏差相比的偏离幅度也越大。③从绝对偏离幅度看，大部分情况下的偏离幅度还是比较小的，基本都在3%以内。支出权重最大的基本类，相应的GEKS-PPP估算偏差的偏离幅度也最大。但相对而言，支出结构偏向平均的，偏离幅度相对较小；支出结构具有严重偏向性的，GEKS-PPP测算偏差比较大，估算值的偏离幅度也比较大，比如坦桑尼亚的食品和非酒精饮料类消费支出占居民实际消费支出的65%以上，其PPP失真最高可导致GEKS-PPP偏差达到40%以上，而相应的估算偏差的偏离幅度也达到20%的水平。

由表4-12中的数据结果可以看出：①从估算结果的准确性看，GEKS-PPP的估算偏差与测算偏差整体上是比较接近的，最大的偏离幅度没有超过3个百分点；②从GEKS-PPP测算偏差看，整体偏差水平比较低，最大的GEKS-PPP偏差没有超过10%；③从基本类支出权重看，支出权重较大的基本类PPP失真组合导致的GEKS-PPP偏差也较大，比如基本类PPP失真组合（5%，15%）的GEKS-PPP偏差为3.13%，而基本类PPP失真组合（5%，60%）的GEKS-PPP偏差却为2.87%，其重要原因就是“住房、水、电、天然气和其他燃料”的支出权重（10.74%）要显著高于“住宿和餐饮”的支出权重（2.20%）；④当支出权重较大的基本类PPP的失真幅度被控制在较低水平时，即使支出权重较小的基本类PPP的失真幅度很大，也不会导致较大的GEKS-PPP偏差，比如“食品和非酒精饮料”的支出权重最大（32.74%），但其PPP失真水平被控制在5%的水平时，即使“服装和鞋类”（支出权重为5.31%）的PPP失真水平达到100%，GEKS-PPP总偏差也只有6.63%。

第五节 CPD法、GEKS法稳定性特征总结与启示

本章主要是从基本类规格品价格数据失真和基本类PPP失真的角度考察CPD法和GEKS法的稳定性特征，通过对不同形式、不同程度数据失真的PPP与完整无失真数据PPP相比的偏差的模拟测算，发现CPD法

和GEKS法的稳定性特征如下：

一、CPD法的稳定性特征

一是基准经济体基本类规格品价格数据失真的CPD-PPP偏差具有系统性，即会导致其他经济体一致的CPD-PPP偏差，而非基准经济体基本类规格品价格数据失真时的CPD-PPP偏差不具有系统性，即仅会导致本经济体的CPD-PPP偏差，对其他经济体不产生影响。

二是不管是基准经济体还是非基准经济体，基本类规格品价格数据失真的CPD-PPP偏差都具有外生性，即价格数据失真所导致的CPD-PPP偏差不受经济体组合和规格品类别的影响，只要价格数据失真的规格品数量相同，失真水平相同，那么导致的CPD-PPP偏差就是相同的。

三是不管是基准经济体还是非基准经济体，基本类规格品价格数据失真所导致的CPD-PPP偏差都具有规律性，即价格数据失真所导致的CPD-PPP偏差可以通过一般化估算公式得到较为准确的估算，具体来说，主要受基本类包含的规格品数量、基准经济体价格数据失真的数量和失真水平，以及非基准经济体价格数据失真的数量和失真水平三方面参数的影响。

四是在基本类规格品价格数据缺失和失真并存的情况下，CPD-PPP偏差依然具有外生性和规律性，即相对于仅存在价格数据缺失情况下的CPD-PPP，价格数据缺失和失真并存的CPD-PPP偏差依然不受经济体组合和规格品类别的影响，并且偏差也可以通过一般化公式得到较为准确的估算。不同之处在于用于估算的规格品数量参数分别为基本类包含规格品的数量扣除基准经济体价格数据缺失的规格品数量之后的值和扣除非基准经济体价格数据缺失的规格品数量之后的值。

五是在基本类规格品价格数据缺失和失真并存的情况下，CPD-PPP总偏差为仅价格数据缺失CPD-PPP偏差与价格数据缺失条件下价格数据失真的CPD-PPP偏差之和，即对于任意非基准经济体而言，同时存在规格品价格数据缺失和价格数据失真情况下的CPD-PPP偏差实际由四部分组成：基准经济体价格数据缺失导致的系统性CPD-PPP偏差、非基准经济体自身价格数据缺失导致的CPD-PPP偏差、基准经济体价格数据失真导致的系统性CPD-PPP偏差、非基准经济体自身价格数据失真导致的CPD-PPP偏差。由于价格数据缺失对CPD-PPP的影响不具有外生性，会因经济体组合的不同和规格品类别的不同而不同，因而难以做出准确的估算，由此很难对四方面CPD-PPP偏差的综合结果做出预判，但总体上如果四方面的偏差方向一致，那么将导致较大的偏差，而当有相反方向的偏差存在时，则要看各方向的偏差水平才能确定最终的偏差方向和水平。

二、GEKS法的稳定性特征

一是非基准经济体基本类PPP失真主要导致本经济体的GEKS-PPP偏差，不会对其他经济体产生显著影响。

二是基本类PPP失真的GEKS-PPP偏差与基本类的支出权重成正比，同样的失真水平，支出权重越大，产生的GEKS-PPP偏差也越大。

三是基本类PPP失真所导致的GEKS-PPP偏差可以用各基本类PPP失真水平与支出权重乘积的综合来估算。支出权重结构越平均，失真水平越低，估算结果的准确性越高；而当支出权重结构具有显著的偏向性时，支出权重大的基本类PPP失真所导致的GEKS-PPP偏差容易被高估，而支出权重较小的基本类PPP失真所导致的GEKS-PPP偏差的估算值则较为准确。

四是当支出权重较大的基本类PPP的失真水平较低时，其他支出权重较小的基本类PPP即使失真水平很高，也不会导致较大的GEKS-PPP偏差。

三、实践启示

综合上述CPD法和GEKS法的稳定性特征可以为ICP的数据质量优化和比较结果评估与调整提供以下建议：

一是应保证基准经济体价格数据的准确性。通过CPD法的稳定性特征可以看出，基准经济体价格数据失真的影响是系统性的，会导致其他经济体一致的基本类PPP偏差，通过进一步汇总基本类PPP偏差又会导致更高层级的PPP偏差，而在支出权重的影响下，不同经济体的PPP

偏差也会有所不同。因此，基准经济体价格数据的准确性十分重要，而且这种准确性不仅指数据的真实性，更为重要的是要能够反映基准经济体同类商品或服务的真实价格水平。

二是实践中应优先改善支出权重较高的基本类规格品的价格数据质量。基本类PPP失真对更高层级GEKS-PPP的汇总的影响主要由基本类的支出权重所决定，支出权重大，较小的基本类PPP失真也能导致相对较大的GEKS-PPP偏差，而支出权重小，较大的基本类PPP失真对GEKS-PPP的影响也将变得有限。这也就意味着，基础价格数据出现大幅度失真也未必会导致较大的汇总级别的PPP偏差。通过模拟测度发现，当支出权重较大的基本类PPP失真水平被控制在低水平时，即使其他基本类PPP有较大的失真也不会导致更高层级PPP出现较大的偏差。因此，在有限的统计资源和既定的基础设施条件下，提高ICP的基础数据质量需要有所侧重，应当给予支出权重较大的规格品更高的优先级。

三是可以使用PPP偏差估算公式对ICP比较结果的准确性进行量化评估。在ICP的价格数据采集流程中，多个环节都有可能造成价格数据的失真，其中以规格品代表性和可比性矛盾的影响最为突出，因此测算结果一般倾向于低估发展中经济体的PPP。以往对于PPP偏差的研究多是从经济联系的角度的测算，比如Angus Deaton和Aten（2014）基于“巴拉萨-萨缪尔森”理论构建的计量经济模型对PPP偏差的测算，然而该测算方式只能实现对总量层面PPP偏差的测算，无法对较低层级PPP的偏差水平做出评估。但是，在对不同基本类规格品采集价格水平与实际价格水平偏离幅度的估算和基本类PPP偏差估算的基础上，采用本章所总结的PPP偏差估算一般化公式可实现从数据质量角度对多层次PPP测算准确性的量化评估。

四是可以使用PPP偏差估算公式进行PPP的跨期推算。PPP跨期推算是以某个基准年的PPP测算结果为基准，在时间维度上进行相邻年份PPP的推算。在推算期内规格品清单不变，经济体支出权重结构不变的前提下，基期的规格品价格和PPP可以被视为“真实”的价格和PPP，而规格品价格的变动水平就可以视为价格数据的“失真”水平或基本类PPP的“失真”水平，由此就可以使用本章实验测度所总结的PPP偏差估算公式进行各层级PPP的推算。

五是在PPP的跨期推算中应加强对经济体支出权重结构变化的关注。一轮ICP比较活动大概需要5-6年时间，中间年份的PPP数据一般都采用推算的方法获得，比如世界银行的“世界发展指数（WDI）”、国际货币基金组织的“世界经济展望（WEO）”等都使用了ICP比较结果基础上的时序PPP推算数据。一般实际推算采用的工具有消费者价格指数（CPI）、生产者价格指数（PPI）以及GDP平减指数。这些指数都是从价格变动角度对PPP做出调整，然而通过本章的测度可以看出，支出权重结构对高层级PPP具有重要影响，如果周期内经济体的支出权重结构没有发生显著变化，那么仅从价格变动角度的推算是相对准确的，但是如果周期内经济体的支出权重结构发生了显著变化，那么仅从价格变动角度的推算就是片面的，容易导致较大的偏误。因此，对于长跨期的PPP推算或者对于经济处于快速发展、结构处于快速调整期的经济体而言，应将支出权重也引入PPP的跨期推算。

六是ICP基本类以上层级PPP的准确性要高于基本类层级PPP的准确性，在使用ICP比较结果进行实际问题分析时应当注意对ICP比较结果的选择，尽量使用较高层级的比较结果。基础价格数据质量问题对基本类PPP的汇总测算的影响是直接的，价格数据缺失数量越多，失真幅度越大，基本类PPP的偏差也越大，但是以基本类PPP为基础进行更高层级PPP的汇总时，对于多数支出权重较小的基本类，即使基本类PPP有较大的偏差，在支出权重的调节下，偏差对基本类以上PPP的影响将减弱。因此，相比较而言，ICP基本类以上层级PPP的准确性要高于基本类层级PPP的准确性。

第五章　基本类以上PPP汇总方法稳定性测度与比较分析

围绕基本类以上PPP的测算形成了多种汇总方法，从方法的公理化性质看，这些汇总方法各有特点，没有一种方法具有绝对的测度优势，并且从实际测算结果来看，不同的汇总方法得出的结果也可能存在较大差异，因而围绕GEKS法的ICP比较结果的争论也较多。从PPP实践测度的角度，对PPP汇总方法的评价不能局限在理论层面，还需要考察汇总方法与实际数据基础的匹配情况，如果在不同的数据条件下或者在外生条件发生变化的情况下能够保持PPP测算结果的稳定，那么这样的汇总方法就具有测度优势。类似的数据条件或外生条件主要包括：经济体间的支出结构差异、从区域内测算到全球区域间链接测算的经济体数量变化、由于细项支出核算能力不足而合并测算的支出权重结构变化等。

因此，本章将从以下三个方面对基本类以上PPP汇总方法的稳定性进行测度与分析：①以“类替代偏差”概念为基础，对不同基本类以上PPP汇总方法的结果差异问题进行理论分析，并结合实际测算结果从“类替代偏差”角度综合评价不同汇总方法的稳定性；②通过按不同标准对经济体数量变化的模拟，考察经济体数量变化和经济体组合变化情况下不同基本类以上PPP汇总方法的稳定性；③通过模拟合并测算部分基本类PPP，考察支出权重结构变化情况下不同基本类以上PPP汇总方法的稳定性。最后，综合三方面的测度和分析从测度稳定性视角对ICP采用GEKS法的合理性做出评价。

第一节　基于“类替代偏差”概念的考察

“替代偏差”最早被引入ICP主要是用于解释GK法的格申克龙效应，即GK法PPP测算结果容易高估发展中经济体的实际经济水平和支出水平的特征，比如Kravis等（1982）[①]就曾指出GK法容易受替代偏差的影响而导致测算偏差，而Hill（2000）[②]认为GEKS法能够有效避免替代偏差的影响，并对GK法存在的替代偏差进行了系统测度，测度结果表明，对于部分发展中经济体，GK法甚至高估了70%以上。实际上，“替代偏差”概念来源于经济学中的“替代效应”理论，即在实际收入不变的条件下，对于一般商品而言，消费者倾向于消费价格相对更低的商品。正是由于GK法的PPP指数形式为帕氏指数，忽视了“替代效应”，因而才被认为其测算的PPP存在“替代偏差”。然而，如果从“替代效应”的原理和实际数据测算结果来看，PPP汇总方法所表现出的“替代偏差”并非由“替代效应”所引起，而是由汇总方法的指数形式所天然决定，因此本文将之称为“类替代偏差”。

一、类替代偏差概念及其经济学原理

实际上，“替代偏差”概念的出现始于对消费者价格指数中拉氏指数与帕氏指数关系的研究，在生活费用指数的经济分析框架下，替代偏差很好地解释了拉氏指数倾向于大于帕氏指数的内在经济原理[③]。替代

---

① Kravis I B, Heston A, Summers R, et al. World Product and Income: International Comparisons of Real Gross Product[R/OL]. 1982. https://thedocs. worldbank. org/en/doc/981741487105192586-0050022017/original/worldproductandincome.pdf.

② Hill R J. Measuring Subsitution Bias in International Comparisons Based on Additive Purchasing Power Parity Methods [J]. European Economic Review, 2000, 44 (1): 145-162.

③ ILO/IMF/OECD/UNECE/Eurostat & World Bank. Consumer Price Index Manual: Theory and Practice [M]. Peter Hill (ed.), Geneva: International Labor Office, 2004.

偏差对PPP汇总方法性质的解释实际是将解释对象由时间延伸到空间，ICP手册中对替代偏差的解释就是基于时间价格指数的分析方式展开的（World Bank，2013）①。

如果经济比较在只有2种消费品的3个经济体之间进行，那么PPP汇总方法替代偏差的基本原理可用图5-1来解释。假定A、B、C三个经济体的居民具有相同的消费偏好，即具有相同的无差异曲线L_1。当商品1与商品2的相对价格存在差异时，在替代效应的作用下，三个经济体居民的商品消费组合将表现为同一条无差异曲线上不同的消费组合点，如图5-1中无差异曲线L_1上的a、b、c三个点。然而，如果PPP汇总方法的指数形式没有反映替代效应所造成的支出结构差异，所产生的测算偏差即被称为替代偏差。例如GK法，其PPP的指数形式为帕氏指数形式，即以参比经济体的消费量或消费支出比率为权重，由此反映出的经济含义是不管商品的价格水平是否有差异，所消费的量都是一样的，替代效应在此并没有得到体现，因此GK法PPP存在替代偏差。

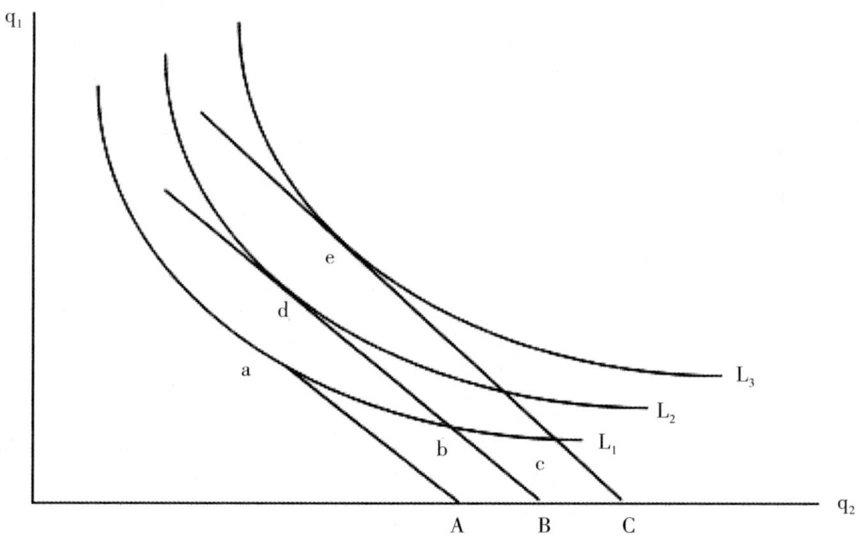

图5-1 PPP汇总方法替代偏差示意图

然而，经济学中替代效应的产生以经济人倾向于消费价格更低的商

① World Bank. Measuring the Real Size of the World Economy: The Framework, Methodology, and Results of the International Comparison Program—ICP [M]. World Bank: Washington D.C., 2013.

品为前提，即在消费偏好不变的情况下，如果有两种能够满足相同效用的商品供消费者选择，理性的消费者会倾向于消费价格更低的商品。在经济体内，消费者时间维度上的实际消费行为与此假设可以相一致，因为消费者的偏好在短期内一般保持不变，并且可以自由地在市场上进行理性交易，因而对消费者价格指数具有较强的解释效力。但在空间PPP价格指数的背景下，要想满足替代效应的前提条件，需要满足以下两条基本假定：一是不同国家的消费者具有相同的消费偏好，二是所有商品能够在经济体间自由流动，不存在任何交易壁垒，由此才能使消费者能够对经济体间相同商品的不同价格保持必要的灵活反应。然而，众所周知，这两条假定在现实中都是难以实现的，如果说经济体间的经济发展水平相当，文化背景相似，那么相同消费偏好的假定还能够与现实相匹配，但是商品的自由流通在任何经济体间都是无法实现的。因此，用替代效应这一经济学原理来解释PPP汇总方法的替代偏差有失严谨。

在此，可以用更为一般化的经济分析来解释替代偏差。仍以前例为例，当3个经济体具有不同收入水平时，不管消费偏好是否相同，商品1与商品2的相对价格是否有差异，不同国家的消费者都会在不同的无差异曲线上选择消费组合点，如图5-1中分别在无差异曲线L_1、L_2、L_3上的a、d、e三种组合，此时即使商品1与商品2之间的相对价格不变，在不同国家也可能有不同的消费组合。因此，只要国家间存在收入水平差异或偏好差异，商品的实际消费组合就可能存在差异。如果PPP汇总方法的指数形式或内在结构无法有效反映国家间的消费结构差异就将产生替代偏差。与前述分析不同的是，这里不同国家的消费者行为都是独立的，在参加国内部满足替代效应的假设，国家间的替代效应需要通过具体的PPP指数形式或内在结构来反映，如果没有得到反映，那么就认为由此测算的PPP存在替代偏差。因此，实际的替代偏差并非经济意义上的，而是由PPP的指数形式或内在结构所天然决定的，由此将之称为“类替代偏差”。

根据上述对类替代偏差的分析可知，实际上每一种PPP汇总方法都存在类替代偏差，只是不同汇总方法的类替代偏差程度有所不同。当PPP指数形式是以某个国家的支出权重或某种确定的支出权重为基础时，则某个国家或某些国家的PPP就是相对准确的，但是容易导致其他国家PPP较大的类替代偏差；当PPP指数形式综合使用了多方的支出权重时，尽管所有国家的PPP都可能存在类替代偏差，但是总体偏差相对较小；当国家间的支出权重结构差异原本就比较小时，类替代偏差也会比较小，不同PPP汇总方法的测算结果也会比较接近。

二、类替代偏差的实证分析

根据图5-1对类替代偏差的理论解释可以看出，收入水平差异和消费偏好所决定的支出结构差异是影响类替代偏差程度的两个主要因素，经济体间的收入水平差异越大或支出结构差异越大，类替代偏差就可能越大，不同汇总方法的PPP差异可能也越大。

（一）GAIA法、GK法与GEKS法测算结果的比较

表5-1是Neary（2004）在提出GAIA多边PPP汇总方法时，利用1980年的国际比较数据，使用不同PPP汇总方法计算得到的实际收入水平比较结果（此处为节选的部分经济体的结果，并按区域进行了划分）。

表5-1 不同PPP汇总方法的经济体间实际收入水平测算结果比较（1980年）

区域	经济体	支出	GEKS	GK	HAIDS	AIDS	GEKS/GK	GEKS-GK	HAIDS/GEKS	AIDS/HAIDS
OECD	丹麦	78.83	29.00	24.70	28.89	39.97	1.17	4.30	1.00	1.38
	荷兰	68.65	28.27	23.99	28.88	38.10	1.18	4.28	1.02	1.32
	英国	56.53	25.30	21.61	25.40	35.21	1.17	3.69	1.00	1.39
	日本	49.08	21.63	19.10	21.38	31.35	1.13	2.53	0.99	1.47
	西班牙	36.99	21.07	18.23	21.03	28.63	1.16	2.84	1.00	1.36
	希腊	27.08	16.53	14.30	16.46	22.77	1.16	2.23	1.00	1.38
亚太	韩国	9.45	6.68	6.49	6.65	8.24	1.03	0.19	1.00	1.24
	菲律宾	4.65	5.89	5.10	6.01	7.28	1.15	0.79	1.02	1.21
	印度尼西亚	2.75	2.96	2.80	3.03	3.71	1.06	0.16	1.02	1.22
	斯里兰卡	2.02	4.38	4.25	4.49	4.50	1.03	0.13	1.03	1.00
	印度	1.53	1.72	1.60	1.76	1.63	1.08	0.12	1.02	0.93
拉丁美洲	阿根廷	31.93	11.75	10.45	11.44	15.70	1.12	1.30	0.97	1.37
	乌拉圭	24.20	14.50	13.23	14.22	19.70	1.10	1.27	0.98	1.39
	智利	16.54	10.76	9.40	10.66	14.46	1.14	1.36	0.99	1.36

续表

区域	经济体	支出	GEKS	GK	HAIDS	AIDS	GEKS/GK	GEKS-GK	HAIDS/GEKS	AIDS/HAIDS
	巴西	13.60	11.35	10.05	11.49	15.67	1.13	1.30	1.01	1.36
	巴拉圭	9.47	7.58	6.69	7.60	9.79	1.13	0.89	1.00	1.29
	哥伦比亚	8.44	9.81	8.76	9.74	13.07	1.12	1.05	0.99	1.34
	危地马拉	7.85	8.62	8.08	8.52	10.89	1.07	0.54	0.99	1.28
	秘鲁	6.97	7.69	7.07	7.59	9.88	1.09	0.62	0.99	1.30
	萨尔瓦多	5.18	4.80	4.41	4.73	5.24	1.09	0.39	0.99	1.11
	洪都拉斯	4.40	4.08	3.64	4.05	4.51	1.12	0.44	0.99	1.11
非洲	科特迪瓦	7.11	3.41	2.92	3.42	4.22	1.17	0.49	1.00	1.23
	尼日利亚	5.69	2.36	2.12	2.43	2.68	1.11	0.24	1.03	1.10
	摩洛哥	5.60	3.90	3.52	3.89	4.71	1.11	0.38	1.00	1.21
	喀麦隆	5.31	2.80	2.51	2.78	3.01	1.12	0.29	0.99	1.08
	津巴布韦	4.25	2.67	2.37	2.69	3.46	1.13	0.30	1.00	1.29
	塞内加尔	3.91	2.44	2.27	2.42	2.96	1.07	0.17	0.99	1.22
	赞比亚	3.37	1.62	1.42	1.59	1.88	1.14	0.20	0.98	1.18
	肯尼亚	2.60	2.05	1.94	2.04	2.26	1.06	0.11	0.99	1.11
	坦桑尼亚	1.91	1.19	1.14	1.26	0.94	1.04	0.05	1.06	0.75
	马里	1.51	1.19	1.07	1.23	1.25	1.11	0.12	1.03	1.02
	马拉维	1.30	1.26	1.21	1.23	1.63	1.04	0.05	0.98	1.33
	埃塞俄比亚	1.00	1.00	1.00	1.00	1.00	1.00	1.00	1.00	1.00

注：1.数据来源：Neary J P.Rationalizing the Penn World Table：True Multilateral Indices for International Comparison of Real Income[J].The American Economic Review，2004（5）.

2.支出项为按照汇率折算的支出相对水平。

通过表5-1的结果得出以下两方面结论：

第一，随着非基准经济体支出水平相对于基准经济体（埃塞俄比亚）的差距逐步提高，GEKS法相比于GK法的实际收入差距的差异也在增加，并且不管是从区域层面还是从区域内经济体层面都表现出了相似的规律。比如，从区域层面看，OECD经济体的支出水平普遍要比埃塞俄比亚所在的非洲区域的经济体的支出水平要高出很多，计算所得到GEKS法的实际收入水平与GK法的实际收入水平的相对差异（表5-1中第8列数据）和绝对差异（第9列数据）都表现出了较高的差异水平，而亚太区域经济体间的支出水平与非洲区域经济体的差距较小，GEKS法和GK法的实际收入水平的相对差异和绝对差异水平也相对较小。从区域内经济体层面看，总体上，随着支出水平差异的增加，GEKS法和GK法的实际收入水平差异也呈递增趋势，个别经济体表现出支出水平差异大，而实际收入水平差异小，或支出水平差异小，而实际收入水平差异大的情况也属于正常情况，因为消费行为不仅受支出能力影响，也受消费偏好影响，即实际消费结构差异的影响。在同一区域内的经济体间，支出水平相当，但支出结构差异较大，GEKS法和GK法的实际收入水平差异就会较大，不同区域的国家间，支出水平差异较大，但支出结构相似，GEKS法和GK法的实际收入水平差异也会较小。因此，前述类替代偏差的经济学原理可以较好地解释GEKS法和GK法之间的结果差异。

第二，根据Neary（2004）对GAIA法的数理性质证明，当消费偏好为位似偏好时，GAIA法的PPP结果与GEKS法的PPP结果是一致的。在Neary的实际测算中，分别将AIDS支出函数和HAIDS（位似AIDS）支出函数引入GAIA法进行了计算。表5-1中的计算结果显示，不论支出水平差异程度如何，HAIDS支出函数下的GAIA法与GEKS法的实际收入水平都十分接近（表5-1中第10列数据），而AIDS与HAIDS支出函数的GAIA实际收入水平差异却基本都表现出较大差异（表5-1中第11列数据）。这里虽然没有改变GAIA的PPP指数外在形式，但不同的支出函数改变了实际计算的支出权重结构，从而导致了测度结果的差异。由此说明，即使是相同的PPP指数形式，但是其内在支出结构发生改变时，同样会导致测算结果的差异。

表5-2为王岩、杨仲山（2017）在研究多边PPP汇总方法选择对发展中国家实际消费水平影响时的测算结果。与前文Neary研究的相同之处在于两者都进行了GAIA法、GEKS法和GK法的实际测算，并对结果进行了比较分析，不同之处在于，后者的基础数据为ICP2011年轮的结果数据，并且以PLS为参照比较了不同汇总方法结果的差异。

表5-2 不同PPP汇总方法的人均实际个人消费支出测算结果比较（2011年）

经济体	PLS	GEKS	GK	GAIA	GK/GEKS-1（%）	GAIA/GEKS-1（%）
缅甸	1.57	6.06	6.82	4.98	12.54	-17.82
吉尔吉斯斯坦	1.38	9.99	10.81	8.43	8.21	-15.62
越南	1.35	8.06	8.68	7.22	7.69	-10.42
阿尔巴尼亚	1.33	20.15	21.54	19.35	6.90	-3.97
乌克兰	1.32	22.12	23.61	21.44	6.74	-3.07
伊拉克	1.31	14.14	15.18	12.83	7.36	-9.26
格鲁吉亚	1.30	17.36	18.66	15.74	7.49	-9.33
塔吉克斯坦	1.29	7.67	8.24	6.37	7.43	-16.95
蒙古国	1.28	14.76	15.48	13.58	4.88	-7.99
伊朗	1.28	22.49	23.89	22.14	6.22	-1.56
俄罗斯	1.11	40.68	40.81	41.99	0.32	3.22
巴西	1.10	26.54	26.80	27.38	0.98	3.17
中国	1.10	12.08	12.29	11.37	1.74	-5.88
印度尼西亚	1.02	12.98	12.97	12.18	-0.08	-6.16
印度	1.02	8.04	7.98	7.92	-0.75	-1.49
西班牙	1.01	61.90	61.35	60.30	-0.89	-2.58
斯洛文尼亚	1.01	54.06	53.39	54.27	-1.24	0.39
秘鲁	1.01	19.37	19.02	18.98	-1.81	-2.01
法国	1.01	72.46	71.66	71.32	-1.10	-1.57
塞浦路斯	1.01	67.08	66.86	68.32	-0.33	1.85
英国	1.01	70.50	70.26	68.71	-0.34	-2.54
意大利	1.00	66.31	65.42	65.55	-1.34	-1.15
奥地利	1.00	77.74	77.69	77.40	-0.06	-0.44
希腊	1.00	60.74	60.08	60.67	-1.09	-0.12
加拿大	1.00	72.08	71.85	73.24	-0.32	1.61

数据来源：王岩，杨仲山. 国际比较项目（ICP）高估发展中国家实际消费水平了吗［J］. 统计研究，2017（7）：3-14.

此处，PLS为以美国为基准的拉氏指数与帕氏指数的比值，实际度量了各经济体支出结构相对于美国的差异程度。通过表5-2可以看出：

第一，随着PLS的提高，GEKS法与GK法的人均实际个人消费支出的差异也呈扩大趋势（表5-2中第6列数据）。由此可以看出，当测度的经济体间支出结构相近时，即使是收入水平不同，GEKS法和GK法的测度结果也可能比较相近，比如表中的中国、印度尼西亚、印度与美国相比都具有很大的收入水平差异，但是PLS所测度的支出结构相似度很高，因此两种方法的人均实际个人消费支出水平也比较相近。

第二，GAIA法与GEKS法的人均实际个人消费支出差异普遍大于GK法与GEKS法的差异，即表5-2中第7列数据的绝对值要普遍大于第6列数据的绝对值。此处GAIA法的测算采用的是AIDS支出函数形式，而在支出函数为HAIDS形式时，GAIA法的结果与GEKS法是一致的，因而此处GAIA法与GEKS法的结果差异也可以看作AIDS支出函数与HAIDS支出函数的GAIA法结果的差异。结合表5-1中的相同数据特征，可以再次证明，即使是相同的PPP指数形式，但是其内在支出结构发生改变时，同样会导致测算结果的差异。

（二）GK法、IDB法、RS法、MPCP法、SS法、MBC法与GEKS法PPP测算结果的比较

前述两项实际测算结果说明，类替代偏差对GAIA法、GK法和GEKS法测算结果之间的差异有较好的解释效力。为了证明类替代偏差对其他PPP汇总方法测算结果的差异也有较好的解释效力，也为了比较不同汇总方法在不同数据条件下的PPP测算结果差异，分别利用相同区域和全球层面数据依次采用GK法、IDB法、RS法、MPCP法、SS法、MBC法以及GEKS法对基本类以上PPP进行实际测算，并以GEKS-PPP为基准对不同汇总方法的PPP测算差异进行比较。表5-3分别列示了各区域PPP测算差异中最大和最小的3个经济体的差异结果，以及全球层面PPP测算差异中最大和最小的6个经济体的差异结果。

表5-3　　不同汇总方法PPP与GEKS-PPP的差异比较

区域	经济体	PLS（%）	人均支出指数	GK（%）	IDB（%）	RS（%）	MPCP（%）	SS（%）	MBC（%）
非洲	南非	7.52	8.205	7.08	5.29	6.63	7.49	4.18	3.24
	吉布提	0.19	1.376	6.59	2.75	1.98	8.85	1.65	1.56
	毛里求斯	1.65	10.267	5.72	3.52	3.76	6.55	2.34	1.41
	阿尔及利亚	3.35	3.746	0.48	-0.14	0.75	0.47	-0.79	-0.46
	坦桑尼亚	0.54	0.533	0.10	0.27	0.36	-0.57	0.54	0.70
	塞拉利昂	4.59	0.664	0.07	0.33	0.92	-0.23	-0.39	0.36
亚太	中国	1.33	0.100	5.05	5.94	3.24	6.99	6.59	4.41
	不丹	1.49	0.057	4.91	4.78	0.97	5.96	6.37	4.82
	缅甸	2.96	0.027	-4.63	-1.55	0.81	2.47	0.18	-1.17
	新加坡	0.61	0.937	1.62	3.30	3.45	3.15	2.11	2.21
	柬埔寨	0.57	0.032	1.61	3.14	0.46	4.97	5.21	1.92
	文莱	4.86	0.432	1.50	3.59	3.99	5.20	3.45	1.37
独联体	白俄罗斯	1.71	0.414	-2.45	0.35	0.14	0.81	0.46	-0.32
	乌克兰	1.63	0.369	-1.94	0.65	-0.18	-0.23	0.86	-1.32
	吉尔吉斯斯坦	2.89	0.144	-1.86	0.36	1.05	0.76	0.33	-0.15
	阿塞拜疆	1.56	0.390	0.76	0.22	-0.31	-0.31	0.76	0.22
	亚美尼亚	4.32	0.390	0.35	1.46	1.34	-0.02	2.11	0.46
	摩尔多瓦	1.05	0.289	-0.21	0.92	0.34	0.79	0.92	-0.11
欧盟-OECD	阿尔巴尼亚	22.39	0.102	-8.04	-3.72	7.04	0.81	-5.04	-0.56
	罗马尼亚	14.14	0.165	-4.31	-1.09	-0.65	-0.47	-1.38	0.89
	塞尔维亚	12.57	0.145	-4.01	-1.21	-1.64	-0.86	-1.57	0.59
	瑞典	0.41	1.018	0.21	0.35	-0.90	0.37	0.34	0.14
	澳大利亚	0.71	1.125	0.18	-0.54	-1.06	0.61	-0.68	-0.77
	冰岛	3.14	0.807	0.01	1.07	-1.52	1.67	0.81	0.10

续表

区域	经济体	PLS（%）	人均支出指数	GK（%）	IDB（%）	RS（%）	MPCP（%）	SS（%）	MBC（%）
拉丁美洲	委内瑞拉	0.96	4.406	-6.51	-3.83	2.28	-4.12	-4.62	-0.83
	海地	3.18	0.563	5.70	1.56	1.35	-1.75	2.35	-2.01
	巴拿马	0.69	3.757	-3.43	1.51	0.85	-1.86	1.02	-0.77
	乌拉圭	0.14	7.011	-0.23	1.68	1.33	-0.50	1.42	-0.24
	秘鲁	1.76	2.565	0.11	1.08	0.57	-2.94	1.00	-0.35
	多米尼加	1.43	3.332	-0.02	1.20	1.77	-2.29	1.10	0.49
加勒比	凯科斯群岛	0.35	0.493	-4.52	-3.54	-1.42	-3.19	-3.11	2.77
	维尔京群岛	2.82	0.681	-4.35	-3.07	-0.84	-3.54	-2.76	2.84
	百慕大	10.87	3.653	-4.03	-3.46	4.05	-5.05	-3.62	3.20
	特立尼达拉岛	1.93	0.558	0.27	0.58	0.38	-0.45	0.72	6.47
	圣文森特和格林纳丁斯	1.48	0.312	0.15	0.90	0.46	-1.95	0.64	3.97
	安提瓜岛	5.61	0.488	-0.02	0.02	0.12	-3.94	-0.30	4.44
西亚	巴勒斯坦	0.75	0.114	-6.15	-4.16	-3.67	-3.86	-1.83	-0.97
	苏丹	13.94	0.052	-4.55	-0.98	-1.09	1.22	2.96	1.20
	沙特阿拉伯	4.00	0.389	3.52	1.53	-0.15	1.37	2.38	2.06
	伊拉克	0.12	0.101	-1.12	-3.12	-3.89	-2.06	-1.44	-0.79
	阿曼	0.51	0.343	0.52	0.95	-1.61	1.23	1.09	0.52
	巴林	0.58	0.475	-0.02	0.11	-0.41	-0.41	0.37	-0.93
全球	缅甸	23.02	0.017	-12.96	-9.66	-7.47	-7.15	-8.67	-14.88
	白俄罗斯	18.97	0.085	-9.36	-7.02	-4.48	-2.69	-6.68	-12.76
	吉尔吉斯斯坦	31.46	0.030	-9.08	-6.64	0.07	-2.49	-6.52	-13.59
	越南	16.80	0.026	-8.56	-4.99	-6.09	-3.53	-4.97	-9.18
	塔吉克斯坦	37.81	0.026	-7.91	-7.16	2.43	-2.92	-5.78	-13.40
	中非共和国	40.66	0.012	7.87	2.28	-1.98	5.75	5.00	-4.11

续表

区域	经济体	PLS（%）	人均支出指数	GK（%）	IDB（%）	RS（%）	MPCP（%）	SS（%）	MBC（%）
全球	英国	3.41	0.823	0.66	-0.37	-1.56	0.29	-0.58	-1.92
	比利时	0.32	0.855	0.43	0.30	-1.78	1.53	0.72	-1.15
	瑞典	0.41	1.018	0.47	0.25	-0.93	2.43	0.60	-1.87
	奥地利	2.17	0.875	0.43	-0.94	-3.89	-0.03	-1.38	-2.92
	加拿大	1.21	0.943	0.11	0.07	-3.16	0.39	-0.14	-1.77
	澳大利亚	0.71	1.125	-0.04	-1.23	-1.54	0.50	-1.28	-2.38

注：1.PLS是以区域基准经济体为基准的拉氏指数与帕氏指数的比值减1后的百分比，数值越大说明与基准经济体相比的支出结构差异越大；

2.人均支出指数是指各经济体人均实际个人消费支出与基准经济体人均实际个人消费支出的比值，比值越接近1，说明与基准经济体的消费支出能力越相近；

3.各汇总方法PPP相对GEKS-PPP的差异为各方法PPP与GEKS-PPP的比值减1后的百分比。

由表5-3中的数据结果可以看出：

第一，不管是在区域层面还是全球层面，不同汇总方法PPP与GEKS-PPP的差异都和经济体的相对支出结构或消费支出水平相关。与基准经济体相比，支出结构差异比较大或者消费支出水平差异比较大的，相应的PPP差异也比较大，相反则PPP差异也比较小。由此说明类替代偏差对于这些方法间的PPP测算结果差异有较好的解释效力。

第二，当区域内经济体间的整体支出结构差异和消费支出能力差异提高时，不同汇总方法PPP与GEKS-PPP的差异也会趋于提高。对比欧盟-OECD区域的结果和全球层面的结果可以看出，瑞典和澳大利亚在全球层面不同汇总方法PPP与GEKS-PPP之间的差异普遍要高于区域层面的差异。两个层面的差异在于全球层面经济体间的整体支出结构差异和消费支出能力差异水平都有了大幅提高，而这两方面差异水平的提高会导致类替代偏差的提高，从而造成不同汇总方法结果间差异的提高。

第三，从具体汇总方法的PPP测算结果差异看，IDB法和RS法都是GK法基础上的改进方法，理论上通过改变PPP指数形式或者支出权重形式降低了格申克龙效应，从数据结果也能看出，这两种方法的PPP与GEKS-PPP的差距和GK法的相比要小；MPCP法、SS法和MBC法分别是从价格结构、支出结构和双边物量结构三个角度对GK法的国际平均价格的特征性改造，强化特征性的实质是要协调不同经济体之间价格结构和支出权重结构的差异，因而理论上的PPP测算结果应当与GEKS法更为接近，而这在实际测算结果上也得到了体现。

三、基于类替代偏差的PPP汇总方法评价

（一）对GEKS法的评价

GEKS法以双边Fisher指数为基础，Fisher指数作为最优指数的最大特点是综合使用了比较双方的支出权重，因而更具有平均意义和特征性，因而也经常被用作不同汇总方法PPP结果比较的基准。从类替代偏差的角度看，当两个经济体的支出结构和消费支出能力有较大差异时，单一使用任何一方支出权重的测算都将导致另一方测算结果产生较大偏差，因为另一方的支出权重完全没有得到体现，整体类替代偏差水平也就较高，但是当双方的支出权重都被纳入测算过程，平均后的支出权重就融合了双方的支出结构差异，相应的类替代偏差也被平均到双方，由此整体类替代偏差水平较低。同理，当比较双方的支出结构差异和消费支出能力差异较小时，不管使用哪一方的支出权重测算PPP，类替代偏差都比较小，平均以后的整体类替代偏差也会更小。因此，从理论上来看，GEKS法具有平衡类替代偏差的特点。整体类替代偏差越小，相应的受经济体间支出结构差异和消费支出能力差异的影响就越小，测算稳定性也就越好。

（二）对GK法、IDB法、RS法的评价

GK法的PPP指数是一个帕氏指数，即在PPP的测算中是以构造的国际平均支出权重为主导，而平均支出权重的计算方式又使得结果会偏向消费支出比重较大的经济体。在经济体间的支出结构具有较大差异时，就会导致较大的类替代偏差，由此PPP测算的稳定性也较差。IDB法和RS法是在GK法基础上的改进方法，这两种方法有两方面的共同

点：一是都改变了支出权重的计算形式，GK法的支出权重是基本类支出额在所有经济体总支出额中所占的份额，而IDB法和RS法的支出权重是基本类支出份额在所有经济体同种基本类支出份额总量中的份额；二是都改变了PPP指数公式的形式，IDB法改为加权调和平均形式，RS法改为加权几何平均形式。两方面的变化使得支出权重从数值上缩小了经济体间的支出结构差异，但是支出权重是根据所有经济体的支出数据所确定的一个固定值这一特点却没有改变，因此在经济体间支出结构差异较大时依然会导致较大的类替代偏差，只是相对于GK法的要小一些，因而测算稳定性也要好于GK法。

（三）对MPCP法、SS法、MBC法的评价

MPCP法、SS法和MBC法都是针对GK法不具有特征性的改进，并且三种方法的改进思路都是通过对GK法国际平均价格的改造来强化GK法的特征性。MPCP法是从价格结构相似性角度，使构造的国际平均价格结构能够从整体上与所有经济体的价格结构都保持尽可能最大的相似性，以此来实现GK法可加性和特征性的融合。SS法是从支出权重结构角度，使构造的国际平均价格所反映的支出权重结构与基本类支出份额在所有经济体同种基本类支出份额总量中的份额结构相一致，以此来强化GK法的特征性。MBC法是从双边物量结构角度对国际平均价格的改造，其核心是要整体上使构造的国际平均价格测度的所有经济体间的双边物量结构尽可能与Fisher双边物量结构相一致。三种方法对GK法特征性不足的改进都具有降低类替代偏差的作用，但从程度上看，由于SS法和MBC法都是直接对支出权重的改进，因而具有更好地降低类替代偏差的效果，而MPCP法是从价格结构角度的间接改进，降低类替代偏差的效果就要相对弱一些。从表5-3中的数据结果也能看出，与GEKS-PPP相比，大部分MPCP-PPP的差异水平要高于SS-PPP和MBC-PPP的差异水平。同时，三种方法在构建国际平均价格时都采用的是系统性优化求解的方式，是要实现整体水平上的优化，因此纳入系统内的经济体数量和经济体间价格结构差异和支出结构差异水平的不同都会对国际平均价格的求解产生重要影响。当经济体数量众多且经济体间的差异性变大时，系统性优化求解得到的结果往往容易导致更大的类替代偏

差，比如在表5-3中全球层面的结果中，对于缅甸等与美国相比具有更大差异的经济体的MBC-PPP与GEKS-PPP相比的差异也变得很大，甚至超过了GK-PPP与GEKS-PPP相比的差异程度。因此，此三种方法的测算稳定性也相对较弱。

（四）对GAIA法的评价

GAIA法是将GK法与生活费用指数法结合的一种经济指数方法，理论上应该是类替代偏差最小的一种PPP汇总方法，因为其支出权重是随价格的变化而变化的，充分反映了比较双方的支出结构差异。但是从实际测算角度却有以下几方面的不足：一是改变了PPP的基本概念，通常PPP是以相同数量和相同质量的规格品的相对价格为基础的，而GAIA法是以相同效用水平为基础的。二是效用是经济学中的一个抽象概念，无法被观测和测度，而从效用的概念来看，相同的商品对于同一个人而言在不同的时间、不同的背景条件下也是不同的，效用还具有不确定性，在多边比较中协调效用的难度比协调规格品的代表性和同质可比性更大。三是具体效用支出函数的形式对测算结果有重要影响。当消费偏好或效用支出函数为里昂惕夫形式时，GAIA-PPP与GK-PPP是一致的，而当效用函数形式为齐次二次函数时，GAIA-PPP与GEKS-PPP是一致的。一方面，不同经济体具有不同的消费偏好，效用函数的形式也因此而不同，采用相同的效用函数主观统一不同经济体的消费偏好势必导致较大的测算偏差。另一方面，不同的效用函数决定的支出权重结构也是不同的，由此也将提高类替代偏差，再者如果在特定效用函数形式下GAIA-PPP与GEKS-PPP是一致的，那么按照奥卡姆剃刀原则，也应该选择计算更为简便的GEKS法。

综上可以看出，任何一种PPP汇总方法都存在类替代偏差，只是不同方法的类替代偏差程度有所不同，测算的PPP结果的差异也不同，而类替代偏差的大小主要受两方面因素的影响：一方面是经济体间的实际支出结构和消费支出能力的差异大小，如果差异本身比较小，那么不管哪种方法类替代偏差都会比较小，PPP结果也会比较接近；另一方面是PPP汇总指数的形式，如果指数形式只使用单一一方的支出权重，就容易导致较大的类替代偏差，相反如果综合使用双方或各方的支出权重，相应的类替代偏差也会较小。综合来看，GEKS法具有平衡任意两个经济体间支出结构差异的特性，能够最大限度地降低类替代偏差，是诸多汇总方法中计算最为简便直接、类替代偏差最小的汇总方法。

第二节 基于经济体数量变化的稳定性测度与比较分析

一、经济体数量变化影响的理论分析

理论上，经济体数量变化对基本类以上PPP汇总测算的影响主要体现在以下两方面：

一是对经济体间异质性的影响。经济体数量的增加意味着经济体间异质性的提高，经济体间的经济发展水平差异、规格品差异、价格结构差异、支出结构差异等都可能大幅提高，由此类替代偏差也可能随之提高，进而就可能使PPP测算结果仅因经济体数量的变化而发生变化。

二是对区域PPP全球链接的影响。从区域到全球，经济体数量大幅增加，ICP新的区域PPP链接方法是核心产品清单法和CAR法，虽然最终链接结果要保持区域比较结果的不变性，但实际测算中使用的是全球所有经济体的数据，如果PPP汇总方法对经济体数量变化的影响比较敏感，势必导致两个层面比较结果有较大差异，而两者之间的差异也会导致区域链接PPP的偏差。

因此，从本质上来说，经济体数量的变化只是表象，相同的经济体数量增加再多对测度结果的影响也不会太大，根本上要看随经济体数量变化而导致的支出权重结构变化以及由支出权重结构变化而导致的PPP测算结果变化。如果PPP汇总方法能够对支出权重结构变化保持较好的稳定性，那么经济体数量的变化也不会对PPP测算结果产生重大影响，由此也就说明PPP汇总方法能够适应复杂数据条件的测算。

综上，基本类以上PPP汇总方法对经济体数量变化的稳定性测度将从以下两个角度展开：一是以全球经济体的PPP测度结果为基准，依据不同标准减少经济体，通过比较经济体数量减少前后的PPP差异程度来反映经济体数量变化对不同PPP汇总方法测度结果的影响；二是以区域

经济体的PPP测度结果为基准，通过增加经济体来测度经济体数量变化对不同PPP汇总方法测度结果的影响。

二、以全球PPP为基准的测度结果与分析

为了将经济体数量变化与支出结构差异变化结合起来共同考察对不同汇总方法PPP测算结果的影响，采用了四种方式减少全球经济体的数量：①保持某一区域经济体整体不变，其他区域的经济体全部剔除，以此考察同一组数据在扩展到全球数据前后的PPP测算结果变化；②按照全球各经济体的居民实际个人消费支出[①]（Actual Induvidual Consumption，AIC）总额的排名，分别剔除一定数量排名靠前和靠后的经济体，以此考察经济体经济体量大小对不同PPP汇总方法测算结果的影响；③按照全球各经济体人均AIC的排名，分别剔除一定数量排名靠前和靠后的经济体，以此考察经济体经济发展水平强弱对不同PPP汇总方法测算结果的影响；④按照PLS的大小排序，分别剔除PLS较小和较大的经济体，以此考察与基准经济体支出结构的相似程度对不同PPP汇总方法测算结果的影响。由于经济体数量众多，不同形式的经济体减少前后的PPP变动情况不同，因此一方面对PPP的变动比率进行了绝对值处理，另一方面对同一汇总方法的不同经济体的PPP绝对变动比率进行了算术平均处理。经济体数量减少前后不同汇总方法PPP平均变动差异如表5-4所示。

表5-4　经济体数量减少前后不同汇总方法PPP平均变动差异表（%）

标准		GK	IDB	RS	MPCP	SS	MBC	GEKS
欧盟-OECD		0.82	1.50	3.57	1.75	1.15	4.52	0.85
AIC	AIC>1万亿	0.91	0.42	0.68	5.50	0.50	1.85	0.12
	澳大利亚	2.89	0.40	0.79	0.44	0.38	0.94	0.10
	AIC<10亿	0.00	0.17	0.46	3.81	0.21	1.60	0.15

① 由于本文模拟测算使用的数据为居民实际个人消费支出类别所包含的12个大类产品的PPP和支出数据，为了保证一致性这里使用了AIC总额。如果是GDP层面的PPP汇总，那么就等价于各国的GDP。

续表

标准		GK	IDB	RS	MPCP	SS	MBC	GEKS
人均AIC	人均AIC>20 000	1.74	1.75	3.94	2.04	2.21	3.65	0.47
	中国	4.14	1.07	1.54	2.47	1.15	2.23	0.56
	人均AIC<1 000	0.25	1.44	2.12	1.15	1.70	1.84	0.37
PLS	PLS<10%	0.58	3.47	7.13	3.47	4.27	2.31	0.73
	PLS>30%	0.20	0.86	1.16	2.20	1.12	1.97	0.27

注：1.AIC和人均AIC的取值为汇率折算的名义值，单位为美元；

2."澳大利亚"和"中国"对应的数据为在美国被剔除后分别以澳大利亚和中国作为基准经济体的PPP平均变动差异。

（一）保持欧盟-OECD区域数据不变的测度

由于欧盟-OECD区域的比较和全球的比较都是以美国为基准经济体进行的，因此可以通过直接对比基于欧盟-OECD区域数据的PPP结果与全球数据的PPP结果的差异来考察同一组数据在扩展到全球数据前后不同汇总方法PPP测算结果的变化情况。不同汇总方法的PPP平均变动差异如表5-4中第2行数据所示。

此处相当于从全球经济体中剔除了其他区域128个经济体，但是从数据结果来看，7种汇总方法PPP的平均变动差异都不算太大，说明以欧盟-OECD现有的经济体为基础再如何增加经济体都不会对各种汇总方法原始的PPP测算结果产生重大影响。具体来看，GK法的国际平均价格会倾向于发达经济体或消费量大的经济体，比较结果也印证了GK法的这一特点，因为欧盟-OECD经济体大部分都为发达经济体，区域经济体的AIC占全球经济体AIC的59.4%。而IDB法、RS法对GK法的改进都是为了降低发达经济体对PPP测算结果的影响，因此它们的PPP平均差异相对高于GK法PPP的平均差异也是符合预期的。同理，MPCP法、SS法和MBC法的PPP平均差异与GK法的相比也应该较大，测算结果与此也是相符的。同时可以看到MBC法的PPP平均差异是最大的，说明MBC法更容易受经济体数量的影响，正如前述分析，MBC法构建的国际平均价格是要实现系统性的优化，纳入系统的经济体越多，需要协调的差异就越多，新增或减少大量经济体就容易导致较大的差异。GEKS法的PPP测算实际也是系统性的，但它的基础是协调双边差异，从测算结果来看，GEKS法对于经济体数量的变化保持了较好的稳定性。

（二）以AIC排序为经济体减少依据的测度

AIC总额实际代表了经济体的经济体量，也反映了支出权重的绝对量，因而以AIC排序为依据对经济体数量的调整可以反映经济体以上两方面因素对不同汇总方法PPP测算结果的影响，同时也能反映不同体量经济体在不同汇总方法测算体系中的重要程度。

首先，按AIC由高到低的排序以AIC高于1万亿美元为标准剔除除美国之外的11个经济体。通过PPP平均变动差异可以看出，似乎AIC最高的若干经济体被剔除并不会对大部分PPP汇总方法的测算结果产生重要影响，其中与理论不相符的就是GK法的结果，这可能与美国没有被剔除有关。因此，进一步在此基础上剔除美国，并选择澳大利亚作为基准经济体进行剔除前后的不同汇总方法PPP变动的测算。

通过对比两组PPP平均变动差异可以看出：①模拟测度所表现出的数据规律与不同PPP汇总方法的理论规律保持一致，IDB法等5种针对GK法缺点与不足的改进方法比GK法的PPP平均变动差异要小；②体量大的经济体在GK法的测算系统中具有十分重要地位，只要有美国这一全球最大经济体在，即使其他较大的经济体没有被纳入GK法测算系统，也能够保持GK法测算结果的稳定；③相对而言，MPCP法和MBC法对支出结构的差异性更为敏感，因为在没有美国的参与下，经济体间的差异性也随之降低，MPCP法与MBC法的PPP平均变动差异也随之降低；④相比而言，GEKS法的稳定性最好，不管美国有没有被剔除，GEKS-PPP的平均变动差异都保持在较低水平。

其次，按AIC由高到低的排序以AIC低于10亿美元的标准剔除排序靠后的19个经济体。通过PPP平均变动差异可以看出，AIC较低的经济体对7种汇总方法的影响都比较小，特别是对GK法几乎没有影响，而MPCP法因为系统性优化的问题表现出了较大的PPP平均变动差异。

（三）以人均AIC排序为经济体减少依据的测度

人均AIC可以反映经济体的发展水平，也能反映经济体居民实际的消费支出能力，因而以人均AIC排序为依据对经济体数量的调整可以反映经济体以上两方面因素对不同汇总方法PPP测算结果的影响。首先，按人均AIC由高到低的排序以人均AIC高于20 000美元为标准剔除除美国之外的28个经济体。通过PPP平均变动差异可以看出，似乎人均AIC最高的若干经济体被剔除也不会对大部分PPP汇总方法的测算结果产生重要影响，其中与理论不相符的也是GK法的结果，而这可能也是与美国没有被剔除有关。因此，在此基础上进一步剔除美国，并选择中国作为基准经济体进行剔除前后不同汇总方法PPP变动的测算。其次，按人均AIC由高到低的排序以人均AIC低于1 000美元为标准剔除排序靠后的41个经济体。

通过对比三组PPP平均变动差异可以看出：①整体上的基本规律与按AIC排序减少经济体数量对不同PPP汇总方法的影响是一致的，即发达经济体在GK法的测算系统中具有十分重要的地位，而其他PPP汇总方法受此影响的程度则都相对较小；②再次证明GEKS法具有较好的稳定性，相比来看，按人均AIC排序减少经济体数量对PPP汇总方法的影响要大于按AIC排序减少经济体数量的影响，而这可能与减少的经济体数量增加有关，但是GKES法在减少经济体数量增加的情况下依然保持了较小的PPP平均变动差异，由此说明GEKS法具有相对更好的稳定性。

（四）以PLS为经济体减少依据的测度

PLS度量了经济体支出结构与基准经济体支出结构的相似性，其对不同方法间的类替代偏差差异具有重要影响，那么其对方法自身是否也有重要影响呢？为此，我们分别按照PLS小于10%的标准剔除了与美国支出结构最相近的61个经济体，按照PLS大于30%的标准剔除了与美国支出结构相比差异最大的21个经济体。

通过对比两组PPP平均变动差异可以看出：①再次验证了发达经济体在GK法测算系统中的重要地位；②IDB法等5种基于GK法的改进方法对经济体间支出结构的差异性和经济体数量具有更高的敏感性；③再

次证明了GEKS法的稳定性，GEKS-PPP平均变动差异水平依然是7种汇总方法中最小的。

三、以区域PPP为基准的测度结果与分析

通过上述测度与分析，可以对7种PPP汇总方法的稳定性做出以下基本判断：发达经济体在GK法的汇总计算中具有重要地位，对经济规模较小经济体的增加或减少不敏感，而GEKS法是7种汇总方法中稳定性相对最优的一个，任何形式的经济体数量的变化都没有导致GEKS-PPP发生较大的变动，其他5种汇总方法的稳定性没有明显的偏向性，整体上看支出结构的变化和经济体数量的大幅减少都会对它们测算的PPP结果产生影响，这些测算结果所表现出的数据特征与理论上对汇总方法的分析也是一致的。但是，如果从PPP平均变动差异来看，7种汇总方法PPP的变动幅度都不大，而这可能与比较的基础有关，全球175个经济体本身就构成了一个复杂的支出结构系统，从系统的两端来减少经济体数量可能并不会对系统性支出结构带来严重的冲击，由此PPP也没有表现出较大的变动。

因此，为了验证在以简单支出结构系统为基础的条件下，一个大的支出结构冲击会对7种PPP汇总方法产生何种影响，或者7种PPP汇总方法在面对一个较大的系统性冲击时的稳定性，选择将美国这一经济大国加入到欧盟-OECD之外的6个区域，以美国加入前后的各经济体PPP变动的平均差异比较分析7种PPP汇总方法的稳定性。模拟测算的不同汇总方法PPP平均变动差异如表5-5所示。

表5-5　美国加入各区域后不同汇总方法PPP的平均变动差异表（%）

区域	GK	IDB	RS	MPCP	SS	MBC	GEKS
非洲	6.40	0.14	0.16	2.08	0.07	1.57	0.14
亚太	3.45	0.19	0.54	1.10	0.27	0.80	0.21
独联体	4.37	0.52	1.13	2.70	0.52	1.09	0.66
拉丁美洲	2.06	0.19	0.24	1.14	0.28	0.97	0.23
加勒比	4.62	0.32	0.39	2.24	0.17	2.07	0.20
西亚	9.31	0.27	0.53	3.87	0.39	0.74	0.34

从表5-5中的数据结果可以看出：①各区域的GK-PPP平均变动差异都是最大的，说明美国加入各区域对GK法测算结果的影响是最大的，同时也说明如果区域内有一个经济体的经济体量与其他经济体相比具有显著差异，GK法比较结果会因此经济体的加入出现较大变化。②总体上IDB法等5种基于GK法的改进方法相对于GK法而言表现出了更好的稳定性。但相对而言MPCP法和MBC法在部分区域也表现出了较大的PPP平均变动差异，而这可能与美国加入对区域原本价格结构差异和支出结构差异的改变有关。比如，非洲、独联体和加勒比区域的经济体原本的价格结构和支出结构就比较相近（与基准经济体相比的PLS都比较小），美国加入对区域原有的价格和支出结构带来了很大冲击，从而系统性提高了结构差异水平，从而导致MPCP法和MBC法较大的PPP平均变动差异。而西亚区域的经济体原本价格结构和支出结构差异就很大（与基准经济体相比的PLS的平均值是7个区域中最大的），美国的加入实际上是进一步扩大了区域内经济体间的价格结构和支出结构差异，从而也导致了MPCP法和MBC法较大的PPP平均变动差异。③相比而言，GEKS法仍然具有更好的稳定性，结合表5-4和表5-5的数据结果可以看出，在任意经济体组合下，不管价格结构和支出结构差异如何变化，GEKS-PPP都能保持良好的稳定性。

综合上述两部分经济体数量变化对不同PPP汇总方法测算结果影响的测度与比较分析可以得出以下结论：①从保持区域PPP与全球链接PPP的一致性和稳定性的角度，在区域和全球层面都应采用GEKS法。②如果要使区域PPP满足可加性的特质，应使用GK法的改进方法，以降低区域内经济体量较大经济体对PPP测算结果的影响。③在ICP比较结果的跨期推算中应使用GEKS法的PPP结果进行推算，因为在ICP的长期发展中参与的经济体数量是在变化的，经济体量较小，发展较为落后的经济体的加入并不会对任意汇总方法的PPP结果产生重要影响，但是当有像中国、印度这样经济体量较大的经济体加入时，就会对不同汇总方法的PPP结果产生不同的影响。例如，ICP2005年轮比较活动是中国首次正式参与，ICP2011年轮比较活动是中国首次全面参与，为了降低大体量经济体突然加入对其他经济体比较结果的影响，应当选择使用

GEKS法，而这也有利于保持ICP比较结果向其他年份推算的稳定性。

第三节 基于支出结构变化影响的稳定性测度与比较分析

一、支出结构变化影响的理论分析

支出结构从内生性角度看是由经济体的经济发展水平以及居民的消费生活偏好所决定的，但是从外生性角度看却是通过支出分类标准来体现的。在实践中，ICP为了统一不同经济体的GDP支出核算制定了一套统一的GDP支出分类体系，具体包括7个主要类别、26个大类、61个群组、126个种类和155个基本类。然而，受现实经济结构的影响，不同经济体对GDP核算方法的偏向性也不同，像欧美发达经济体的经济发展以消费和服务产业为主导，因而实践中更注重GDP支出核算，而像中国这样经济发展以工业生产为主导的经济体，实践中就更注重生产法的GDP核算。同时，受经济体统计能力的影响，不同经济体的GDP支出核算能力也有差异，有的经济体可能无法将GDP支出细分到155个基本类，甚至无法提供完整的GDP支出核算数据，而像欧盟-OECD经济体采用的则是比ICP其他经济体更为细致的规格品分类，其GDP支出分类体系包括7个主要类别、31个大类、66个群组、143个种类和206个基本类。因此，实践中不管是区域PPP测算，还是全球区域链接PPP测算，都难免会遇到不得不合并某些基本类的情况。基本类的合并不仅意味着基本类PPP需要合并测算，同时也将改变基本类以上PPP测算时的支出权重结构。

通过前文的模拟测度可以看出，不同PPP汇总方法对经济体间支出结构差异的变化具有不同的稳定性表现，而因支出核算原因导致的支出结构的变化，不仅会改变支出权重的绝对量，也会改变经济体间的支出结构差异程度。因此，从理论上看，基本类合并所导致的支出结构变化可能会对PPP汇总产生重要影响，那么这对不同PPP汇总方法的测算结果会有不同的影响吗？不同PPP汇总方法在应对此类支出结构变化时又会有怎样的稳定性表现？

二、模拟测算的数据处理

为了使模拟测算与现实情况更为接近，借鉴中国的居民消费支出分类体系①，选择将12个居民实际个人消费支出大类中的交通类和通信类进行合并，教育类和文化娱乐类进行合并。

之所以进行基本类的合并是因为详细的基本类支出数据无法获取，因此对于基本类PPP的汇总计算就无法采用加权的计算方法，这里首先采用CPD法分别对交通类和通信类的PPP以及教育类和文化娱乐类的PPP进行汇总计算；其次分别对合并后两组基本类的支出数据进行合并计算；最后在区域层面和全球层面分别采用7种PPP汇总方法和合并后的10个基本类PPP与支出数据进行PPP的汇总计算。由此得到的汇总PPP与原始12个基本类PPP汇总得到的PPP相比的平均变动差异如表5-6所示。由于不同经济体的不同汇总方法的PPP变动差异有正有负，这里进行了绝对值处理，并对区域内和全球的各经济体的PPP变动差异绝对值进行了算术平均处理。为了更为全面地反映不同汇总方法在各个区域PPP测算中的变动差异情况，表5-6中还列示了7种汇总方法在各个区域PPP测算中的最大变动差异。

表5-6 **支出结构变化前后不同汇总方法PPP平均变动差异表（%）**

区域	GK	IDB	RS	MPCP	SS	MBC	GEKS
非洲	0.92	0.95	0.95	1.04	0.97	1.18	0.91
	3.10	2.97	3.24	3.21	3.03	3.28	2.50
亚太	2.37	2.69	2.22	2.94	3.15	2.14	1.75
	10.74	4.56	4.12	5.70	5.40	5.63	5.84
独联体	1.02	0.40	0.39	0.45	0.47	0.37	0.60
	1.90	0.80	0.81	0.99	0.98	0.88	1.20
欧盟-OECD	2.48	3.15	1.67	2.62	2.88	2.40	1.36
	12.53	6.24	3.55	4.90	9.29	5.97	4.24

① 中国的居民消费支出分类体系共包含8大类：食品烟酒、衣着、居住、生活用品及服务、交通和通信、教育和文化娱乐、医疗保健、其他用品和服务。

续表

区域	GK	IDB	RS	MPCP	SS	MBC	GEKS
拉丁美洲	2.56	2.99	3.15	1.63	2.79	2.32	2.10
	7.45	6.73	6.71	4.46	6.54	6.70	5.15
加勒比	1.60	1.44	1.40	1.19	1.36	4.79	1.18
	6.26	6.81	6.77	5.31	6.56	7.84	4.74
西亚	1.33	1.61	1.18	1.88	1.51	1.82	1.44
	3.03	3.97	2.96	4.58	3.67	3.61	2.78
全球	2.08	3.23	1.40	6.38	3.22	3.20	1.27
	12.19	8.92	6.22	12.09	8.61	13.76	4.55

注：表中每个区域的每个方法的PPP平均变动差异值下方的数据为区域内该方法的最大PPP变动差异。

三、模拟测算结果分析

根据表5-6中的数据结果可以看出：

第一，从各区域和全球的PPP平均变动差异水平看，7种PPP汇总方法对于支出结构变化的影响都表现出了较好的稳定性。除了MPCP法在全球层面和MBC法在加勒比区域的PPP测算中表现出了较高的PPP平均变动差异水平，分别为6.38%和4.79%，其他方法在区域层面和全球层面的PPP平均变动差异都处于较低水平。

第二，从各区域和全球的最大PPP变动差异水平看，各区域和全球之间有较大差异。非洲、独联体和西亚区域的7种汇总方法的PPP平均变动差异比较小，最大PPP变动差异水平也比较低，其中独联体区域的最大PPP变动差异最小，GK法和GEKS法的最大PPP变动差异相对偏大，但也没有超过2%，而其他5种方法的最大PPP变动差异都没有超过1%，其他两个区域经济体的7种汇总方法的最大PPP变动差异相对较大，但整体上都保持在3%左右的差异水平。亚太、欧盟-OECD、拉丁美洲、加勒比4个区域以及全球层面的7种汇总方法的最大PPP变动都表现出较大的差异水平，说明支出结构的变化对部分经济体的PPP测算是有重要影响的，比如亚太区域GK法的最大PPP变动差异水平为10.74%，欧盟-OECD区域SS法的最大PPP变动差异水平为9.29%，全球层面MBC法的最大PPP变动差异水平为13.76%。

第三，从7种PPP汇总方法的相对稳定性来看，GEKS法的综合稳定性最好。不管是从区域层面还是从全球层面看，也不管是从PPP平均变动差异水平还是从最大PPP变动差异水平看，GEKS-PPP对于支出结构变动的影响都是7种汇总方法中相对较小的。

如果深入观察各个区域中PPP变动差异水平最大的经济体可以发现，这些经济体的共同特点是被合并的两个基本类的PPP差异比较大，对应的支出水平差异也比较大。比如，缅甸的通信类PPP是交通类PPP的1.4倍，交通类的支出是通信类支出的2.1倍，文化娱乐类PPP是教育类PPP的7.9倍，教育类支出是文化娱乐类支出的7.3倍，这两组基本类合并后的GK法和IDB法的PPP变动差异水平都是区域内最高的，GEKS法的PPP变动差异水平也比较高，接近最大差异水平，为5.14%，而在全球层面的测算中，两组基本类合并后的GK法、MBC法和GEKS法的PPP变动差异水平都是最高的。相反，如果去观察独联体区域内经济体的交通类和通信类的PPP差异和支出水平差异以及教育类和文化娱乐类的PPP差异和支出水平差异可以发现，所有经济体的两组差异都比较小，比值均在1左右，而两组基本类合并后的7种汇总方法的PPP平均变动差异和最大变动差异都是各区域中最小的。

综上可以看出，当支出核算的结构发生变化时，由此引发的基本类PPP和支出合并会对更高层级PPP的汇总测算产生影响，虽然从整体上看7种PPP汇总方法都不会产生较大的PPP变动差异，但是对于合并的基本类PPP和支出水平之间有较大差异的经济体而言，合并测算会对更高层级PPP的汇总有重要影响。对此，一方面可以在实践中尽量控制合并基本类PPP之间的差异水平，另一方面应使用对支出结构变化影响稳定性更好的GEKS法进行实际PPP的测算。

第四节 稳定性结论总结

公理化性质（基国不变性、可传递性、可加性、特征性等）是理论上比较不同PPP汇总方法优劣的主要判断标准，然而现有的PPP汇总方法还没有任何一种能够完全满足所有的公理化性质，因而在理论上也就没有一种PPP汇总方法具有绝对的优势，正因如此，不同汇总方法PPP结果间的差异也成为ICP利益相关者、使用者质疑ICP比较结果准确性的重要理由之一。但是，如果从统计测度的角度，能够与问题和数据相协调的统计方法才是最合适的方法，统计结果也相对更为准确。随着参与ICP比较的经济体数量的大幅增加，ICP比较的数据基础也发生了改变，一方面大量发展中经济体的加入提高了经济体间的异质性，另一方面发展中经济体的统计基础和统计能力都相对较弱，较难提供完备的GDP支出数据。因此，为了从统计测度角度对不同基本类以上PPP汇总方法的优劣进行比较，本章以汇总方法的测算稳定性为切入点，分别从类替代偏差、经济体数量变化、支出结构变化三个方面对不同PPP汇总方法的稳定性进行了理论分析与模拟测度。

类替代偏差是在“替代偏差”概念基础上提出的一个扩展概念，它不仅适用于对GK法格申克龙效应的解释，也能够用于其他基本类以上PPP汇总方法测算结果差异的解释。理论上，类替代偏差的大小主要受三方面因素的影响，分别为经济体间的支出结构差异、支出能力差异和汇总方法的PPP指数形式。通过实际测度结果结合PLS和支出指数对GK法、GAIA法、IDB法、RS法、MPCP法、SS法、MBC法与GEKS法的PPP差异的比较分析，一方面证明了类替代偏差对不同PPP汇总方法差异的解释效力，另一方面也说明GEKS法是诸多方法中计算更为简捷直接、类替代偏差更小的PPP汇总方法。

根据类替代偏差的解释，经济体数量多少对PPP测算的影响主要看经济体数量增加或减少对经济体间系统性的支出结构差异水平的影响程度，系统性的支出结构差异变化越大对PPP汇总结果的影响可能也越大。因此，本章又分别通过从全球经济体中减少经济体和向区域经济体增加经济体两种方式，对经济体数量变化对GK法、IDB法、RS法、MPCP法、SS法、MBC法和GEKS法7种汇总方法PPP的影响进行了模拟测度。在从全球经济体中减少经济体的模拟中分别采用了四种标准：①保持区域经济体整体不变，其他区域的经济体全部剔除；②AIC总额排序剔除；③人均AIC排序剔除；④PLS排序剔除。而向区域经济体增加经济体则是分别在6个非欧盟-OECD区域增加了美国。通过经济体数量变化前后各汇总方法PPP的平均变动差异情况可以得出以下几点结论：①经济体量较小经济体的增加和减少对整体PPP测算的影响比较小；②相比GK法，IDB法等5种在GK法基础上的改进方法在降低发达经济体对整体PPP测算结果影响方面的效果是明显的，表现出了比GK法更好的稳定性；③7种PPP汇总方法中，GK法对发达经济体或经济体量较大经济体的加入具有很高的敏感性，而GEKS法是其中稳定性最好的一种方法。

受不同经济体GDP核算方法偏好差异和统计能力差异的影响，并不是所有经济体都能提供ICP所要求的GDP支出分类核算数据，因此就会导致在区域层面和全球层面不得不对部分基本类PPP进行合并计算，此时就会导致部分经济体支出结构在绝对量和相对量上的同时变化，从而外生导致经济体间系统性支出权重结构差异的变化，进而影响基本类以上PPP的测算结果。因此，为了验证支出结构变化对不同汇总方法PPP测算的实际影响，本章借鉴中国的居民消费支出分类体系标准将ICP居民实际个人消费支出12个大类中的交通类和通信类、教育类和文化娱乐类进行了合并，并依据合并后的10个基本类PPP分别采用GK法等7种方法汇总测算了居民实际个人消费支出的PPP。通过比较合并前后各区域层面和全球层面的PPP平均变动差异和最大变动差异可以看出：①从整体PPP平均变动水平上看，基本类支出合并核算不会对各种PPP汇总方法的测算结果有重要影响；②从最大PPP变动差异上看，部分经济体的PPP对支出合并核算比较敏感，而这些经济体的共同特点是被合并的基本类PPP和支出水平的差异都较大；③从不同汇总方法PPP变动差异水平的比较看，GEKS法的PPP变动差异水平相对较小，具有更好的稳定性。

综上三方面的测度结果可以得出的最重要结论是：GEKS法是基本类以上PPP汇总方法中稳定性最好的一种方法，能够最大限度地降低类替代偏差水平，能够最大限度地降低经济体间支出权重结构差异变动对PPP测算结果的影响，能够更好地保持区域PPP测算结果与全球链接PPP测算结果的一致性和稳定性，因而也是能够与当前ICP数据基础相协调、相匹配的一种PPP汇总方法。

第六章　结论总结与研究展望

第一节　结论总结

ICP经过五十多年的发展，已经成为当今全球规模最大、参与度最广的经济统计活动，其影响力与日俱增，但国际上对ICP比较结果的争论与讨论却始终没有停止。通过对文献的梳理可以看出，争议的焦点有两个：一个是基础数据的质量问题，另一个是PPP汇总方法。数据质量问题是统计测度的永恒话题，对于ICP而言，数据质量的提高从根本上要依赖于发展，包括社会经济的发展、统计能力的发展和ICP理论与方法的发展。因此，本书将研究重心聚焦在了PPP汇总方法上。通过对国际、国内专家学者对PPP汇总方法的研究成果的梳理可以发现，这些研究成果成就了现在的PPP汇总方法体系，但同时也造成了对PPP汇总方法的多种认识误区，使得针对PPP汇总方法的研究趋于公理化和数理化，忽视了数据基础的重要性。ICP是一项理论与实践紧密结合的统计活动，理想的研究状态应当是方法与数据相互联系、相互验证、相互促进的交织螺旋上升状态，然而实际状况是两者越来越像两条平行线那样无法交融。这使得PPP的测度过程更像是一个“黑箱”，不管是何种数据只要进入“黑箱”就能得出结果，具体数据状况如何，对结果会产生何种影响，影响的大小如何，都是使用者无法搞清楚的。

本书以数据质量问题为切入点，借鉴自然科学研究中的对照实验方法，对多种PPP汇总方法的测算稳定性进行了测度研究。具体来说，纵向上，通过对不同价格数据缺失和价格数据失真形式和程度的量化模拟，分别测算了CPD法和GEKS法在两种数据质量问题影响下的PPP偏差，并以此为基础对两种PPP汇总方法的稳定性特征进行了总结，为ICP基础数据质量的控制与优化以及比较结果的评估与调整提出了意见建议；横向上，分别从类替代偏差、经济体数量变化和支出结构变化三个方面对GK法、GAIA法、IDB法、RS法、MPCP法、SS法、MBC法和GEKS法8种方法的测算稳定性进行了理论分析与模拟测度，对比分析了GEKS法的稳定性。综合这些测度与分析结果，可以从以下两方面对测度结论做出总结。

一、基于PPP汇总方法稳定性的总结

（一）CPD法和GEKS法是诸多PPP汇总方法中测算稳定性最好的两种方法

用于基本类PPP测算的汇总方法有两类，一类是CPD系列方法，另一类是GEKS系列方法。从方法的基本原理看，GEKS系列方法对基础数据质量的要求较高，需要保证价格数据的完整性，需要提供规格品准确的代表性或重要性信息数据，而这些要求是现实无法完全实现的，价格数据缺失水平越高，数据浪费的程度也越高，因此无法适应现实的数据基础条件，而CPD法能够充分利用所有采集到的价格数据，不存在数据浪费，因而CPD法从理论上就具有更好的稳定性。从实际测算的角度，价格数据缺失和价格数据失真都必然导致CPD-PPP偏差，但是从方法的稳定性特征可以看出：①非基准经济体的价格数据缺失和价格数据失真问题只会导致本经济体的CPD-PPP偏差，不会对其他经济体的CPD-PPP产生影响，这意味着经济体间的数据质量问题不会因汇

总方法而造成相互“污染”；②价格数据缺失所导致的CPD-PPP偏差水平主要由基本类规格品相对价格结构差异所决定，而相对价格极值比是一个较好的观测指标，因而可以通过必要的控制和方法降低价格数据缺失对PPP测算的影响；③价格数据失真所导致的CPD-PPP偏差可以用估算公式进行较为准确的估算，因而可以根据实际情况进行调整。因此，综合来看CPD法是基本类PPP汇总方法中稳定性最好的一种。

基本类以上的PPP汇总方法有多种，但是从类替代偏差、经济体数量变化和支出结构变化三方面的分析和测度结果可以看出GEKS法具有更好的稳定性，并且在基本类PPP失真的情况下，GEKS-PPP偏差是可估算的，而当支出权重较大的基本类PPP失真被控制在较低水平时，整体GEKS-PPP偏差就不会太大。因此，综合来看GEKS法是多种基本类以上PPP汇总方法中稳定性最好的一种。

（二）价格数据失真对基本类CPD-PPP测算的影响具有外生性和规律性

通过实际测算结果可以发现，不管是基准经济体还是非基准经济体，基本类规格品价格数据失真对CPD-PPP的影响都具有外生性，即价格数据失真所导致的CPD-PPP偏差不受经济体组合和规格品类别的影响，只要价格数据失真的规格品数量相同，失真的水平相同，那么导致的CPD-PPP偏差就是相同的；不管是基准经济体还是非基准经济体，基本类规格品价格数据失真所导致的CPD-PPP偏差都具有规律性，即价格数据失真所导致的CPD-PPP偏差可以通过估算公式得到准确的估算，具体来说主要受基本类包含的规格品数量、基准经济体价格数据失真的数量和失真水平、非基准经济体价格数据失真的数量和失真水平三方面参数的影响。同时，在规格品价格数据存在缺失的前提下，价格数据失真对CPD-PPP的影响依然具有外生性和规律性，即相对于仅存在价格数据缺失情况下的CPD-PPP，价格数据失真与之相比的CPD-PPP偏差依然不受经济体组合和规格品类别的影响，并且偏差也可以通过公式估算，不同之处在于用于估算的规格品数量参数分别为基本类包含规格品的数量扣除基准经济体价格数据缺失的规格品数量之后的值和扣除非基准经济体价格数据缺失的规格品数量之后的值。

（三）当价格数据缺失与价格数据失真并存时，共同作用下的PPP偏差具有不确定性，需要根据实际情况做具体分析

通过实际测算结果可以看出，在仅存在价格数据缺失的情况下，较少的价格数据缺失可能导致相对较大的CPD-PPP偏差，较多的价格数据缺失也可能导致相对较小的CPD-PPP偏差，比如当基准经济体有两个能够导致较大同偏向CPD-PPP偏差的规格品的价格同时缺失，或者基准经济体和非基准经济体同时有同一个能够导致同偏向CPD-PPP偏差的规格品价格数据缺失时，都会导致相对较大的CPD-PPP偏差，而当有多个规格品价格数据缺失，但是各个规格品单个价格数据缺失所导致CPD-PPP偏差方向不一致且相反偏向的数量和幅度相当时，即使缺失的价格数据量较多，实际导致的CPD-PPP偏差也不会太大。而当价格数据缺失和价格数据失真同时存在时，CPD-PPP偏差为仅价格数据缺失CPD-PPP偏差与价格数据缺失条件下价格数据失真的CPD-PPP偏差之和，即对于任意非基准经济体而言，同时存在规格品价格数据缺失和价格数据失真情况下的CPD-PPP偏差实际由四部分组成，即基准经济体价格数据缺失导致的系统性CPD-PPP偏差、非基准经济体自身价格数据缺失导致的CPD-PPP偏差、基准经济体价格数据失真导致的系统性CPD-PPP偏差、非基准经济体自身价格数据失真导致的CPD-PPP偏差。由于价格数据缺失对CPD-PPP的影响不具有外生性，会因经济体组合的不同和规格品类别的不同而不同，因而难以做出准确的估算，由此很难对四方面CPD-PPP偏差的综合结果进行估算，但总体上如果四方面的偏差方向一致，那么偏差水平将提高，而如果有相反方向的偏差存在，则要看各方面的偏差水平而决定最终的偏差方向和水平。

（四）支出权重具有调节基本类PPP失真对更高层级GEKS-PPP测算影响的作用

基本类PPP失真对更高层级GEKS-PPP汇总的影响主要由基本类的支出权重所决定，支出权重大，较小的基本类PPP失真也能导致相对较大的GEKS-PPP偏差，而支出权重小，较大的基本类PPP失真对GEKS-PPP的影响也将变得有限。具体来看，基本类PPP失真所导致的GEKS-PPP偏差可以近似用各基本类PPP失真幅度与支出权重乘积的总和来估

算，支出权重结构越平均，失真幅度越小时，估算结果的准确性也越高，而当支出权重结构具有显著的偏向性时，支出权重较大的基本类PPP失真的GEKS-PPP偏差容易被高估，而其他支出权重较小的基本类PPP失真的GEKS-PPP偏差的估算值则较为准确。由此也就意味着，在支出权重结构具有显著偏向性时，如果支出权重较大的基本类PPP的失真被控制在较低水平，即使其他基本类PPP失真幅度很大也不会导致较大GEKS-PPP偏差。因此，实践中应优先改善支出权重较大的基本类规格品的价格数据质量，而在PPP的跨期推算中，如果推算期较长或推算期内经济体处于快速发展期，支出结构处于快速调整期时，应当将支出权重也引入PPP的跨期推算，否则将导致较大的偏差。

二、对ICP实践工作的启示与总结

（一）基准经济体的选择很重要，应尽力保证其价格数据的完整性和准确性

尽管CPD法和GEKS法都满足基国不变性和可传递性，但是基准经济体的选择依然很重要。通过实际测算结果可以看出，基准经济体不管是出现价格数据缺失还是价格数据失真都将导致区域内或全球其他非基准经济体PPP的系统性偏差，并且在某些情况下可能直接导致较大的PPP偏差。因此，实践中应选择消费产品全面且具有较强统计能力的经济体作为基准经济体，以保证价格数据的完整性和准确性，反映真实的价格水平。

（二）细化支出分类和分步式计算是降低价格数据缺失CPD-PPP偏差的两种可选方式

由于非基准经济体价格数据缺失时的CPD-PPP偏差水平主要受基本类中规格品的相对价格结构影响，相对价格极值比越大，价格数据缺失导致较大CPD-PPP偏差的概率也越大，因此可以通过降低相对价格极值比的方式来降低价格数据缺失对CPD-PPP偏差的影响。具体来说，有两种方式可供选择，分别为细化支出分类和分步式计算。细化支出分类是对基本类中的规格品进一步细分，使得等级、质量、价格水平更为相近的规格品分为一组，从而达到降低分类中规格品相对价

格极值比的目的。实践中为了保证统一性，ICP在区域和全球采用同一基本类划分，调整基本类划分将是一件较为复杂的工作，并且不容易实现。然而，在汇总计算上却是可以灵活操作的，采用分步式计算的方式也能达到与细化支出分类相同的效果。具体来说，就是根据规格品的特征描述，将基本类包含的规格品中逻辑上价格相对较高的分为一组，相对较低的分为一组，分别采用两组数据进行CPD-PPP测算，再使用得到的两组CPD-PPP进行基本类CPD-PPP测算。在价格数据完整的情况下，先分组再汇总的CPD-PPP结果与直接用完整数据的CPD-PPP结果是一致的。但是，在存在价格数据缺失的情况下，分组测算能够降低各组内的相对价格极值比，从而能够降低价格数据缺失的CPD-PPP偏差水平，而最终汇总的是两组没有缺失的价格数据，因此相比于采用整体数据测算，分组测算能够降低价格数据缺失的CPD-PPP偏差。

（三）可以用价格数据失真PPP偏差的估算公式进行ICP比较结果的评估与跨期推算

价格数据失真对PPP测算稳定性影响的测度，是以一个既定的价格数据集和基本类PPP为基础的PPP偏差测算，测度CPD法和GEKS法对于价格数据失真和基本类PPP失真的影响，PPP偏差都具有规律性，即可以通过估算公式对PPP偏差水平进行较为准确的估算。因此，将ICP实际测算使用的价格数据集和实际测算的基本类PPP作为既定基础，一方面，通过对不同基本类规格品测算价格水平与实际价格水平相比的偏差水平的估算和基本类PPP偏差水平的估算，将偏差水平视为“失真水平”代入不同层级PPP的偏差估算公式，就可以实现对多层次PPP测算准确性的量化评估。另一方面，在推算期内规格品清单不变，经济体支出权重结构不变的前提下，将规格品价格的跨期变动水平视为价格数据的“失真水平”或基本类PPP的“失真水平”，由此就可以使用PPP偏差估算公式进行各层级PPP的推算。

第二节 研究展望

从长期看，改善ICP的基础数据质量问题依赖社会经济、统计能力的发展，但是从ICP关于数据质量控制理论研究的现状以及ICP未来的发展趋势看，仍然有不少需要研究的重要议题。具体来说可以从以下两方面展开进一步的研究。

（一）强化对规格品选取理论的探讨

自ICP2005年轮比较活动以来，ICP在规范规格品选取上推出了不少改进方法，比如SPD表、核心产品清单等。但在实际的应用中仍然存在不少问题，比如在产品异质性显著的情况下，SPD表的限定反而会增加价格数据的缺失，而“ICP主席之友小组”向联合国统计委员会第46届会议提交的针对ICP2011年轮的评估报告明确指出，全球核心产品清单仍过于依赖欧盟-OECD的定义，应加强产品确定前的摸底调查工作，以改善规格品的质量。综合来看，最根本的问题是ICP缺乏一套统一的规格品选取理论。

与规格品选取最直接相关的两个概念是可比性和代表性，是两个理论上比较好理解的概念，但是在与实际产品相结合时，具体什么样的规格品具有可比性、什么样的规格品具有代表性却是很难定义清楚的，一方面是从概念定义上无法将两个性质的含义表示得完整、清楚，另一方面是两个性质都不具有可量化性、可测度性，正是受这两方面因素的影响，实践中规格品的选取更多地依靠主观判断，进而使规格品的选取过程难以得到有效控制。

实践中，ICP主要是通过对“同质性”的控制来强化规格品的可比性，具体采用的是SPD表法，即通过对产品特征的标准化描述来限定产品的同质性，具体包括规格品的品牌、包装、计价单位、数量尺寸、制作工艺、加工方式、原材料配比、采价点类型等。由此可以看出，ICP对规格品同质可比性的控制偏重对规格品物理特性的界定。然而，现实中消费者的消费行为不会仅局限在对产品物理特性的选择，产品的社会属性也会对消费者的选择行为产生重要影响，或者说任何一个产品都有双重属性，即满足消费者基本生活需求的物理属性和精神层面的社会属性，并且随着经济发展水平的变化，产品的两种属性对于消费者的消费行为的影响也会发生动态变化。在经济发展水平较低时，社会生产力不足，物质产品的供给能力也不足，因而消费者为了生存的需要会更看重产品的物理属性，偏好质优价廉、好用、耐用的产品。而随着社会生产力逐步提高，物质产品不断丰富，消费者没有了基本生存的危机感，进而就会更关注产品的社会属性，会对产品的样式、款式、材质、色彩等方面能够给个人带来不同体验的产品有更多的关注。同样，对于物理属性相似的产品，在不同国家或同一国家不同时期也会有不同的社会属性，比如汉堡，在美国是一种十分普通的快餐食品，而在中国，过去可能不仅是一种食品，更是家长对孩子的奖励，而现在则更可能被看作一种不健康的食品而限制孩子消费。在ICP的多边比较体系下，特别是在全球层面的比较中，经济体经济发展差异巨大，不同地区消费者所能享受的物质产品种类和数量也是千差万别的，因此即使同样物理属性的产品在不同地区的社会属性也会有很大差异，而社会属性对产品的价格和消费者的消费行为都有很大影响，并且难以测度，由此通过SPD表法限定相同特征的同质规格品也不再是严格意义上的同质可比产品，而且偏差程度难以估计。

规格品的代表性也同样是一个很难界定和量化的概念。一般而言，规格品的代表性是基于基本类的分类情况来确定的，即在基本类规格品的总支出中份额越大，规格品的代表性越强。由此可以看出，代表性的水平是由两方面因素所决定：一方面是规格品的基本类分类情况，另一方面是支出数据的可获取情况。根据ICP对基本类的定义，基本类是在GDP支出核算的分类体系中能够获得的最低层级的支出的类别。这意味着：①基本类实际包含的规格品数量和种类与GDP支出核算水平有关，核算水平越高，基本类的分类就越详细，其所包含的规格品的异质性就会越低，反之则异质性越高，规格品间的绝对价格水平差异也越大，由此相同规格品的支出份额会因基本类的分类详细程度不同而不同，进而可能导致对代表性的不同判断；②基本类是所能获得支出数据的最低层级，意味着其包含的具体规格品的支出数据是无法获取的，那么实际的支出份额数据也是无法获取的，因此通过规格品的支出份额来判断代表性存在现实悖论。对此，实践中，欧盟-OECD区域与其他区域相比采取了不同的应对措施。欧盟-OECD区域对代表性规格品的确定采用了双重标准：支出份额大小和与平均价格水平相比的接近程度，因为其认为代表性规格品的价格水平一般会低于非代表性规格品，并且与平均价格水平更接近，此时平均价格水平又成了一个重要的影响因素，对于不同发展背景的经济体而言，测度难度也会有差异。ICP2005年轮的比较曾试图用CPRD法进行基本类PPP的测算，但实践证明，不同经济体对代表性强弱程度的界定很难达成一致，测算的结果并不理想，因此CPRD法也没有在实践中得到继续应用。于是，在ICP2011年轮的比较中，用重要性替代了代表性，即对规格品仅做重要性和非重要性的区分，从而降低了经济体的实际操作难度，但增强了选取的主观性。

综上可以看出，构建规格品选取理论具有不小的难度，但却是ICP长远发展所急需的。

（二）在滚动基期比较方案下探讨ICP与CPI的整合问题

自ICP2005年轮比较活动以来，联合国统计委员会、世界银行等ICP的组织管理机构就在不同会议或文本中积极倡导ICP与CPI的整合，但是从实际情况来看，收效甚微。ICP2005年轮结果外推得出的ICP2011年轮结果与实际调查结果间的显著差异也使ICP陷入了困境：一方面是方法上的持续改进降低了长跨期外推结果与实际结果的可比性，另一方面是使用者对可靠的年度PPP序列数据的需求正变得日益迫切。面对如此困局，根据ICP主席之友向第46届联合国统计委员会提交的ICP2011年轮评估报告以及第47届的最终评估报告，联合国统计委员会决定采用综合了调查法和推算法的“滚动基期”比较方案开展ICP2017年轮及以后的ICP比较活动，使其成为一项永久性的全球统计工作，以编制可靠的PPP年度时间序列。

滚动基期比较方案不仅破除了ICP原有制度安排中对ICP与CPI整合的客观制约，而且使得CPI及其编制的基础设施和数据都能内化为ICP比较方案中的一部分。未来，整合ICP与CPI将成为世界银行、区域协调组织、参与经济体都无法回避的重要现实问题。2016年，ICP技术咨询组（TAG）会议所列示的13个重要议题中，和ICP与CPI整合相关的议题占了3个，占比最大，对ICP与CPI整合的关注可见一斑。

然而，根据已有的文献资料可以看出，国际组织在ICP与CPI的整合问题上更多的是在呼吁，对于如何整合并没有形成统一的认识，也没有给出可供参考的指导意见或建议。因此，在滚动基期比较方案下探讨ICP与CPI的整合需要打破在固定基期比较方案下对ICP与CPI整合的固有认识，应根据滚动基期比较方案的新基础、新要求和新机遇，构建一套较为完备的ICP与CPI整合理论框架，进而为经济体的整合实践提供依据，为ICP的发展提供支撑。

参考文献

[1] 柏满迎，任若恩. 多边比较中G-K系统的存在性和唯一性研究［J］. 北京航空航天大学学报，1999（2）：216-220.

[2] 柏满迎，余修斌，任若恩. 价格指数和购买力平价的公理化研究［J］. 统计研究，1999（11）：46-50.

[3] 柏满迎，郑海涛，刘小平. 一类购买力平价指数的改进及实证研究［J］. 统计研究，2008（5）：89-92.

[4] 陈梦根、胡雪梅. ICP与CPI关系比较和整合研究［J］. 统计研究，2014（4）：13-21.

[5] 萨尔斯伯格. 女士品茶——统计学如何变革了科学和生活［M］. 刘清山，译. 南昌：江西人民出版社，2016.

[6] 黄雪成. ICP汇总方法比较研究［D］. 大连：东北财经大学，2011.

[7] 黄雪成. ICP汇总方法的演进分析与启示［J］. 经济统计学(季刊)，2017(1):20-33.

[8] 李金昌. 统计测度：统计学迈向数据科学的基础［J］. 统计研究，2015（8）：3-9.

[9] 李金昌. 关于统计数据的几点认识［J］. 统计研究，2017（11）：3-14.

[10] 邱东. 对国际经济比较方法的若干思考［J］. 统计研究，1996（6）：16-21.

[11] 邱东. 国民经济核算史论［J］. 统计研究，1997（4）：65-72.

[12] 邱东，徐强. 全球公共品视角下的SNA［J］. 统计研究，2004（10）：3-

12.

[13] 邱东，杨仲山．当代国民经济统计学主流［M］．大连：东北财经大学出版社，2004．

[14] 邱东．宏观测度的边界悖律及其意义［J］．统计研究，2012（8）：83-90．

[15] 邱东．经济统计学科论［M］．北京：中国财政经济出版社，2013．

[16] 邱东．经济统计学：从德国传统到当代困境［J］．北京师范大学学报（自然科学版），2016（12）：669-676．

[17] 邱东．国际比较机理挖掘：ICP何以可能［M］．北京：科学出版社，2022．

[18] 宋旭光，等．看懂中国GDP［M］．北京：北京大学出版社，2015．

[19] 王成岐．国际多边比较中的G-K法［J］．财经问题研究，1993（8）：13-17．

[20] 王成岐．国际比较中两类购买力平价的区分［J］．统计研究，1994（1）：72-75．

[21] 王岩．国际比较中多边指数方法研究综述［J］．经济统计学（季刊），2016（2）：1-15．

[22] 王岩，杨仲山．国际比较项目（ICP）高估了发展中国家实际消费水平了吗［J］．统计研究，2017（7）：3-14．

[23] 王磊．购买力平价（PPP）测算方法研究评述与展望［J］．统计研究，2012（6）：106-112．

[24] 王磊，周晶．对中国省级地区相对价格水平的估计——基于一般化空间CPD模型的研究［J］．统计与信息论坛，2012（8）：43-50．

[25] 徐强．基于指数的宏观经济价格与物量测度论［M］．北京：中国财政经济出版社，2011．

[26] 谢长．一种新的购买力平价汇总方法［J］．统计研究，2017（12）：37-47．

[27] 杨仲山．国民经济核算方法论纲［M］．北京：中国统计出版社，2002．

[28] 杨仲山，何强．国民经济核算体系（1993SNA）修订问题研究［M］．大连：东北财经大学出版社，2008．

[29] 杨仲山，王岩．中国经济的生产能力、实际购买力及其差额分解［J］．统计研究，2015（12）：12-21．

[30] 杨仲山，谢长．多边价格指数中的价格异方差问题与CPD法的改进［J］．统计研究，2016（10）：38-45．

[31] 杨仲山，黄雪成．滚动基期的2017年轮国际比较方案研究［J］．统计研究，2018（5）：29-37．

[32] 余芳东．购买力平价汇总方法及评价［J］．统计教育，2004（4）：40-42．

[33] 余芳东. 关于世界银行2005年ICP结果、问题及应用的研究［J］. 统计研究，2008（6）：3-10.

[34] 余芳东. 2011年新一轮国际比较项目（ICP）方法改进［J］. 统计研究，2011（1）：11-15.

[35] 余芳东. 我国参加国际比较项目（ICP）的演变历程［J］. 统计研究，2012（8）：108-112.

[36] 余芳东. 对我国参加国际比较项目的评估及建议［J］. 统计研究，2017（2）：23-32.

[37] 易纲，张燕姣. 以购买力平价测算基尼系数的尝试［J］. 经济学（季刊），2006（1）：91-104.

[38] 郑建华. 中国地区间的购买力平价比较研究及运用［M］. 重庆：重庆工商大学，2012.

[39] 郑海涛，柏满迎，任若恩. 国际经济比较的理论、方法和应用［M］. 北京：科学出版社，2012.

[40] 郑海涛，任若恩. 多边比较下的中国制造业国际竞争力研究：1980—2004［J］. 经济研究，2005（12）：77-89.

[41] 张迎春. 世界银行的购买力平价体系研究［J］. 统计教育，2008（7）：7-13.

[42] 张迎春. 探究中国与全球ICP的差距［M］. 北京：人民出版社，2009.

[43] Asian Development Bank.2011 International Comparison Program in Asia and the Pacific Purchasing and Real Expenditures：A Summary Report［R］.Manila:Asian Development Bank,2014.

[44] Deaton A，Muellbauer，John. An Almost Ideal Demand System［J］. American Economic Review，1980，70（3）：312-326.

[45] Deaton A，Heston A. Understanding PPPs and PPP-based National Accounts［J］. American Economic Journal：Macroeconomics，2010，2（4）：1 - 35.

[46] Deaton A，Aten B.Trying to Understand the PPPs in ICP 2011：Why Are the Results so Different?［J］. American Economic Journal: Macroeconomics, 2017, 9（1）：243-264.

[47] Balk B M. A Comparison of Ten Methods for Multilateral International Price and Volume Comparisons［J］. Journal of Official Statistics，1996（12）：199-222.

[48] Cassel G. Abnormal Deviations in International Exchanges［J］. The Economic Journal，1918，28（4）：413-415.

[49] Clark C. The Conditions of Economic Progress [M]. London: Macmillan Publishers Limited, 1940.

[50] Cuthbert J, Cuthbert M.On Aggregation Methods of Purchasing Power Parities [R]. Paris: OECD Department of Economics and Statistics, 1988.

[51] Cuthbert J R.Categorisation of Additive Purchasing Power Parities [J]. Review of Income and Wealth, 1999, 45 (2): 235-249.

[52] Dikhanov Y. Sensitivity of PPP-Based Income Estimates to Choice of Aggregation Procedures [EB/OL]. 1997. http://siteresources.worldbank.org/ICPINT/Resources/icppapertotal.pdf.

[53] Diewert W E. Test Approaches to International Comparisons[A]. Measurement in Economics: Theory and Applications of Economic Indices, Springer-Verlag Berlin Heidelberg, 1988.

[54] Diewert W E.Weighted Country Product Dummy Regressions and Index Number Formulae [J]. Review of Income and Wealth, 2005, 51 (4): 561-570.

[55] Diewert W E. Similarity Indexes and Criteria for Spatial Linking[A]. Purchasing Power Parities of Currencies: Recent Advances in Methods and Applications, Northampton: Edward Elgar, 2009.

[56] Diewert W E. New Methodological Developments for the International Comparison Program [J]. Review of Income and Wealth, 2010, 56 (s1): 11-31.

[57] European Communities, OECD. Eurostat-OECD Methodological Manual on Purchasing Power Parities (2005 Edition) [M]. Luxembourg: Office for Official Publications of the European Communities, 2006.

[58] European Communities, OECD. Eurostat-OECD Methodological Manual on Purchasing Power Parities (2012 Edition) [M]. Luxembourg: Office for Official Publications of the European Communities, 2012.

[59] Capilit E, Dikhanov Y. Subnational Purchasing Power Parities: Integrating International Comparison Program and Consumer Price Index in Asia[A]. 60th World Statistics Congress, 2015.

[60] Feenstra R C, Ma H , Rao P.Consistent Comparisons of Real Incomes across Time and Spac [J]. Macroeconomic Dynamics, 2009, 13 (Supplement 2): 169-193.

[61] ILO/IMF/OECD/UNECE/Eurostat & the World Bank. Consumer Price

Index Manual: Theory and Practice[M]. Geneva: International Labor Office, 2004.

[62] Gerschenkron A. A Dollar Index of Soviet Machinery Output 1927-28 to 1937[M]. Santa Monica: Rand Corporation, 1951.

[63] Geary R G.A Note on the Comparison of Exchange Rates and Purchasing Power between Countries [J]. Journal of the Royal Statistical Society. Series A (General), 1958, 121 (1): 97-99.

[64] Gilbert M , Kravis I B .An International Comparison of National Products and Purchasing Power of Currencies [M]. Paris: OEEC, 1954.

[65] Gilbert M, Associates.Comparative National Products and Price Levels: A Study of Western Europe and the United States [M]. Paris: OEEC, 1958.

[66] Hajargasht, Rao P. Stochastic Approach to Index Numbers for Multilateral Price Comparisons and Their Standard Errors [J]. Review of Income and Wealth, 2010, 56 (Special Issue 1): 32-58.

[67] Hill R J. A Taxonomy of Multilateral Methods for Making International Comparisons of Prices and Quantities [J]. Review of Income and Wealth, 1997, 43 (1): 49-69.

[68] Hill R J. Comparing Price Levels Across Countries Using Minimum-Spaaning Trees [J]. The Review of Economics and Statistics, 1999, 81 (1): 135-142.

[69] Hill R J.Measuring Subsitution Bias in International Comparisons Based on Additive Purchasing Power Parity Methods [J]. European Economic Review, 2000, 44 (1): 145-162.

[70] Hill R J. Linking Countries and Regions Using Chaining Methods and Spanning Trees [A]. World Bank-OECD Seminar on Purchasing Power Parities, Washington D.C., 2001.

[71] Hill R J.Constructing Price Indexes across Space and Time: The Case of the European Union [J]. American Economic Review, 2004, 94 (5): 1379-1410.

[72] Hill R J, Hill T P.Recent Developments in the International Comparison of Prices and Real Output [J]. Macroeconomic Dynamics, 2009, 13 (S2): 194-217.

[73] Iklé D M. A New Approach to the Index Number Problem [J]. Quarterly Journal of Economics, 1972 (2): 188-211.

[74] Khamis S H. A New System of Index Numbers of National and International Purposes [J]. Journal of the Royal Statistical Society, Series A (General), 1972, 135 (1): 96-121.

[75] Kravis I B, Kenessey Z, Heston A, et al. A system of International Comparisons of Gross Product and Purchasing Power[R/OL]. 1975. https://documents1.worldbank.org/curated/en/199981467988893189/pdf/13386.pdf.

[76] Kravis I B , Heston A, Summers R. International Comparisons of Real Product and Purchasing Power[R/OL]. 1978. https://documents1.worldbank.org/curated/en/499951468180561445/pdf/11907000Intern0and0purchasing0power.pdf.

[77] Kravis I B , Heston A, Summers R. World Product and Income: International Comparisons of Real Gross Product [R/OL]. 1982. https://thedocs. worldbank. org/en/doc/981741487105192586-0050022017/original/worldproductandincome.pdf.

[78] Nuxoll D A. Differences in Relative Prices and International Differences in Growth Rates [J]. American Economic Review, 1994, 84 (5): 1423-1436.

[79] Neary J P, Brid G. Comparing the Wealth of Nations: Reference Prices and Multilateral Real Income Indexes [J]. Economic and Social Review, 1997, 28 (4): 401-421.

[80] Neary J P. Rationalizing the Penn World Table: True Multilateral Indices for International Comparisons of Real Income [J]. American Economic Review, 2004, 94 (5): 1411-1428.

[81] Rao P, Banerjee K S. A Multilateral Index Number System Based on the Factorial Approach [J]. Statistische Hefte, 1986, 27 (1): 297-313.

[82] Rao P. Asystem of Log-Change Index Numbers for Multilateral Comparisons[A]. Comparisons of Prices and Real Products in Latin America, Amsterdam: North-Holland Publishing Company, 1990.

[83] Rao P. Weighted EKS and Generalized CPD Methods for Aggregation at Basic Heading Level and Above Basic Heading Level[A]. World Bank-OECD Seminar on Purchasing Power Parities-Recent Advances in Methods and Applications, Washington D.C., 2001.

[84] Rao P, Timmer M. Purchasing Power Parities for Industry Comparisons Using Weighted EKS Methods [J]. Review of Income and Wealth, 2003, 49 (4): 500-504.

[85] Rao P. The Country-Product-Dummy Method: A Stochastic Approach to the Computation of Purchasing Power Parities in the ICP [A]. Paper presented at the SSHRC Conference on Index Numbers and Productivity Measurement, 2004.

[86] Rao P.On the Equivalence of Weighted Country-Product-Dummy (CPD) Method and the Rao-System for Multilateral Price Comparisons [J]. Review of Income and Wealth, 2005, 51 (4): 571-580.

[87] Rao P. Purchasing Power Parities of Currencies: Recent Advances in Methods and Applications [M]. Northampton: Edward Elgar, 2009.

[88] Rao P, Sriram S, Hajargasht G. A Minimum Distance and the Generalized EKS Approaches to Multilateral Comparisons of Prices and Real Incomes [A]. Mini-Conference on International Comparison of Prices, Income and Productivity, holding at University of Oxford, 2010.

[89] Rao P, Hajargasht G.Stochastic Approach to Computation of Purchasing Power Parities in the International Comparison Program (ICP) [J]. Journal of Econometrics, 2016, 191 (2): 414-425.

[90] Ryten Jacob. Report of the Consultant on the Evaluation of the International Comparison Programme [R]. United Nations Statistical Commission Thirtieth Session, 1999.

[91] Richard Ruggles. Price indexes and international price comparisons. Ten Economic Studies in the Tradition of Irving Fisher [M]. New York: John Wiley, 1967.

[92] Robert J H.A Taxonomy of Multilateral Methods for Making International Comparisons of Prices and Quantities [J]. Review of Income and Wealth, 1997, 43 (1): 49-69.

[93] Robert J H. Comparing Price Levels across Countries Using Minimum-Spanning Trees [J]. Review of Economics and Statistics, 1999, 81 (1): 135-142.

[94] Summers R. International Price Comparisons Based Upon Incomplete Data [J]. Review of Income and Wealth, 1973, 19(1): 1-16.

[95] Sergeev S. Measures of the Similarity of the Country's Price Structures and Their Practical Application [A]. Conference on the European Comparison Program, UN Statistical Commission, Economic Commission for Europe, Geneva, 2001.

[96] Sergeev S. Equi-representativity and Some Modifications of the EKS

Method as the Basic Heading Level[A]. Consultation on the European Comparison Programme, ECE, Geneva,2003.

[97] Sergeev S. Aggregation Methods Based on Structural International Prices [A]. Purchasing Power Parities of Currencies: Recent Advances in Methods and Applications, Northampton：Edward Elgar, 2009.

[98] United Nations Statistical Commission.Report of the Friends of the Chair group on the evaluation of the 2011 round of the International Comparison Programme [EB/OL]. [2015-03-14]. https：//unstats.un.org/unsd/statcom/doc15/2015-14-ICP-FOC-E.pdf.

[99] United Nations Statistical Commission.Final Report of the Friends of the Chair Group on the Evaluation of the 2011 Round of the International Comparison Programme [EB/OL]. [2016-03-09]. https：//unstats.un.org/unsd/statcom/47th-session/documents/2016-9-FOC-group-on-evaluation- of-2011-round-of-ICP-E.pdf

[100] World Bank. ICP 2011 Technical Notes for the Executive Board [M]. Washington D.C.：World Bank, 2014.

[101] World Bank. Measuring the Real Size of the World Economy the Framework，Methodology and Results of the International Comparison Program—ICP[M]. Washington D.C.：World Bank, 2013.

[102] World Bank. Purchasing Power Parities and Real Expenditure of World Economies —Summary of Results and Findings of the 2011 International Comparison Program [M]. Washington D.C.：World Bank, 2014.

[103] World Bank. Purchasing Power Parities and the Real Size of World Economies-A Comprehensive Report of the 2011 International Comparison Program[M]. Washington D.C.：World Bank, 2015.

后记

行笔至此，感慨万千。本书是在我博士学位论文基础上补充修订的成果。作为个人学术专著，本书是一段时间学习心得的总结，但本书的出版却凝结了诸多师长、亲朋的指导、帮助和支持，在此要向他们表示最诚挚的谢意。

首先要感谢的是我的授业恩师——杨仲山教授，他既是我学术之路的领路人，也是我人生之路的指引者。与老师最早相识于本科时他的“国民经济统计学”课上，彼时即被老师深厚的学识、儒雅的风范、独特的授课风格所吸引，自此就决定了我与老师一生的缘分。自 2009 年拜师门下，十几年来的每一步成长、每一个关键转折都有老师的无私帮助和谆谆教诲。在我眼里，老师是中国传统概念中的“慈父”，有求真务实的自律、有淡泊名利的胸怀、有把握大势的远见，在我失意时会鼓励我勇敢前行，得意时会提醒我追求卓越。老师的言传身教让我领略了学术的魅力，也让我坚定了一生的事业。师生是一辈子的事，人生能与老师结缘实乃三生有幸！

其次要感谢对我学术研究有重大影响的两位著名统计学家——邱东

教授和 Prasada Rao 教授。邱老师最令我敬佩、动容的是其对我国统计学科发展的责任感、使命感，是其严谨、务实、谦逊的治学精神。邱老师担任 2011 年轮 ICP 技术咨询组成员期间，不仅积极在国际上代表中国发声，用专业的学术问题和学术表达打破国际专家学者的“偏见”，同时也将 ICP 资深技术咨询组专家、随机指数先驱、澳大利亚昆士兰大学 Prasada Rao 教授邀请到中国讲学，系统性地向中国从事 ICP 领域研究和实践的专家学者讲授 ICP 的理论与方法以及国际前沿议题，为国内相关学术团队的研究提供了非常宝贵的学习交流机会。邱老师笔耕不辍，“当代经济统计学批判系列”丛书每年一本，已出版 3 本，每一本著作都体现了邱老师对相关问题的深刻思考、思辨和思索，每每读来都有醍醐灌顶之感，且常读常新。特别是《国际比较机理挖掘：ICP 何以可能》一书，让我有幸能够参与邱老师对一些问题的讨论，使我受益匪浅，极大地启发了后续研究的方向和思路。Prasada Rao 教授年事已高但精神矍铄，神采飞扬的专业知识讲授、才思敏捷的学术问题交流、井井有条的科研工作安排，都在印证他的“名言”：“学术令我快乐”。这种纯粹的科研精神给我留下了深刻印象，也深深激发了我的学术热情和职业热爱。而更令我直接受益的是 Prasada Rao 教授对我研究成果的认可和指导，使我在本书最初的研究中能够坚定方向，走向深入。

再次要感谢博士答辩委员会的专家们，尤其是山西财经大学李宝瑜教授和国家统计局统计科学研究所余芳东研究员，两位专家的问题和修改意见对本书的补充修订提供了重要参考。同时也要感谢给予我支持和帮助的同门师兄弟们，谢长、王岩、张栋华、张美慧、魏晓雪、王荐、陈华超以及同届共同学习、互相鼓励的同学黄璆、陈亮和梁婉君。

最后要感谢我的妻子张君女士和我们的父母。我和张君女士相识、相知、相恋于东财园，没有惊喜的求婚仪式，也没有华丽的婚礼现场，十几年来默默无私地坚持和坚守让我体验了最纯真的爱情和最真挚的信任，能够与你相守一生是我人生最大的幸福，现在我们又有了可爱的黄小满小朋友，让你们幸福是我奋斗的最大动力。双方父母对我攻读博士给予了最大的支持和理解，倾尽全力帮我们在大连安了家，使我能够安心地做研究。看着你们日渐苍老的面容和日益苍白的头发，我无以言表，唯有用未来的万分努力来报答你们的养育之恩和无私奉献。

我还要特别感谢母校东北财经大学的培养和对本书出版的重点资助，感谢工作单位东北财经大学东北亚经济研究院对我研究工作的大力支持，感谢东北财经大学出版社编辑李季老师和赵宏洋老师对本书出版的倾力帮助。

正如恩师所言，博士的结束是真正学术生涯的开始，国际比较是一个宏大的领域，包罗万象，还有太多的问题需要去研究、去探索。我想对自己说，不要放慢脚步，坚定地走下去，生命不息，奋斗不止！

谨以此书献给关心和支持我的人们，我会用最大的努力来回报你们，希望你们健康、快乐、幸福！

黄雪成